Noch ist Polen
nicht verloren

Edward Graf Raczyński
in Dankbarkeit und Verehrung
gewidmet

Noch ist Polen nicht verloren

Aus den Tagebüchern des Athanasius Raczyński 1788 bis 1818

Herausgegeben und übersetzt
von Joseph A. Graf Raczyński

im
Siedler Verlag

Athanasius Raczyński
nannte seine Aufzeichnungen
»Souvenirs et Bêtises«
(Erinnerungen und Torheiten)

Inhalt

Kindheitserinnerungen und Jugendjahre 1788–1808[1]

Ich wurde am 2. Mai 1788 in Posen geboren, einer Provinzstadt, wenn es je eine gegeben hat; Provinzstadt in jeder Hinsicht und Provinzstadt im vollen Sinn des Wortes. Es ist die Hauptstadt von Großpolen[2], und die Bewohner von Großpolen galten immer als die Gascogner Polens. Ich weiß nicht, ob sie mehr als der Rest der Polen diesen Namen verdienen, aber es steht fest, daß es in diesem Teil Polens weniger Menschen gibt, mit denen gut zusammenzuleben ist, als in allen anderen. Trotz des Gesagten bin ich Großpole. Ich bekenne es, rühme mich dessen aber nicht.

Ich war erst zwei Jahre alt, als meine Mutter starb. Mein Bruder und ich wurden daraufhin in das Schloß Chobienice an der schlesischen Grenze geschickt. Es war der Wohnsitz unserer Großmutter, die in zweiter Ehe den Wojewoden von Posen, Mielżyński, geheiratet hatte. Sie war eine sehr verehrungswürdige Frau, gut, mild, wohltätig.

Ein Brief des Vaters an seinen vierjährigen Sohn zeigt, wie früh man in jener Zeit mit dem Unterricht begann: »Mein über alles geliebtes Söhnchen Athanas, da ich erfahren habe, daß Du schon lesen kannst und somit ein junger Mann bist, schreibe ich Dir, Dich herzlich umarmend, als liebender Vater Philipp Raczyński, aus Warschau am 16. Januar 1793.«

Blicken wir auf die Personen, die uns umgaben. Zuerst unsere Großmutter, eine fromme Frau, die den einen Teil ihrer Zeit in der Kirche, den anderen damit verbrachte, für sich allein zu beten, und höchstens drei oder vier Stunden im Salon. Dann unsere alte Tante, die Schwester meines Vaters, die man »Kasztelanka« nannte. Sie hatte mehrere Anträge, die ihr nichts wert schienen, abgewiesen, um auf andere zu warten, die hätten besser sein sollen, die aber nicht kamen. Unter ferneren Bewerbern war ein General Forel, der spätere Erzieher der Söhne des Prinzen Maximilian von Sachsen. Die Kasztelanka, wie gesagt, war eine gute Person, voll gesunden Men-

Tante Esther Raczyńska, »Kasztelanka«
Gemälde von Ludwig Fuhrmann

schenverstands, nur leider gar nicht geistreich und kein bißchen gebildet.

Unser Hofmeister war der Probst Pluciński, groß, von aufbrausendem Charakter, der uns mit Stock- und Rutenschlägen erzog. Er war wenig liebenswürdig, kannte aber sehr gut seine Geschichte, seine Geographie und vor allem sein Latein. Außerdem gab es noch eine Frau Solecka, die ein altes Fräulein Wyczachowska haßte, beide Gesellschaftsdamen; und dazu eine dritte Art von Gesellschaftsdame, ziemlich jung und recht hübsch, die Fräulein Dzierżanowska hieß, viel Politik machte und immer die Zeitung las. Zu ihr ging der Probst Pluciński, um Kaffee zu trinken, was zur Folge hatte, daß man drei Meilen im Umkreis über diese Intimität schwatzte. Zur üblichen Gesellschaft des Schlosses zählten außerdem der Abbé Colignon, ein französischer Emigrant, und zwei oder drei Mönche.

Großmutter Wiridianna in Chobienice
Gemälde von Anton Graff

Meine Erinnerungen an Chobienice sind mir sehr teuer. Wie schön war diese Allee riesiger Linden, die vom Schloß zur Kirche führte, wo der Mönch Wiland die Messe las! Der Garten war groß und gut gehalten: Es gab eine Fasanerie, einen großen Kanal, der den Garten durchzog, mit einer Brücke, einen Irrgarten und ausgezeichnetes Obst. Ab und zu kam mein Vater, um seine Mutter zu besuchen; sie nannte ihn »Filipek« und meine Tante »Esterka«, obwohl sie beide etwa 50 waren.

Ich erinnere mich noch dunkel an den Wojewoden Mielżyński, der 1792 starb, und an eine zweite Schwester meines Vaters, Madame Radolińska, die Frau des Kämmerers von Wschow, die, um meinem Bruder und mir Freude zu machen, Adler aus Silberpapier auf rote Taftbänder klebte. Auch erinnere ich mich an Herrn Garczyński, der uns von seinem Schloß in Zbąszyn (Bentschen) aus besuchte: Sein Wagen war mit sechs Pferden bespannt, und ein Läufer ritt voran, dessen Kappe mit Federn geschmückt war.

Die Nachricht, daß Marie Antoinette guillotiniert worden war, machte auf alle Bewohner des Schlosses einen erschütternden Eindruck; ich sehe es noch lebhaft vor mir. Aber die französische Revolution hatte selbst auf Chobienice ihre versteckten Anhänger. Fräulein Dzierżanowska war in diesen Ansichten die am weitesten fortgeschrittene, unser Lehrer, der Probst Pluciński, schwamm zwischen den beiden Strömungen, und der Mönch Wiland versteckte unter seiner Kutte ein für die Freiheit schlagendes Herz. Aber der Abbé Colignon... Oh! Der empfand eine solche Entrüstung, daß es den Parteigängern der Freiheit angst und bange wurde. Er war riesig groß und von herkulischer Stärke.

Mein Bruder und ich waren nie glücklicher, als wenn wir am Sonntag unsere Spielsachen zerstörten. Ein Rollwagen, ein Schiff, eine Mühle waren im Nu kaputt. Es geschah unter dem Vorwand, etwas anderes daraus zu machen, aber einmal unbrauchbar, blieben die auseinandergenommenen und zerbrochenen Teile auf dem Fußboden verstreut; das Werk der Wiederherstellung wurde auf den nächsten Sonntag verschoben und machte so immer wieder neuen Zerstörungen Platz. Sind die Menschen nicht auch nur große Kinder?

Eines Tages brachte ich, was ich öfters tat, Brot für die bösen Hunde, die rechts und links vom Eingang des Schloßhofes angekettet waren. Als der eine sich nicht aus seiner kleinen Hütte herausbequemen wollte, um meine Wohltaten anzunehmen, zog ich ihn an der Kette. Er faßte meinen Arm und brachte mir durch den Ärmel der Jacke hindurch einen kleinen Kratzer bei. Es war im Sommer nach dem Abendessen. Man schickte gleich nach dem Doktor Unruh aus Żulichów, einem sehr alten Mann, mager und gebückt, der den Kopf mit einer vorbildlich gepuderten Perücke geschmückt hatte und stets einen Stock mit goldenem Knauf in der Hand hielt. Der Hund war tollwütig, daran bestand nicht der geringste Zweifel: trotzdem ließ man mich, wie ich glaube, keinerlei Arznei nehmen. Der Speichel des Hundes ist wahrscheinlich nicht bis in die Haut gedrungen, sondern am Tuch hängen geblieben: jedenfalls bin ich nicht tollwütig geworden. Ich erinnere mich, wie alle Welt sich aufregte, und daß ich meinerseits sehr stolz war, von einem tollwütigen Hund gebissen worden zu sein. Die allgemeine Bestürzung der Schloßbewohner - vor allem die meiner Großmutter und meiner guten Tante - war groß.

Eines Tages, als ich drei oder vier Jahre alt war, hatte mein Vater den Einfall, mich zu Pferde in die kleine Stadt Żulichów einziehen zu lassen. Ein alter weißer Hengst, von dem es hieß, daß er aus der Türkei komme, wurde reich gezäumt. Ich wurde wie ein kleiner Affe daraufgesetzt und ritt so in die Stadt ein, begleitet von meinem Vater und mehreren Dienern in großer Livree.

Ich erinnere mich an meine gute Großmutter während ihrer letzten Krankheit, ich erinnere mich an ihren letzten Atemzug. Sie war 82 Jahre alt. Ihr Tod war sanft. Sie wurde nach Woźniki überführt, einem Kloster, das gemeinsam von den Raczyńskis und Mielżyńskis gegründet worden war. Hier waren unsere Familiengräber. Der Wojewode Michael, der General Leo und mein Vater ruhen dort mit ihren Frauen.

Athanas und Eduard 1797 in Chobienice

Ich war damals neun Jahre alt, es war im Jahr 1797. Wir wurden daraufhin wieder zurück nach Rogalin[3] gebracht, wo wir bis 1804 blieben. Unsere Tante und der Probst Pluciński begleiteten uns.

Unser Aufenthalt in Chobienice war durch mehrere Reisen unterbrochen worden. Ich war vier Jahre alt und mein Bruder sechs, als wir mit unserem Vater den Winter in Warschau verbrachten. Ich erinnere mich kaum mehr an diese Reise. Es sind nur ein paar Einzelheiten, die sich meiner Erinnerung einprägten, darunter der Tag unserer Abreise aus Warschau, der Tag der Revolution.

Nach der ersten Teilung Polens im Jahr 1772 hatte sich trotz der sehr ernsthaften Reformbestrebungen des Königs Stanislaus II. August Poniatowski und seiner Regierung die Lage des Landes immer mehr verschlechtert. Die direkte Einflußnahme der drei Teilungsmächte – Preußen, Rußland, Österreich – wurde ständig größer. Der Ausbruch des russisch-türkischen Krieges (1787–92) schien das Ende des Zusammenwirkens der Teilungsmächte. Die Partei der »Patrioten« hoffte auf Unterstützung durch Preußen, um sich so von dem übermächtigen Einfluß Rußlands lösen zu können. Der im Oktober 1788 begonnene »große Reichstag« beschloß eine Vermehrung des Heeres, hob u.a. das »liberum veto« auf und diskutierte, vom preußischen Gesandten ermutigt, weitere Reformen. Es kam zur berühmten Verfassung vom 3. Mai 1791, der ersten geschriebenen Verfassung Europas. Katharina II. war über die »französische Pest« an der Weichsel empört und griff nach Beendigung des Türkenkrieges energisch ein. Preußen ließ die polnischen »Patrioten« im Stich. Russische Truppen griffen in Polen ein. Die Polen leisteten tapferen Widerstand unter dem Neffen des Königs, dem Fürsten Joseph Poniatowski, und dem Mitkämpfer Washingtons im amerikanischen Unabhängigkeitskrieg, Tadeusz Kościuszko, mußten aber vor der Übermacht zurückweichen. Es kam zum zweiten Teilungsvertrag zwischen Preußen und Rußland am 23. Februar 1793, durch den beide Länder weitere große Teile des polnischen Staatsgebietes erhielten; u.a. fiel Posen an Preußen. Die gegen den »Jakobinismus« einmarschierenden preußischen Truppen fanden kaum Widerstand. Im April 1794 brach in Warschau eine Revolte aus (auf die sich A. R. bezieht), ein Vorspiel des heldenhaften nationalen Aufstandes unter Kościuszko 1794/95, der von russischen und preußischen Truppen aufs blutigste niedergeschlagen wurde.

Niemand hatte damit gerechnet, daß diese Revolte stattfinden würde, und man weiß bis heute nicht, wer die Akteure waren. Es ist also ein reiner Zufall und keineswegs Angst gewesen, daß wir diesen Tag für die Abreise festlegten. In der Nacht, die der Abfahrt vorausging, wurde mein Großvater allerdings gewarnt, daß eine Revolution ausbrechen würde, und das ließ ihn den Entschluß fassen, Warschau gleichzeitig mit uns zu verlassen.

Hätte er es nicht getan, wäre er gehängt worden, wie so viele andere, die zur russischen Partei gehörten und die man beschuldigte, in Verbindung mit dem Hof von Petersburg zu stehen und von dort eine Rente zu beziehen. Dagegen muß man die Rechtfertigung meines Großvaters hören. Man könne nicht, sagte er, für die rein polnische Partei eintreten, weil es unmöglich sei, drei Nachbarn zu widerstehen, die in gemeinsamer Absprache unseren Ruin beschlossen hätten und die zusammen wohl zehnmal soviel Kräfte aufbringen würden wie wir. Auch sagte er, daß es nie eine rein polnische Partei gegeben habe. Die einen hätten geglaubt, daß man das Vaterland retten könne, wenn man die Russen umschmeichele, die anderen, man müsse Preußen gewinnen, und Dritte wiederum hätten die Österreicher um Mitleid angefleht. Mein Großvater entschloß sich für die stärksten, und das waren die Russen. Er handelte wie zwei Drittel der Polen, die sich mit Politik befaßten, und war überzeugt, richtig vorzugehen. Zum guten Ton gehörte es freilich, auf Preußen zu vertrauen und mit der Revolution in Frankreich zu liebäugeln. Mein Großvater haßte die französische Revolution, und so nahmen ihre Freunde Anstoß an seiner Haltung. Ich zweifle nicht, daß er einzig und allein das Interesse des Landes vor Augen hatte, nicht sein privates. Was die Rente betrifft, so ließ sich mein Großvater nicht für seine Haltung bezahlen, sondern die Regierung von Rußland, die polnische Starosteien übernommen hatte, entschädigte deren vormalige Besitzer, und aus diesem Grund erhielt mein Großvater Geld vom russischen Hof. Auch der Fürst Joseph Poniatowski[4] erhielt seinen Teil, und an dessen Integrität hat niemand gezweifelt.

Großvater Kronmarschall Casimir Raczyński

Das Gepäck meines Großvaters war im Nu gepackt, um drei Uhr morgens setzte sich der Geleitzug in Bewegung. Er bestand aus zehn Wagen mit 40 Pferden. Ich muß hier vermelden, daß im Moment des Aufbruchs meinem Bruder das Frühstück serviert wurde und daß er sich ausnahmsweise weigerte, seine Biersuppe zu essen, was unsere Abfahrt um eine viertel Stunde verlängert hätte. Wie man gleich merken wird, ist dieses Detail wichtiger, als man glauben möchte. Am Stadttor angekommen, sahen wir auf der anderen Seite etwa hundert schwer beladene russische Kibitkis (Bretterwagen), die eben die enge Durchfahrt passieren wollten. Zum Glück war der Wachhabende ein Offizier aus dem Regiment meines Vaters: Im gleichen Augenblick, wo sich der lange Zug von russischen Wagen in Bewegung setzte, hielt er ihn wieder an, um erst uns durchfahren zu lassen. Ein anderer Offizier, der neben dem Wachhabenden stand, versuchte, diesen umzustimmen. Er schien zu wissen, daß der Aufruhr beginnen sollte, und er sprach sogar davon, uns zu verhaften. Zum Glück blieb der wachhabende Offizier standhaft und ließ uns passieren. Kaum waren wir hinter den Sperren, als man einen Kanonenschuß hörte. Das war das Signal zur Revolution! Wir waren noch keine halbe Meile von Warschau entfernt, als die Schüsse sich wiederholten. Wäre die Suppe aufgegessen worden, so hätte man die Kibitkis durchfahren lassen, sie hätten die Passage versperrt, und wir wären von dem Aufruhr erfaßt worden.

In Wola angekommen, fanden wir das Lager der Russen im Aufbruch. Ich erinnere mich sehr gut, wie mein Vater, hoch zu Pferde, bei dem russischen General stand und ihm seinen Paß zeigte, als ein Offizier im vollen Galopp heransprengte und dem General etwas ins Ohr flüsterte. Der General schien erschrocken und rief sofort zu den Waffen. Im nächsten Augenblick war alles bereit, und wir sahen sie auf Warschau marschieren. Später hörte ich, kein einziger habe sich retten können. – Ich glaube noch immer die nachdenkliche Haltung meines Großvaters vor mir zu sehen. Er saß bewegungslos im Wagen und zog einmal am einen, einmal am anderen Ohr, was er immer tat, wenn etwas ihn beunruhigte. Mein Vater dagegen wirkte sehr beschäftigt, sehr aktiv und vor allem sehr wichtig. Er galoppierte vom einen Ende der Karawane zum andern und sorgte für Ordnung und Disziplin. Der Probst Pluciński war bleich wie ein Toter, und seine riesigen Glieder zitterten vor Angst. Die Diener sprachen untereinander wahrscheinlich von Politik, und so, wie es in Polen üblich ist, war jeder weit davon entfernt, die Meinung des anderen zu teilen, obwohl, um die Wahrheit zu sagen, das Recht der freien Meinungsäußerung von meinem Vater nicht eben geschätzt wurde; er war immer und überall auf seine Autorität bedacht und verstand es, sie durch Faust- und Stockschläge aufrechtzuerhalten – wie es viele Herren in diesem freien Land zu tun pflegten.

Wir fuhren, ohne anzuhalten, bis nach Sochaczew, das acht Meilen von Warschau entfernt liegt. Trotzdem hörte man noch sehr deutlich die Kanonenschüsse. In Sochaczew hatten wir Schwierigkeiten von seiten der Preußen zu gewärtigen, aber wir kamen durch und erreichten glücklich Chobienice. Von dort aus brachte uns mein Vater nach Glogau, einer Festung in Schlesien. Mein Großvater hatte sich inzwischen von uns getrennt, ich weiß nicht mehr wo; auch wohin er fuhr, weiß ich nicht.

Bald war die Ruhe in Polen wiederhergestellt – auf Kosten der nationalen Ehre. Mit weniger heißen Köpfen hätten wir recht glücklilch sein können; nun aber waren wir eine Provinz von Preußen geworden. Die Preußen sind ausgezeichnete Verwalter: unter ihrer Herrschaft wurde Polen reicher, und die Zivilisation machte schnelle Fortschritte. Wir aber hatten nur das Wort Polen im Kopf, und vor allem führten wir es beständig im Munde. – Nach vielen Anstrengungen, wieder polnisch zu werden, sind wir nun russisch, und ich sehe nicht, daß die Ehre auf ihre Kosten gekommen ist.[5]

Doch ist es der junge Mann, der hier spricht. Kommen wir zu dem lieben Kind zurück, das blond, dick, fröhlich ist, ein Mondgesicht mit roten Backen, ein Kind, das nicht lernen will und sich lieber prügeln läßt, das am Fuß des Bettes Kacka macht und hineinpißt, viel in der Nacht, manchmal auch am Tage schläft, zum Beispiel während des Unterrichts, und das so faul ist wie nur möglich ... Welch ein interessantes Kind! – Ich erreichte das Alter von acht oder neun Jahren und hatte immer noch diese ansehnlichen Eigenschaften.

Soweit ich mich zurückerinnern kann, spielen körperliche Züchtigungen eine große Rolle in meiner Erziehung. Aus Neigung oder Prinzip gaben mir sowohl mein Vater wie auch der große Priester Pluciński Schläge in allen erdenklichen Formen: mit Faust, Rute und Stock. Man war gezwungen, um sieben Uhr aufzustehen. Man wusch sich schlecht und recht, indem man Wasser in den Mund nahm, es auf die Hände spuckte und danach auf dem Gesicht verteilte. So war alles auf einmal gewaschen, und man mußte nur noch die Finger, die als Bürste dienten, in den Mund stecken. Man spülte aus, und darin bestand dieser Teil der Toilette.

Johann Gommert, über den zu sprechen ich noch oft Gelegenheit haben werde, überwachte unsere Toilette, und zwar mit dem Auge, das besser sah, denn er schielte. Dann machte er sich daran, uns zu kämmen, mit Pomade einzusalben und zu pudern, was bei mir nicht viel Zeit in Anspruch nahm, denn ich versäumte nie, meine Haare hinten so kurz wie möglich zu schneiden, und Gommert machte es auf höhere Weisung vorn. Mein armer Bruder kam nicht so billig davon: Er hatte dichtes Haar, drei Fuß lang, worauf mein Vater großen Wert legte, und

Gommert kämmte es jeden Tag eine gute viertel Stunde. So entstand ein sehr schöner »catogan«: der Vorderteil des Kopfes wie eine Bürste, etwas längere Haare, die die Ohren verdekken. Ich will versuchen, diese merkwürdige Frisur hier zu zeichnen:

Gommert hatte Befehl, immer deutsch mit uns zu sprechen. Er gehörte zum Orchester, spielte alle Instrumente und alle sehr schlecht. Er war der Liebhaber der Frau von Herrn Weinert, unserem Kapellmeister.

Um halb acht gingen wir zu unserem Vater mit den Heften für Architektur und Italienisch unter dem Arm. Mein Bruder war immer gut vorbereitet, ich immer schlecht. Soweit ich mich erinnern kann, verlief diese Stunde meist ohne Schläge, warum weiß ich nicht, denn ich gab leicht Gelegenheit dazu, und mein Vater hatte Geschmack daran. Danach frühstückte man, mit Kohl oder mit Würsten, selten mit Kaffee, am häufigsten aber mit Gerichten, die uns anwiderten, wie Erbsen- oder Karottenpüree und einer Art Wassersuppe, die ich haßte. – Danach ging ich eine gute halbe Stunde mit Gommert spazieren: je schlechter das Wetter war, desto mehr Wert legte mein Vater auf diese Übung. Zum Glück war Gommert sehr fröstelnd, und da ging sein Nachsehen so weit, mir zu erlauben, bei Agrilewski hereinzuschauen, der alle Uhren reparierte, Ringe machte, Schlösser und tausend ähnliche Dinge, ohne je ein Handwerk gelernt zu haben; von seiner Stellung her war er Küchenjunge und später Koch.

Danach begannen meine Stunden beim Probst Pluciński: Latein, Deutsch, Französisch (das er ziemlich schlecht beherrschte), Geschichte, Geographie und »Landrecht«. Dieser Unterricht dauerte zwei Stunden. Selten ging es ohne Schläge ab. Meistens waren es Faustschläge, die er mir auf den Nacken gab, manchmal zog er mit Wut an meinen Haaren, und oft, nachdem er sich im einen und im andern geübt hatte, nahm er seinen dicken Stock und schlug mich mit diesem unerbittlich. Ich hatte am ganzen Körper blaue Flecke, wagte es aber nicht, mich bei meinem Vater zu beschweren. Ich glaube, mein Vater hätte die Stock- und Faustschläge eingestellt, aber nur, um sie durch die Gerte ersetzen zu lassen, die ich mehr fürchtete als alles andere. So ertrug ich diese Behandlung ohne zu klagen, aber mein junges Herz füllte sich mit Haß und Abneigung gegen die Urheber so vieler Leiden.

Ich hatte ein sehr schlechtes Gedächtnis und machte auch nur wenig Fortschritte in Sprachen und Geschichte. Die Angst unterdrückte meine geistigen Fähigkeiten, ich war nicht fleißig und lernte schlecht. Im allgemeinen war die Entwicklung meiner geistigen Fähigkeiten sehr langsam; aber mir war ja auch so oft gesagt worden, daß ich dazu bestimmt sei, mein Leben lang ein Idiot zu bleiben, daß ich allmählich selbst davon überzeugt war. Ich erinnere mich, daß ich gelegentlich rot wurde, wenn ich einem Esel begegnete, denn, wie mir schien, konnte man nicht umhin, mich mit ihm zu vergleichen.

Anschließend kam die Geigenstunde bei Herrn Weinert, die ich recht gut absolvierte, und die mir höchstens einige kleine Klapse auf die Hände eintrug. Das Orchester bestand aus vier bis fünf sehr guten Musikern und mehreren Jungen, die Weinert unterrichtete. Soweit ich mich erinnere, spielte man Kirchenmusik und Symphonien mit einem ziemlich großen Ensemble. Mein Vater hatte selbst die Leidenschaft zu musizieren, hielt aber nicht viel vom Zuhören, da er keinerlei musikalisches Gehör hatte und es ihm völlig gleichgültig war, ob gute oder schlechte Musik gemacht wurde; es genügte ihm, seine Flöte zu blasen, ohne sich darum zu kümmern, welche Töne herauskamen und welche die anderen spielten. Es kam vor, daß er den Takt vom Beginn einer Symphonie an verließ, sich durch das Orchester nicht stören ließ und das Stück früher oder später als die anderen beendete; erst dann merkte er, daß er für sich allein gespielt hatte.

Nach der Musikstunde ging ich zu meinem Vater, um Metastasio oder Guarini[6] zu lesen oder zu übersetzen. Diese Stunde verlief meist auf den Knien neben meinem Vater, der eines meiner Ohren in der Hand hielt, um hin und wieder daran zu ziehen. Zwecks Erweiterung meines Wissens blutete manchmal das Ohr, und so näherte sich die Reitstunde. Immer waren acht bis zehn Reitpferde da, darunter einige gute, in der Mehrzahl aber alte Klepper, vor allem ein Schimmel, angeblich türkischer Abstammung – dasselbe Pferd, auf dem ich meinen Einzug in Żulichów gehalten hatte. Mein Vater liebte es seiner ehemaligen Tugenden wegen und hatte ihm den Titel eines Professors verliehen. Der Schimmel verfügte wirklich über einiges Können, war aber zugleich von großem Widerwillen, sein Talent zu beweisen. Es war nicht erlaubt, auf diesem unvergleichlichen Roß von Sporen oder Peitsche Gebrauch zu machen. Nie wollte es tun, was man selbst wollte. Wenn man statt zu piaffieren oder zu galoppieren im Schritt an der Loge des Vaters vorbeiritt, fiel die Peitsche auf den Reiter nieder, der sich riesig freute, wenn ein kleines Ende der Peitsche das Pferd berührte, so daß es aus seiner Lethargie erwachte.

Um die Mittagszeit kam mein Bruder in die Manege. Ich ging zu meiner Tante, um meine Beine und Knie in ein Brett zu stecken, wodurch sie nach außen gewendet wurden, was dazu dienen sollte, aus uns angenehme Tänzer zu machen. Während ich in diesem Brett eingespannt war, lernte ich lateinische Worte, die Gommert mich wiederholen ließ. Anschließend las ich meiner Tante Predigten von Bourdaloue vor, in denen ich Worte, ja ganze Zeilen übersprang, ohne auf den Sinn zu ach-

Vater General Philipp Raczyński

ten. Ich tat es aus Schalkhaftigkeit, um zu sehen, ob meine Tante etwas von dem verstand, was ich las. Einmal, als ich sah, daß sie nichts verstand, vergnügte ich mich damit, zusammenhanglose Worte einzufügen, ja selbst Worte, die es in keiner Sprache gibt, und war entzückt, auf diese Weise den eloquenten Prediger zu bearbeiten.

Nach dieser interessanten Lektüre kehrte ich in die Manege zurück. Mein Vater ließ mich den Karabiner nehmen. Er spielte den General-en-chef, mein Bruder und ich bildeten die Armee, der sich oft noch Cieśliński anschließen mußte, um die Übungen komplizierter zu machen, und so exerzierend kehrten wir unter Trommelwirbel zum Schloß zurück. Nun gab es eine Viertelstunde Ruhe, während der mein Vater mit dem Pater Wiland, dem Bernhardinermönch, Dame spielte, und mein Bruder und ich uns herumtrieben oder uns im vorderen Zimmer zankten, bemüht, so wenig wie möglich Lärm zu machen.

Um ein Uhr wurde das Mittagessen serviert. Am Tisch saßen

mein Vater, meine Tante, ihre Jungfer, die adlig war oder jedenfalls als solche angesehen wurde, mein Bruder und ich, Pluciński, der Mönch, ein französischer Abbé, der Haushofmeister Szawelski und der Stallmeister Śmielewski: im ganzen zehn Personen. Weinert hat immer wieder versucht, als Kapellmeister, was schließlich ein Hofamt sei, am Tisch zugelassen zu werden, konnte diese Gunst aber nicht erreichen, da er weder adlig noch Priester war. Es wäre gegen die Etiquette des Hofes gewesen. Das Essen war einfach, aber gut: zwei Gänge mit je vier Speisen und ein Dessert. Es hätte uns noch viel besser geschmeckt, wenn man uns erlaubt hätte zu essen, was uns paßte, aber immer mußte das, was uns nicht schmeckte, gegessen werden, und so kam es manchmal vor, daß das Essen dort herauskam, wo es hineingegangen war.

Nach dem Essen nahm mein Vater die Damepartie wieder auf, und wir trieben uns weiter herum; aber häufig ließ uns mein Vater auch aus dem nebenan liegenden Zimmer zurückkommen, um der Damepartie zuzuschauen und Konversation mit meiner Tante und dem Probst Pluciński zu machen. Niemals wagten wir uns vor meinem Vater hinzusetzen, was die Unannehmlichkeiten dieses Zimmers noch erhöhte. Um drei Uhr fing der Unterricht mit Pluciński wieder an und dauerte bis fünf. Es war eine Wiederholung der Szenen vom Vormittag. Von fünf bis sechs hatte ich meine Klavierstunde. Um sechs war der Unterricht beendet. Im Sommer ging man spazieren, im Winter wurde Musik gemacht. An diesen Konzerten nahm mein Vater in recht sonderbarer Weise teil: Während musiziert wurde, spielte er eine Partie Whist, die er durch die von ihm jeweils neu eingeführten Spielregeln unerträglich machte. Es war eher eine Lehrstunde über Whist; ein Buch, das die Regeln des Spiels enthielt, lag immer auf dem Tisch.

Das Schloß Rogalin war zu Zeiten meines Vaters sehr bevölkert. Der Hofstaat setzte sich aus folgenden Gestalten zusammen, an deren Gesichter ich mich gern erinnere:

1 Hofmarschall oder Haushofmeister, Herr Szawelski, ein alter Edelmann in polnischem Kostüm, großer weißer Schnurrbart, rasierter Kopf;

1 Stallmeister, Her Śmielewski, ehemaliger Offizier des Regiments meines Vaters, eine Perücke tragend,

groß, mit Blatternnarben gezeichnet, stets mit Reitstiefeln und Sporen;

1 Kapellmeister, Weinert, war Böhme;

1 Hofmeister, Pluciński, Probst von Obrzycko;

1 Kaplan, der Bernhardinermönch Wiland, etwas liberal;

1 französischer Abbé. Es waren verschiedene, die aufeinander folgten: Colignon, Saffray, De May, Esquiron, Perreau.

Das waren die großen Chargen des Hofes.

2 Kammerdiener: Borzystowski und Skawinkiewicz;

2 Klarinettenspieler: Neyman und Czerkiewski, beides ausgezeichnete Musiker; sie musizierten immer, wenn wir bei Tisch waren;

1 anderer Musiker, Gommert.

Die Lakaien:

1 Michael, Läufer, ein großer schöner Mann, eitel;

1 Jakob, Laufbursche, unermüdlich, aber trunksüchtig;

2 Dziurkowski, Putzer, und sein Gehilfe Jendruś;

2 Błażej, Silberputzer, und sein Gehilfe Antek;

1 Cieśliński, der meinen Bruder und mich bediente;

1 Tomas Bronczewski, der meinen Vater bediente und der dann bei meinem Bruder ein sehr hohes Alter erreichte, von außerordentlicher Redlichkeit und Ehrlichkeit;

1 Suchowski, der recht schlecht Geige spielte, sehr alt;

1 Walenty, riesengroß;

1 Kaspar;

1 Johann, der mir schöne Dinge beibrachte;

4 Jungen, die verschiedene Instrumente spielten und die Tadeusz, Szymek, Paul hießen und ein vierter, dessen Namen ich vergessen habe. Wenn ich mich mit ihnen herumtreiben konnte, war das mein größtes Glück;

3 Köche, Agrilewski, Idzi und ein dritter;

2 Küchengehilfen;

2 Wächter, einer für den Dienst am Tage und der andere Nachtwächter;

8	Kutscher und Postillione, 20 Wagenpferde;
2	ein »Bereiter« und sein Gehilfe, 10 Reitpferde;
1	Wirtschafterin;
1	Wäscherin;
4	verschiedene Mädchen für die einzelnen Dienste.
50	Personen.

Schloß Rogalin, Hofseite von der Warthe aus gesehen

Die meisten dieser Leute hatten Frauen und Kinder, Weinert allein eine Frau und sieben Kinder. Außerdem gab es Arbeiter, die fest am Schloß angestellt waren; ein Bierbrauer, ein Tischler, ein Sattler, ein Schmied. So kommt man ohne Übertreibung auf etwa 200 Menschen, die im Schloß von Rogalin ernährt wurden.* Einige erhielten recht ansehnliche Gehälter, die meisten waren aber sehr schlecht bezahlt und schlecht ernährt. Die Musiker, Köche und Kammerdiener erhielten zwischen 24 und 30 Dukaten im Jahr. Die Lakaien hatten die Livree und kaum mehr als 5 Dukaten im Jahr. Die Orchesterjungen, die Stallknechte, die Gehilfen wurden von Kopf bis Fuß eingekleidet, bekamen aber jeder nur zwei Taler im Jahr. Die Lakaien aßen nur dreimal in der Woche Fleisch; sie konsumierten täglich aber mehr als eineinhalb Tonnen Bier.

* Siehe Anhang Seite 239

Die Kleidung meines Vaters war stets sehr gepflegt, der Kopf war mit Sorgfalt frisiert und gepudert. Er trug einen Frack und immer Schuhe mit Silberschnallen, kurze Hosen. Am Sonntag trug er auf seinem Frack »sa plaque« (sechs Ordenszeichen) und bei feierlichen Gelegenheiten das große Ordensband des Ordens des heiligen Stanislaus. Man fuhr in einem großen Wagen zur Kirche, der mehr als zwanzig Personen aufnehmen konnte und »kiszka« (Wurst) genannt wurde. Das Orchester begab sich zu Fuß nach Rogalinek, wo man in der Kirche Messen aufführte, die Weinert komponiert hatte; die Töchter von Weinert, mein Bruder, ich, Borzystowski und Gommert waren mit den Gesangspartien beauftragt.

Besuch erhielten wir selten. Die Bnińskis und die Działyńskis waren diejenigen, die am häufigsten kamen. In den Ostertagen und zu Neujahr gab es manchmal große Gesellschaften. Das Frühstück, das der großen Messe an den drei Ostertagen folgte, war immer sehr üppig; es wird »święcone« (das Gesegnete) genannt. Man sah auf der großen Tafel ein ganzes Lamm mit seinem obligaten Fähnchen, ein reich verziertes Spanferkel, einen riesigen Kalbsbraten und Würste; mit Zukkerguß überzogenes Gebäck mit Mandeln und Korinthen und andere Kuchen mit und ohne Safran. Diese Kuchen hießen »baby« und »placki«. Hartgekochte Eier füllten zwei Schüsseln, und in der Mitte des Tisches sah man ein aus Butter modelliertes Lamm mit goldenen Verzierungen, Maul und Augen angemalt, mit einem reizenden Fähnchen, das zwischen seinen Vorderbeinen steckte. Alles sah prächtig aus; noch prächtiger aber war das Essen selbst, denn die Fastenzeit war beendet, d.h. man hatte vierzig Tage kein Fleisch gegessen. In der Fastenzeit sah man schwerbeladene Fuhren vor dem Schloß ankommen, die in großen Tonnen Karpfen, riesige Hechte und Barsche brachten, die in Szamocin und Niemieczkowo gefischt worden waren.

Ich erinnere mich an die Reisevorbereitungen, die gemacht wurden, als mein Vater nach Königsberg reiste, um dem König Friedrich Wilhelm III. zu huldigen. Es war gegen Ende des letzten Jahrhunderts. Mein Vater unternahm diese Reise in einem großen, mit sechs Pferden bespannten Wagen, gefolgt von einem riesigen, ebenfalls von sechs Pferden gezogenen Gepäckwagen, der mit Küchengeschirr und Kästen, die das Tafelgeschirr, die Livreen etc. enthielten, beladen war. So fuhr er auch nach Posen, wenn es die Geschäfte erforderten. Dort wohnte er in einem eigenen Haus, das man Raczyńskisches Haus nannte und das aus der Zeit seines Großvaters Michael stammte, der 1739 gestorben war. Es lag am großen Marktplatz, gegenüber dem Rathaus. Der Läufer Michael mußte voraus-reiten. Dieser Michael brachte auch immer die Briefe nach Posen; ein großer Bursche, der wunderbar und mit Eleganz ritt.

Zu Johanni, am 24. Juni, wurden alle Geschäfte abgeschlossen. Die Pächter brachten viele Säcke mit Geld, das in eisernen Koffern verwahrt wurde. Domherr Karoński, später Erzpriester der Kathedrale von Posen, war meines Vaters Vermögensverwalter. Er führte für ihn die Prozesse, machte die großen Geschäfte und kümmerte sich um die Einnahmen aus den Gütern. Der Kommissar Breański war mit der Verwaltung der Güter beauftragt. Mein Vater hatte ein Einkommen von etwa 300.000 Gulden: die Städte Szamocin, Obrzycko und Stobnica und über 60 Dorfschaften. Woynowice war damals für 100.000 Gulden verpachtet, Obrzycko mit Ordzin, Obrowo und Koźmin für 50.000. Verpachtet war auch Schönberg bei Danzig und das Gut Wyszyny, wo sein Vater Leo Raczyński residiert und wo er selbst bis zu seiner Heirat 1784 gelebt hatte. Die Güter von Rogalin und Mechlin, die er von seinem Schwiegervater Casimir Raczyński gegen eine Leibrente übernommen hatte, Niemieczkowo und Gay wurden selbst verwaltet. Dieses Vermögen wurde, wie aus der Teilungsakte des Jahres 1810 zu ersehen ist, auf eine Million Taler geschätzt. Mein Vater hinterließ es ohne Schulden und in höchst geregeltem, freilich nicht blühendem Zustand, weil alle Güter, bis auf die oben genannten, verpachtet waren.

Ebenfalls ganz am Ende des letzten Jahrhunderts kam der König Friedrich Wilhelm III., der alle Provinzen seines Reiches besuchte, mit der Königin für mehrere Tage nach Posen. Der Fürst-Erzbischof Raczyński, damals Bischof von Posen, gab für ihn einen großen Ball im bischöflichen Palais. Madame Kwilecka, später mit dem General Fiszer verheiratet, machte die Honneurs. Sie war die ältere Tochter meiner Tante Radolińska. Ich erinnere mich an diesen Ball. Es war ein großartiges Fest. Mein Vater stellte uns dem König vor, ich glaube im Haus der Marschallin Gurowska, der Mutter von Działyński, dem Vetter meines Großvaters Casimir. Mein Bruder und ich sahen wie kleine Affen aus, denn zu jener Zeit hatte sich die Mode bereits weit von jenem Kostüm entfernt, dem mein Vater mit Eigensinn treu blieb, es war immerhin schon die Zeit des französischen Direktoriums. Wie mein Vater trugen wir Frack und das Kostüm aus der Zeit Ludwigs XVI., das er am Hof dieses Königs zu einer Zeit kennengelernt hatte, als dieser noch in seinem vollen Glanz war. Wir sahen in dieser Aufmachung so lächerlich aus, daß viele Jahre später die Königin mich daran erinnerte und mir sagte, wie sehr sie sich damals amüsiert habe.

Im Herbst 1804 starb mein Vater.* Wir waren mit dem Abbé Perreau, unserem Hofmeister, in Frankfurt an der Oder und besuchten dort die Vorlesungen an der Universität. Wenige Jahre später wurde die Akademie nach Berlin überführt.

1805 gingen wir mit dem Abbé Perreau nach Berlin, um unser Studium fortzusetzen. Wir wohnten im selben Haus wie die Gräfin Ożarowska, die Witwe des Hetmans, der in Warschau während der Revolution von 1794 aufgehängt worden war, und an die uns mein Großvater empfohlen hatte. Wir fingen an, etwas auszugehen: wir waren bei den Löwensterns, bei den Radziwiłłs, bei der Herzogin von Kurland, bei der Prinzessin Holstein-Beck, bei der Gräfin von Hagen. Unser Vetter Joseph Lubomirski war damals Attaché an der russischen Mission. Auch er war von unserem Großvater an die Gräfin Ożarowska empfohlen.

1806 begab sich mein Bruder, der zwanzig Jahre alt geworden war, nach Rogalin und übernahm den Besitz, während ich mit meinem neuen Hofmeister, Herrn Bordiga, nach Dresden ging, wo ich bis zur Schlacht von Jena am 14. Oktober blieb; danach ging ich auf Anordnung meines Großvaters mit meinem Erzieher nach Krakau. Wir nahmen den alten Marquis de la Roche-Aimon mit, der vor der siegreichen Armee Napoleons floh, und ließen ihn in Rogalin; was nachher aus ihm geworden ist, weiß ich nicht.

Mit dem Krieg gegen Preußen lebte Napoleons Interesse an Polen und polnischen Truppen wieder auf. Nach der Schlacht von Jena beauftragte er Dąbrowski und Wybicki, den Aufstand in Großpolen zu entfachen und ihm neue Truppen zuzuführen.[7] *Am 6. No-*

vember 1806 ziehen beide in Posen ein. Es kommt zum größtenteils unblutigen Abfall der preußischen Gebiete (Südpreußen) einschließlich Warschaus und zu Truppenaushebungen. Eduard Raczyński schließt sich den polnischen Legionen an. Den nachfolgenden Brief seines Bruders, der sein eigenes Verhalten zweifellos beeinflußte, nimmt A. R. in sein Tagebuch auf:

»Im Lager von Lissa unterhalb der Mauern von Breslau, am 23. Dezember 1806. Lieber Athanas! Auf einer Lafette schreibe ich Dir. Es ist mitten in dem blutigen Geschehen einer Belagerung, daß ich mich mit Dir unterhalte. Ja, mein Lieber, ich bin Soldat, und ich beginne meine Karriere, indem ich eine Belagerung und die Erfahrung von Kugeln und Bombensplittern mitmache. Ja, es bereitet mir ein unendliches Vergnügen; meine Hirngespinste, meine Hoffnungen haben sich erfüllt, wir werden kämpfen! Aber ich lasse mich hinreißen und spreche zu Dir nur, um zu deklamieren. Ich werde also anfangen, Dir eine genaue Schilderung davon zu machen, was ich tue. Gleich nach Deiner Abreise aus Rogalin kamen die Franzosen und bildeten aus dem besten Adel des Landes eine Ehrengarde für den Kaiser; wir waren 80, darunter Biliński (der Schafskopf) und Kalixt Kęszyński. Ich war auch dabei, wie Du Dir denken kannst. Der Kaiser blieb fast drei Wochen bei uns, und wir versahen den Dienst bei ihm. Immer stand ein Wachtposten von unserem Korps vor seiner Tür, und beim Spaziergang eskortierte ihn ein Kommando von uns. Ich wurde Offizier dieser Garde und hätte mir zweimal fast den Hals gebrochen, denn mein Pferd fiel zweimal im vollen Galopp mit mir auf dem Steinpflaster, aber ich trug keinen Schaden davon.

Umiński, der Kadett, war unser Chef. Der Kaiser reiste ab, ich fuhr nach Rawicz, wo ich Adjutant von General Fiszer wurde, der Madame Kwilecka geheiratet hat, ein sehr ehrenwerter Mann, der 5000 Mann befehligt, die fast ganz ausgebildet sind und die, wie ich glaube, in drei oder vier Wochen in den Kampf ziehen werden – ja, um zu kämpfen, mein Freund, welches Glück! Vielleicht sind wir glücklich genug, in Petersburg in Garnison zu gehen. Nichts ist unmöglich mit dem unglaublichen Feuer der Soldaten und Offiziere und dem Genie Napoleons. Gestern sandte mich der General Fiszer ins Lager von Lissa, wo die Bayern Breslau[8] belagern. Ich schreibe in einem Haus, das zu einem Geschützstand umgewandelt ist; man schießt mit Kanonen auf uns, aber sie hindern mich nicht daran, diesen Brief an Dich fortzusetzen, denn ich liebe Dich zu sehr, und weil die Beschießung und die Kugeln nicht so schrecklich sind, wie man glaubt. Schreib mir oft nach Posen, von wo aus man mir die Briefe nachschickt, denn man weiß, wo ich bin, einmal in Rawicz, dann wieder in Kościan (Kosten) bei Kalixt Kęszyński, der Leutnant in unserem Regiment ist; er läßt Dich umarmen. – Stanislaus Mielżyński ist der Kommandeur. Ich bin zur Zeit bis über die Ohren verliebt. Es ist gut so, denn wie Bayard sagte, braucht ein Soldat einen Gott, ein Vaterland und eine Geliebte. Adieu, lieber Athanas, liebe mich, wie ich Dich liebe, das heißt mit dem ganzen Herzen. Ich habe Deinen Brief erhalten, der über einen Monat unterwegs war. Das ist schrecklich. Ich weiß nicht, wo mein Großvater ist. Eduard.«

Bruder Eduard, um 1807

Im Herbst 1806 war ich mit Herrn Bordiga in Krakau angekommen. Kurz vor der Stadt hatten wir Mühe, uns aus den Schlammlöchern zu ziehen, die der Regen hinterlassen hatte. In einer sehr dunklen Nacht legten wir die letzten Meilen zurück. In einem großen Wald wurden wir von Zigeunern in Lumpen belästigt, die ein großes Feuer gemacht hatten, um das herum sie sich wärmten; sie liefen zu beiden Seiten des Wagens und schrieen um Geld. Herr Bordiga zog mutig seinen Säbel und richtete dessen Spitze auf sie: Vielleicht hatten sie gar keine feindlichen Absichten, jedenfalls ließen sie von ihren Forderungen ab.

Ich war damals ein beispielhafter junger Pole. Ich liebte es nicht zu arbeiten. Wir ließen uns in der Herberge von Szydłowski nieder. Als Nachbarn hatten wir den Grafen, späteren Fürsten Dietrichstein, der Naso genannt wurde. Bordiga kannte ihn seit langem. Er hatte eine polnische Geliebte. Mit diesem glücklichen Paar verbrachten wir manche Abende. Ich hatte den Kopf voller Flausen, und die Wiedergeburt von Polen begeisterte die Phantasie eines Achtzehnjährigen. Ich wußte, daß mein Bruder in den Militärdienst getreten war. Eines Tages ging ich mit mehreren jungen Leuten das Schloß besichtigen, wo eine starke Wache österreichischer Soldaten war. Ich erlaubte mir recht spöttische, aber sehr patriotische Bemerkungen und wurde festgenommen. Groß war die Aufregung von Herrn Bordiga, als man ihm sagte, daß ich auf der Wache sei. Er rannte zum Prinzen Hohenlohe oder Hohenzollern, jedenfalls zum Stadtkommandanten, und erreichte leicht meine Freilassung.

A. R. will sich ebenfalls den polnischen Verbänden unter Napoleon anschließen. Dazu muß er sich von Krakau im österreichischen Teil des ehemaligen Polen nach Schlesien durchschlagen.
Die Ankunft von Stanislaus Czapski entschied meine kriegerischen Pläne. Er kam direkt aus Paris, von wo er aber nur Berichte über die neueste Mode und Erinnerungen an Mädchen und Grisetten mitbrachte. Wir verabredeten, uns an der Grenze zu treffen. Es war im Januar. Ich kaufte von Herrn Siemoński ein Pferd für 200 Dukaten – die ich ihm im übrigen erst viele Jahre später bezahlte –, und eines schönen Tages ritt ich gegen Mittag ab und kam ohne größere Unterbrechung bei einem Herrn Wielogłowski an, acht Meilen von Krakau entfernt. Sein Besitz

lag auf der Grenze Galiziens. Ich hatte wohlgemerkt keinen Paß, und die Wachsamkeit der Österreicher war groß. Es ging darum, die Pilica zu überschreiten, die von ungarischen Husaren bewacht war. Mit Czapski und Wielogłowski wurde eine Hetzjagd arrangiert, an der ich pro forma teilnahm, und als wir uns von den Kavalleriepatrouillen und Wachtposten unbeobachtet fühlten, stürzte ich mich in den Fluß. Das Unternehmen war nicht ohne Gefahr, aber Bajuk, mein Pferd, war so feurig wie sein Herr, und ich kam, allerdings mit Mühe und bis auf die Knochen durchnäßt, ans andere Ufer. Der Fluß war an diesem Ort weder sehr breit noch tief; auch bin ich nicht sicher, ob das Pferd schwimmen mußte, aber das Ufer war mit Eis bedeckt und steil, und das Pferd hatte große Schwierigkeiten hinaufzukommen. Nachdem ich einen großen Sumpf durchquert hatte, in dem mein Bajuk bis zum Bauch einsank, kam ich nach Szczekocin zu einem französischen Priester, der dort Pfarrer war. Dieser Geistliche wurde 1813 von den Russen erschossen, weil er Beziehungen zu den Franzosen unterhalten hatte, mit anderen Worten, weil er der Spionage verdächtigt oder gar überführt worden war.

Ich war erschöpft vor Müdigkeit. Meine Kleider waren völlig durchnäßt. Der gute Pfarrer legte mich in ein gutes Bett, pflegte mich, und am nächsten Tage setzte ich die Reise in einem guten Coupé gemeinsam mit Czapski fort, nachdem ich Bajuk einem Mann anvertraut hatte, der ihn zu einem Freund von Czapski brachte. Auf meinem Bajuk machte ich dann auch den Feldzug mit. Czapski hatte keine Schwierigkeiten, die Grenze zu überschreiten, denn er hatte einen Paß, der in Ordnung war.

Nach vierzehn Tagen in Gąszcz am Ufer der Weichsel bei Stanislaus Czapski, in denen ich »Mariage« spielte, jagte und mich mit einem Bären an der Leine amüsierte, machte ich mich auf, um mich dem General Sokolnicki bei der Belagerung von Danzig anzuschließen. Er befehligte tausend Mann, ein Freiwilligen-Korps zu Pferde aus den verschiedenen Wojewodschaften. Ein Herr Lipski, Hauptmann in diesem Korps, war der ängstlichste aller Menschen; in der Abteilung aus Rawa, die rote Ärmelaufschläge trug, war Sułkowski ein tapferer Offizier; an die anderen erinnere ich mich nur noch verschwommen. Marschall Lefèbvre, der den Titel eines Herzogs von Danzig erhielt, befehligte die Belagerung. Sokolnicki stand unter dem Befehl des Generals Puthod, eines großen und dicken Mannes mit breiten Schultern, grob und immer schlechter Laune. Sokolnicki haßte ihn. Ich war eines Tages Zeuge eines Streites zwischen beiden. Puthod drohte Sokolnicki, ihn erschießen zu lassen. Es war eine Szene voller Grobheit, die bei mir einen recht unangenehmen Eindruck hinterließ. Was meinen Chef betrifft, so war er ein Mann voller Eitelkeit, der sich unnötigerweise den Kugeln aussetzte, aber in der Kampfhandlung selbst keinen Befehl zu geben vermochte, keine klare Vorstellung davon hatte, was er eigentlich wollte, und von niemandem verstanden wurde. Das erste Mal, daß ich ins Feuer kam – wir waren vor einem Wald, aus dem heraus geschossen wurde –, sagte er lachend zu mir: »Sie sind bleich.« Daraufhin gab ich meinem Pferd die Sporen, näherte mich allein dem Wald und kehrte dann langsam zurück.

Am 21. oder 24. März war das Gefecht allgemein. Der General Puthod ließ mich mit etwa zwanzig Mann ein Dorf angreifen, das von Scharfschützen verteidigt wurde. Der Auftrag war nichts weniger als angenehm, denn was kann man mit Kavallerie gegen Männer ausrichten, die durch Hecken geschützt sind und aus Häusern heraus schießen? Ich galoppierte los, beugte den Körper auf den Hals des Pferdes, um nichts zu sehen, aber als ich in die Nähe der Häuser kam, hatten alle meine Soldaten bereits kehrtgemacht, und ich mußte alle Kräfte aufbieten, um zurückzugelangen. Ich weiß nicht, wieviel Tote und Verwundete es gab, denn ich habe nie erfahren, zu welchem Korps die Männer gehörten, die der General Puthod aufgegriffen hatte, und ich habe mich auch nicht darum gekümmert, ob sie alle zurückgekommen sind. Am selben Tag wurde das Pferd meines Dieners Franz ganz in meiner Nähe von einer Kugel getötet. Eines Tages lief ich Gefahr, gefangengenommen zu werden. Ich ging mit einem Wachtmeister am Meeresstrand entlang, um Muscheln zu sammeln und zu angeln. Wir wußten nicht, daß am Abend zuvor russische Truppen in Weichselmünde gelandet waren. Wir standen weit von unseren Pferden entfernt, als plötzlich mit Lanzen bewaffnete Männer zu Pferde auftauchten. Zunächst hielten wir sie für unsere eigenen Leute, aber als wir die Bärte der Kosaken unterscheiden konnten, war uns klar, welcher Nationalität diese unbequemen Gäste sein mußten. Wir rannten zu unseren Pferden und konnten entkommen, aber da uns der Weg nach Langfuhr bereits abgeschnitten war, mußten wir in Richtung Oliva fliehen, verfolgt von einer Schar Kosaken, die jeden Augenblick größer wurde. Ich ritt ein scheußliches kleines weißes Pferd. Der Wachtmeister hatte ein besseres und hätte mich gut abhängen können, blieb aber an meiner Seite. Die immer näher rückenden Kosaken mit unseren Pistolen bedrohend – ich glaube, daß sie nicht einmal geladen waren – gelang es uns schließlich, eine Abteilung der Unsrigen zu erreichen, die auf die Nachricht des Ausbruchs der Russen aus Weichselmünde vorgerückt waren, um sie in das Fort zurückzuzwingen. Zwanzig Minuten das Vorgefühl zu haben, gleich aufgespickt oder zumindest gefangengenommen zu werden, war wenig belustigend.

Anfang April rückten wir vor, um die Festung von der Südseite her zu umschließen. Während der Kampfhandlungen wurde ich vom General Sokolnicki weggeschickt, um ihm zu berichten, was auf dem Kampfplatz geschah; dabei mußte ich bei Dunkelheit einen Wald durchqueren und fiel alle Augenblicke in die Löcher, die die Bernsteinhändler gegraben hatten. In der Umgebung von Danzig ist die Bernsteinförderung beträchtlich.

Es gab schöne Episoden. Die Franzosen hatten Barrikaden errichtet, die vom Feind besetzt worden waren und zurückerobert werden mußten. Ich sah eine von der Pariser Garde ausgeführte Attacke: Es ist unmöglich, eine solche Attacke mit mehr Elan zu bestreiten. Kein Augenblick des Zögerns! Das Feuer der Musketiere, das von den Barrikaden ausging, trug den Tod in die Reihen der Franzosen, ohne daß sie auch nur einen Augenblick gezögert hätten. Im Handumdrehen hatten sie das Hindernis erreicht und überwunden, den Boden mit Toten und Sterbenden übersät. Am nächsten Tag hatte ich den Kummer, in unserem Zimmer den tapferen Kommandanten der Pariser Garde, der beim Angriff von einer Kugel durchbohrt worden war, sterben zu sehen. Wenn ich daran denke, wie die Franzosen sich damals schlugen, wie sie in bezug auf Mut, Intelligenz, Disziplin überlegen waren, verstehe ich kaum, daß sie später besiegt werden konnten. Aber auch bei den polnischen Soldaten, die aus der preußischen Armee desertiert und in der Legion Weichsel unter dem Befehl des Fürsten Michael Radziwiłł zusammengefaßt waren, handelte es sich um tapfere und schöne Männer: zerlumpt und undisziplniert, ihre Pflicht jedoch wunderbar erfüllend.

Einer der letzten Tage dieser denkwürdigen Belagerung wird mir immer im Gedächtnis bleiben. Es war Ende April. Die Belagerten, die innerhalb ihrer Befestigungen eingeschlossen waren, versuchten an diesem Tag einen Ausbruch. Bei den ersten Kanonenschüssen griff unsere Infanterie zu den Waffen, und die Kavallerie stellte sich in der Ebene in Staffeln auf. Die Schüsse waren freilich so schlecht und unüberlegt, daß die Kartätschen nur über den Boden rollten, und mein Pudel - zum größten Vergnügen der ganzen Truppe - rannte hinterher.

Danzig ergab sich. Ich war in mein 19. Lebensjahr getreten. An einem der ersten Tage nach dem Einzug erkrankte ich. Ich verlor meine Unschuld. Ein reizendes junges Mädchen pflegte mich in meiner Wohnung mit zärtlichster Sorgfalt. Fürst Michael Radziwiłł, der mich besuchte, fand mich im Fieberwahn. Er ließ mich zu sich transportieren und kümmerte sich um mich. Im Delirium glaubte ich die allerheiligste Jungfrau zu sehen, schön, strahlend, in einer Nische am Giebel einer Kirche. Ein Pächter aus Schönberg, Besitz, den wir bei Danzig hatten, borgte mir Geld, mit dem ich meine Schulden bezahlen und die Stadt verlassen konnte, um nach Rogalin zu Eduard zurückzukehren.[9]

Nach der Kapitulation von Danzig scheidet A. R. aus den polnischen Einheiten aus und führt in Posen und Warschau ein recht leichtsinniges Leben. Er verliebt sich in Frau von Turno, und von diesem Verhältnis, das ihn zwischen Verliebtheit, Eifersucht, Verachtung hin- und herreißt, wird die nun folgende Zeit bestimmt. Am 18. April 1810 vertraut er seinem Tagebuch Einzelheiten meiner Geschichte mit Madame Turno der Reihe nach *an:* Gleich als ich ihre Bekanntschaft machte, erzählte man mir die Geschichte ihres galanten Lebens ... Aber ich hatte den Kopf verloren: Ich zweifelte nicht, daß sie nur mich liebte, und dabei gab es so viele, die genauso behandelt wurden wie ich, einige sogar bevorzugt ... Zänkereien und Versöhnungen folgten ohne Ende aufeinander, Anfälle von Liebe machten Anfällen von Eifersucht Platz. Inzwischen wurde unsere Bekanntschaft jeden Tag intimer. Ich lief den Freuden der Sinne nach, die nicht aufhörten, viel Anziehung auf mich auszuüben.

Ich hatte damals die Möglichkeit, mit Stanislaus Potocki, Działyński und Bieliński als Attaché nach Paris zu gehen. Ich kam nur bis Leipzig; von dort kehrte ich in die Arme meiner Mätresse zurück... Eines Tages hatte ich ihr von Heirat gesprochen. Die Idee war ihr lieb, denn ihr Mann war vollständig ruiniert. Ich fand den Gedanken einer Ehe im Gegenteil wenig angenehm, es machte mir aber Spaß, mich mit der Frau eines anderen zu amüsieren. Sie wollte sich von ihrem Mann trennen, um sich in Posen niederzulassen und den Scheidungsprozeß zu beginnen. Ich versuchte, den Augenblick so lange wie möglich hinauszuschieben, aber sie drängte so, daß ich endlich einwilligte, und am 1. April 1808 zog sie nach Posen. Ich hatte noch nicht das 20. Lebensjahr vollendet. Der Mann wollte nichts von Scheidung hören, es sei denn gegen eine große Summe, ich glaube drei- oder vierhunderttausend Gulden. Ich verweigerte sie ihm, und die Scheidung fand nicht statt. Nach drei Monaten Aufenthalt in Posen faßten ihre Eltern den Plan, sie zu sich zu nehmen, um der Tochter die Schande zu ersparen, von mir unterhalten zu werden. Sie wollte nichts davon wissen. Ich riet ihr, nach Galizien zu reisen, und brachte sie sogleich auf den Weg. Aber in Warschau angekommen, beging sie so viele Ungeschicklichkeiten, halbe Geständnisse und Indiskretionen, daß sie als verdächtige Person verhaftet wurde; nach vielen Erklärungen kam sie frei, wollte aber nicht weiterreisen und ließ sich in Warschau auf meine Kosten nieder... Ich war nur glücklich, wenn ich ihr meine Liebe bewies. Sie wurde schwanger, und ich besuchte sie mehrmals von Rogalin aus, wo ich damals wohnte. Es war immer dasselbe: Liebe, harte Reden, Vorwürfe...

Aber ich habe ganz vergessen, ihr Porträt zu zeichnen. Sie war eher klein als groß, ein Kopf, der nicht hätte schöner sein können, oval, vielleicht etwas zu groß für ihre Gestalt, hübsche kleine Züge, ein eher dümmliches Aussehen, eine mittelmäßige Gestalt, ein fast häßlicher Fuß. Ein Sprachfehler, der für diejenigen, die nicht daran gewöhnt waren, ziemlich unangenehm sein mußte, trug nicht gerade zum Charme ihrer Konversation bei, die nebenbei gesagt recht geistlos war, denn die Schöne war mittelmäßig und dumm, obwohl schelmisch. Ihr Charakter und ihr Herz waren von einem unglaublichen Wankelmut.

Endlich richtete ich mich in Warschau ein, um dort den Winter zu verbringen. Ich kam verliebt an. Im Laufe von acht Tagen aber machte ich die Bekanntschaft von Fräulein Angelique Roztworowska. Ich verliebte mich in sie, und meine Leidenschaft für Madame Turno wurde jeden Tag schwächer. Bald war nichts mehr übrig. Die Arme merkte es, und die Tränen flossen. Ich versuchte, so gut ich konnte, sie zu beruhigen, denn ich fürchtete im Hinblick auf ihre weit fortgeschrittene Schwangerschaft um ihre Gesundheit. Schließlich wurde sie von einem Sohn entbunden, den sie, wie sie mir sagte, auf meinen Namen taufen ließ, obwohl ich mich dem stets widersetzt hatte. Ein paar Wochen später fuhr ich nach Wien, von wo ich ihr mehrere Briefe schrieb, in denen ich sie spüren ließ, daß die Liebe vergangen war. Ich kam nach Warschau zurück mit der festen Absicht, den Schleier zu zerreißen. Ich schlug ihr vor, sich irgendwo auf meine Kosten niederzulassen; ich dachte an Dresden oder Umgebung. Sie antwortete auf alles, was ich ihr sagte, nur mit Tränen und Stöhnen: schwache Waffen, wenn es sich darum handelt, jemanden zu nötigen, einen Menschen zu heiraten, den er nicht mehr liebt. Ich hörte nicht auf, ihr Sachsen als das angenehmste Land auf der Welt auszumalen. Als ich schließlich einsah, daß alle Überredungskünste vergeblich wären, ging ich weg und setzte meinen Fuß nie mehr dorthin zurück. Die Korrespondenz habe ich sorgfältig aufgehoben. Es gab zwei oder drei zärtliche Briefe, dann kamen die Unverschämtheiten, die weit entfernt mich zu ärgern, mir einige Erleichterung verschafften. Man hat nichts verloren, wenn man diese Korrespondenz nicht kennt: selten schrieb eine dumme Person dümmere Briefe…

Der Großvater, Casimir Raczyński, grollte seinem Enkel noch lange wegen der Flucht aus Krakau und der Teilnahme als Freiwilliger bei den napoleonischen Einheiten, nicht weniger aber wegen des leichtsinnigen und verschwenderischen Lebenswandels. Ein Brief, den A. R. in sein Tagebuch einschrieb, gibt Zeugnis davon:

»Radzimin, 1808, den 24. Februar. Ihr Brief, mein Herr, vom 14. dieses Monats erreichte mich vorgestern. Um Ihnen zu antworten, mache ich meine Bemerkungen zu allen Punkten, die er enthält. Ich tue dies nicht als Ihr Vormund, denn ich bin es nicht mehr, nicht als Ihr Großvater, denn ich weiß, daß es Ihnen nicht gefällt, sich nach den Ansichten der Personen zu richten,

Großvater Kronmarschall Casimir Raczyński
Miniatur von Joh. Grünbaum, 1808

die ein Recht dazu hätten, sie Ihnen aufzuerlegen: Ich schreibe einfach als ein Mensch, dem Sie versprochen haben, sich durch Ihr zukünftiges Benehmen um seine Achtung zu bemühen.

Ja, mein Herr, es ist richtig, was Sie in Ihrem Brief sagen, daß, als Sie in Radzimin waren – und ich war damals noch Ihr Vormund –, ich mich Ihrer Reise, die Sie so sehr wünschten, nicht entgegengestellt habe; aber ich hoffe, Sie werden auch nicht leugnen, daß ich Ihnen in Gegenwart Ihres Bruders die Schwierigkeiten entgegenhielt, die dann tatsächlich eingetreten sind. Ich werde nicht vergessen, mein Herr, wie gleichgültig Sie waren, als ich Ihnen sagte, daß man um den Wunsch zu einer Reise nach Paris befriedigen zu können, auch die Mittel haben und daß man zuerst seine Gläubiger bezahlen muß, bevor man daran denkt, sich zu amüsieren. Ich habe Ihnen auch nicht verheimlicht, daß mir noch achthundert Dukaten zustehen, um die dreitausendfünfhundert Dukaten vollständig zu machen, zu deren Zahlung jedes Jahr zu Johanni Sie beide, meine Herren, sich verpflichtet haben, und die ich bis heute nicht erhalten habe. Dagegen weiß alle Welt, und auch Ihnen ist es nicht unbekannt, daß dies eine heilige Schuld ist, da sie viel dazu beigetragen hat, den Besitz Ihres Vaters und damit den Ihrigen zu vergrößern.

Ihr Bruder, der damals bei der Unterhaltung zugegen war, sagte Ihnen in meiner Gegenwart, er sehe keine Möglichkeit Geld zu finden, um Ihre Reiseunternehmungen zu ermöglichen. Ihr Refrain war immer nur, daß Sie sich wünschten, nach Paris zu gehen. Was konnte ich Ihnen daraufhin anderes sagen, als daß Sie frei seien, zu tun, was Sie wollen, aber daß Sie sich, wenn Sie etwas überlegten, nicht würden schmeicheln können, man habe allseits eine gute Meinung von Ihnen ... Warum haben Sie die anderen Herren, die Sie bis Leipzig begleiteten, glauben lassen, daß Sie ihnen bis zum Bestimmungsort folgen würden? Das war Aufschneiderei; das konnte nur dazu dienen, Ihre lächerliche Eitelkeit zu befriedigen; es war Leichtsinn, Verpflichtungen einzugehen, von denen Sie sicher waren, sie nicht einhalten zu können. Es ist ein Zeichen Ihres doppelzüngigen Charakters, über den jeder ehrliche Mensch Schande empfinden muß.

Sie, mein Herr, wollen nichts zu tun haben mit den Mühen und Lasten derer, die sie für Sie tragen und für Ihre Bedürfnisse sorgen; Sie wollen, daß man für Sie die Geschäfte erledigt und daß Sie die Rolle eines großen Herren spielen können, ohne zu bedenken, daß die Umstände Ihre Situation eher mittelmäßig haben werden lassen. Nein, mein Herr, man muß selbst Vorsorge tragen, das heißt, seine Ausgaben nach seinen Mitteln bemessen. Dreihundert Dukaten müssen gegenwärtig für ein Jahr genügen, und mehr können Sie nicht haben, ohne Schulden zu machen.

Richten Sie sich nach der Handlungsweise vernünftiger Menschen, die sich den Umständen entsprechend einrichten ... unter anderem, nehmen Sie sich ein Beispiel an mir. Früher hatte ich oft dreißig Pferde in meinem Stall, worüber Sie sich in Woynowice und in Rogalin von Leuten, die sich daran erinnern, informieren lassen können; ich hatte einen Schloßverwalter, das Orchester, einen Haushofmeister, vier Köche, drei Kammerdiener, acht Lakaien, drei Läufer und zwei Haiducken. Mein Tisch in Woynowice, in Rogalin und dann in Warschau war selten kleiner als 24 Gedecke – und oft 50, sehr gut bedient. Heute bin ich auf einen Kammerdiener, einen Koch, drei Diener, vier Pferde beschränkt, und auch damit bin ich zufrieden. Meine Küche ist nichts weniger als ausgezeichnet, wovon Sie Zeuge waren, als Sie mich in Radzimin besuchten. Ich denke nur an das Notwendigste; Überfluß oder Luxus haben keinen Platz, denn man muß im Verhältnis zu seinen Einnahmen leben und darf keine Schulden machen, über die jeder ehrliche und ordentliche Mensch Schande empfindet, besonders wenn sie für unnötige Ausgaben aufgenommen werden.

Ich bin sicher, mein Herr, daß Ihnen nichts von dem, was ich Ihnen sage, gefallen wird, denn Sie lieben es nicht, eingeengt zu werden; Sie haben einen Vormund, einen in jeder Hinsicht achtbaren Menschen, den ich schon kannte, als er Ihr Alter hatte. Er war seinen Eltern und Vorgesetzten immer ergeben; bemühen Sie sich also, ihn nachzuahmen und geben Sie Ihre Fehler auf. Ich hätte Ihnen das alles nicht geschrieben, wenn ich mich nicht erinnert hätte, daß Sie mir von Radzimin fortfahrend versprochen haben – was Sie dann in zwei Briefen wiederholten –, Sie wünschten meine Freundschaft durch Ihr Benehmen zu gewinnen. Gebe Gott, daß dem so werde, aber ich gestehe, daß ich mir bis jetzt nicht schmeicheln kann, Sie hätten Ihr Wort gehalten; darüber wäre ich an meinem Lebensabend nur allzu erfreut, zumal ich an all denen, die mir so nahe angehören wie Sie, immer interessiert bin. Gehaben Sie sich wohl, und seien Sie überzeugt, daß ich gern Ihr anhänglicher Großvater sein möchte. R.«

Beginn des Tagebuches

Auf den Rat meiner Großmutter beginne ich dieses Tagebuch zu schreiben mit dem festen Entschluß, es niemals wem auch immer zu zeigen. Ich nehme mir vor, hier alle verschiedenen Eindrücke aufzuzeichnen, die meine Seele berühren, die Ereignisse, die sie verursachen; schließlich alles, was mich lehren kann, mich selbst zu verstehen. Man sagt, dies sei ein sicheres Mittel, mich von meinen Fehlern zu befreien.

Warschau, 15. November 1808

Woher dieses Mißtrauen gegen mich selbst? Sobald ich zwei Menschen sehe, die sich gegenseitig zulächeln, glaube ich, daß ich der Gegenstand ihrer Scherze bin. Das einzige Mittel, dem Spott zu begegnen, ist, ihn zu mißachten und gleichzeitig die Fehler oder Lächerlichkeiten, die dazu geführt haben könnten, bei sich zu verbessern. Es sind Fräulein Sophie und Angelique Roztworowska, die mich zu diesen Überlegungen veranlassen.

20. November 1808

Ich habe die Überzeugung gewonnen, daß ich in den Augen der Gesellschaft lächerlich bin, ohne herausfinden zu können, was der Anlaß ist. Ich kann es nicht verhindern, verbittert zu sein. Der Weltschmerz wird wiederkommen. Was tun?

4. Dezember 1808

Wie sehr habe ich mir vorzuwerfen, daß ich über Madame Turno gelästert habe und das in Gegenwart von Personen, die ich wenig kenne wie Madame Czosnowska und Fräulein Jelska. Dabei war es nur, um etwas zu sagen, um geistreich zu erscheinen. Wieviel Schuld habe ich dieser Frau gegenüber! Ich bin entschlossen, sie nicht zu heiraten; eine Frau, die so ungebildet und deren frühere Lebensführung so allgemein bekannt ist! Dennoch bin ich ihr gegenüber zu Rücksicht und Schonung verpflichtet. – Aber tue ich gut daran, Fräulein Angelique den Kopf verdrehen zu wollen? Zumal ich ernsthaft daran zweifle, Erfolg zu haben...

5. Dezember 1808

Ein Gedanke beschäftigt mich jetzt vor allem: Vorgestern ist Therese[10] angekommen, gestern hat sie mir gefallen, heute denke ich nur noch an sie. Wenn daraus nur keine Leidenschaft wird! Ich würde nicht weit damit kommen; man würde sie mir nicht geben.

Brief an Neyman, Haushofmeister meines Bruders: »Lieber Malo! Der Wechsel über 1000 Taler hat mich erreicht, war sehr froh darüber, denn es begann, sehr leer in der Kasse zu werden. Ich brauche nur drei Dinge: Geld, Geld und immer wieder Geld. Bemüh Dich darum also mit ganzer Kraft! Deine Ratschläge sind ausgezeichnet, aber der Wechsel war mir hundertmal lieber.«

9. Dezember 1808

Meine Liebe zu Therese ist im Entstehen erdrückt worden. Das beweist, wie wahr der Spruch ist: »Ohne Hoffnung keine Liebe.« Sprechen wir nicht mehr darüber. Meine Großmutter hat mir gesagt, ich würde noch einmal fromm werden. Ich bezweifle es, und dennoch wünsche ich es mir heiß. Man muß zweifellos sehr glücklich sein, wenn man Glauben hat. Bis jetzt glaube ich wenig an die Mysterien unserer Religion.

14. Dezember 1808

Wie man sich anstrengt, mir begreiflich zu machen, daß man nicht gewillt sei, mich Therese heiraten zu lassen! Vor einigen Tagen sagte mir meine Großmutter: »Ich wünsche nicht, daß sie die Köpfe verdreht!« Heute sagte ihre Mutter: »Ich hasse Ehen innerhalb der Familie.« Man ist im Unrecht, wenn man Zudringlichkeiten von meiner Seite befürchtet. Eine Absage würde mich viel zu sehr demütigen, um es darauf ankommen zu lassen.

Es ist schwer, die Ergriffenheit zu erklären, in die mich die Nachricht von der Niederkunft der Frau von Turno versetzt hat. Der Diener, der mir die Nachricht überbrachte, war, wie ich wußte, über ihre Schwangerschaft unterrichtet, und doch fühlte ich, wie mir die Röte ins Gesicht stieg, als er sagte: »Der Herrgott hat Frau von Turno einen Sohn geschenkt.« Ich litt in diesem Augenblick sehr, aber die Erschütterung, so schmerz-

Großmutter Therese Raczyńska

lich sie war, hat nicht lange gedauert. Frau von Turno wurde in der Nacht entbunden; ein paar Stunden zuvor war sie gekommen, um mich zu sehen.

Endlich habe ich mir über mich selbst eine Meinung gebildet. Sie ist keineswegs schmeichelhaft. Ich habe keinerlei Grundsätze: ich handle und denke nur nach den Eindrücken, die ich gewinne und die sich ändern, wie meine Liebschaften sich ändern. Ich hoffe aber, daß ich mit dem Alter dazu kommen werde, Prinzipien zu haben. Möge ich ihnen, wenn sie gut sind, immer treu bleiben!

1809

2. März 1809

Meine Reise nach Wien war der Grund der Unterbrechung dieses Tagebuchs. In der Eile, mit der ich aufbrach, hatte ich das Buch liegenlassen. Ich bedaure es sehr, denn mein Aufenthalt in Wien war interessant.

Hat man eine Frau jemals solche Dummheiten machen sehen wie Madame Turno? Sich an die Nonnen zu wenden, um sie zu bewegen, Therese Lubomirska einzuspannen! Dienstboten alle möglichen Heimlichkeiten anzuvertrauen, selbst solche, die für sie demütigend sind; alles mögliche Gesindel zu verpflichten, mich dazu zu bringen, sie zu sehen, und tausend ähnliche Narreteien!

3. März 1809

Ein Verhältnis beginnt sich anzubahnen zwischen mir und Madame … (da der Zufall dieses Buch in fremde Hände fallen lassen könnte, scheint es mir ratsam, den Namen zu verschweigen).* Es schien mir, als habe sie meinen Neckereien mit Vergnügen zugehört, und es kann keinem Zweifel unterliegen, daß sie deren Bedeutung nicht verstanden hätte. Ich bin neugierig, wohin das führen wird. Es wäre, ich gestehe es, eine recht schöne Eroberung.

Eine Überlegung anderer Art beschäftigt mich heute: Meine Herrn Vettern empfinden mir gegenüber so etwas wie Abneigung, jedenfalls kaum Interesse. Folgte ich meiner Neigung, würde ich ihnen aus dem Wege gehen; wollte ich großzügig handeln, würde ich ihr Benehmen mit Freundschaft erwidern. Dies ist, glaube ich, das einzige Mittel, ihre Einstellung mir gegenüber zu ändern. Die erste Regung war, Abstand zu wahren; sie kam von Herzen. Erst dem Nachdenken verdanke ich den großmütigeren Zug: sie durch gute Behandlung zu zwingen, auch mir Freundschaft zu erweisen.

11. März 1809

Die Intrige nimmt ihren Fortgang. Zwar bin ich noch nicht weiter als am ersten Tag; auch habe ich es noch nicht gewagt, ein Geständnis meiner angeblichen Begeisterung abzulegen. Aber es scheint mir, daß sie keine Abneigung gegen mich hat, sondern daß es ihr im Gegenteil gefällt, mit mir zusammen zu sein.

Ich will Soldat werden: nicht aus Lust dazu, sondern Madame Turno wegen und wegen der Gleichgültigkeit, die ich meiner Familie einflöße. Man hat das Gerücht verbreitet, daß meine Verwandten mich daran hinderten, zum Militär zu gehen: aus Ärger beauftragte meine Großmutter Marcelin Lubomirski, mich zum Dienst zu bewegen. Es ist ihnen dabei gleichgültig, ob ich am Leben bleibe. Der Fürst Joseph Poniatowski hat mir versprochen, mich so einzusetzen, daß ich zufrieden sein könnte; ich bin es aber bereits bei dem Gedanken, daß ich nicht mehr mit Menschen zusammen sein muß, die sich in meiner Gesellschaft langweilen.

Es ist wirklich nur die gute Kasztelanka, die an mir hängt. Noch gestern, als sie mir riet, fest im Glauben zu sein, sah ich Tränen in ihren Augen. Hier ist eine wirkliche Zuneigung, eine, die nicht davon abhängig gemacht wird, welches Ansehen ich in der Gesellschaft habe. Ihre Gefühle sind frei von Eitelkeit. Sie verdient meine Dankbarkeit und meine ganze Herzlichkeit.

Unendliche Dankbarkeit schulde ich auch Herrn Jaraczewski, meinem Vormund. Er ist die personifizierte Rechtschaffenheit, vielleicht etwas langweilig und nörglerisch, aber ein hilfsbereiter und ehrlicher Freund. Die Ratschläge, die er mir gibt, könnten nicht besser sein, und wenn ich genügend Kraft hätte, ihnen zu folgen, wäre ich wahrscheinlich sehr glücklich. Aber es handelt sich dabei um nichts geringeres als darum, meinen Charakter vollständig zu verändern, meine Neigungen, mein Herz, meinen Kopf, meine Natur – mit einem Wort: ich müßte jemand ganz anderes werden, als der ich bin.

19. März 1809

Der gestrige Tag war für mich voller Ereignisse. Ich begann den Tag, indem ich die Summe meiner Schulden um 350 Dukaten erhöhte, die ich von einem gewissen Polewczyński borgte. Ich habe mich verpflichtet, sie ihm zu Johanni 1810 zurückzugeben.

Ich habe Madame S. meine Liebeserklärung gemacht und allen Grund, damit zufrieden zu sein. Auch wage ich zu hoffen, daß, sobald ihr Mann weggefahren ist, drei Wochen im Höchstfall genügen, um zum Erfolg zu kommen. Was für eine Freude; fange ich doch an, sehr viel Gefallen an ihr zu finden!

Am Abend beim Tee bei Madame Stanislaus Potocka sprach ich den Fürsten Joseph, den ich drängte, mir das Patent eines Adjutanten des Generals Różniecki auszustellen; dagegen machte er den höchst ungerechten Vorschlag, als gemeiner Soldat anzufangen, was ich, wenn auch höchst widerwillig, annahm. Schließlich habe ich die letzte Kampagne als Freiwilliger mitgemacht! In diesem Buch, das keiner jemals sehen wird, kann ich mir das Zeugnis ausstellen, meine Pflicht erfüllt zu haben; und auch wenn ich ab und zu Angst verspürte, so hat dies doch nie meine Handlungen beeinflußt, sondern mich höchstens zaudern lassen.

Trotz aller Mühe, die ich mir gebe, mich selbst davon zu überzeugen, daß es nichts Demütigendes ist, einfacher Soldat zu sein – zumal der Fürst mir versprach, es wäre nur für einige Tage –, kann ich doch nicht verhindern, viel Mißmut zu empfinden, wohl aus Angst, zu lange einfacher Soldat zu bleiben, da es beim Fürsten vorkommt, daß er etwas verspricht, was er dann nicht hält. Das sagt jedenfalls die öffentliche Meinung.

Meine Großmutter fängt wieder an, mir Interesse zu zeigen. Es macht mir große Freude und bringt mich dazu, sie wieder etwas mehr zu lieben. Was Marcelin betrifft, so kann ich wirklich nicht herausfinden, ob er ein wenig Freundschaft für mich empfindet oder nicht. Bei seinem so zurückhaltenden Charakter ist es schwer, die Gefühle zu erkennen.

20. März 1809

Die Neigung für Madame S. artet in Liebe aus. Es ist die Eifersucht, die sie verstärkt. Ich glaube zu sehen, daß Kicki mir vorgezogen wird, was mich in Rage bringt und mich ihr gegenüber beharrlicher werden läßt. Ich wage mir wirklich nicht zu schmeicheln, Erfolg zu haben. Aber wie froh wäre ich darüber!

22. März 1809

Ja, ich werde sie besitzen!

4. April 1809

Ich höre nicht auf, S. den Hof zu machen. Bisher waren meine Bemühungen, die allerdings auch nicht sehr beharrlich sind, nicht von Erfolg gekrönt. Das Spiel der Hände führt schon zu etwas, aber ich weiß nicht, warum ich trotzdem das dumpfe Gefühl habe, nicht zum Ziel zu kommen. Mir scheint, Kicki ist bereits glücklich mit ihr; weil ich aber sehe, daß sie das nicht daran hindert, mich weiter anzuregen, ihr den Hof zu machen, bereitet es mir kaum Verdruß, obwohl meine Eigenliebe ein wenig leidet.

Aber nein, ich habe Unrecht, alles besitzen zu wollen. Bereits tausendmal glaubte ich närrisch in Madame S. verliebt zu sein, dann wieder fühlte ich vollständige Gleichgültigkeit und machte ihr den Hof nur aus Eitelkeit, oft sogar aus Leichtsinn oder Laune. Ich lege gar keinen Wert mehr darauf, Erfolg zu haben, und setze meine Bemühungen nur aus Zeitvertreib fort. Oft ärgere ich mich, Kicki in Gnaden zu sehen, oft amüsiert es mich auch.

In diesen Tagen werde ich ein Duell mit einem Offizier des Regiments haben, in dem ich als Grenadier diene. Es ist das 2. Kavallerieregiment von Oberst Tyszkiewicz. Der Offizier, obwohl er weiß, wer ich bin, hat seinen Dienstgrad dazu ausgenutzt, mich auf offener Straße vor anderen Offizieren grundlos zu schelten. Sein Name ist Chełmicki. Sobald ich Offizier bin, werde ich ihn auf Säbel fordern. Ich habe genügend Vertrauen in meine Geschicklichkeit, diese Waffe zu führen, und glaube, daß er mit einem Schmiß herauskommen wird. Sollte sich dieser Kautz in den Kopf setzen, auf Pistolen zu gehen, würde das die Voraussetzungen ändern, nicht aber meine Entschlossenheit, alles zu tun, um ihn wegen seiner Unverschämtheit zu bestrafen.

5. April 1809

Ich glaube, daß mein Ansehen als Mann der Gesellschaft fällt.

9. April 1809

Es ist erstaunlich, wie leicht ich zu einer kleinen Feigheit fähig bin. Heute morgen hatte ich meiner Großmutter versprochen, zur Beichte zu gehen. In der Kirche angekommen, fand ich nicht den Mut, mich dem Priester zu nähern, und beichtete nicht. Ich machte es aber noch schlimmer, denn ich log und sagte meiner Großmutter, ich hätte mein Versprechen gehalten.

Morgen werde ich mein Duell mit dem erwähnten Chełmicki haben. Ich kann nicht verheimlichen, daß es mir Augenblikke der Unruhe bereitet. Mein Gott, gib, daß ich morgen nicht zum Rendezvous vor Dir erscheinen muß! Niemand kann neugieriger auf das Ergebnis sein als ich.

Was für ein interessanter Tag! Ich darf hier nicht die Gefühle der Dankbarkeit verhehlen, die ich Herrn Jaraczewski schuldig bin, der sehr lebhaft an meinem Duell Anteil nimmt. Wieviel Interesse zeigt mir dieser gute Mann!

15. April 1809

Das Duell war ein reines Vergnügen. Einmal auf dem Gelände, war jedes Gefühl von Angst fort. Ich kam mit einer leichten Verwundung am Handgelenk davon, während meinem Gegner die Hand fast durchstochen wurde, entweder von der Spitze meines Säbels oder von der seines Sekundanten, der in der Manier der deutschen Studenten meine Schläge parierte.

Heute reise ich ab, um beim Generalstab den General Różniecki zu treffen. Das Quartier ist in Tarczyn. Möge der Krieg stattfinden, möge ich mich auszeichnen! Falls ich zurückkomme, werde ich dieses Tagebuch um Einzelheiten des Feldzugs erweitern und es dann mit Eifer fortführen.

Während des österreichischen Krieges gegen Napoleon bildete das Herzogtum Warschau nur einen Nebenkriegsschauplatz. Mitte April 1809 rückte das Armeekorps des Erzherzogs Ferdinand d'Este links der Weichsel gegen Warschau vor. A. R. nahm als Unterleutnant der berittenen Jäger im Generalstab des Generals Różniecki am Feldzug teil. Auszüge aus seiner Beschreibung des Gesamtverlaufs der Kampagne: Während man sich in Warschau in voller Sicherheit wähnte und noch fragte, ob der Krieg zwischen Frankreich und Österreich überhaupt stattfinden würde, waren die Österreicher bereits in das Territorium des Herzogtums eingedrungen. Die Feindseligkeiten begannen am 12. April ohne eigentliche Kriegserklärung, denn zwischen der Proklamation des Erzherzogs Ferdinand und seinem Eindringen lagen nur wenige Stunden. Die Österreicher gaben vor, die Polen vom Joch der Franzosen befreien zu wollen. Die polnischen Streitkräfte, die um Warschau versammelt waren, umfaßten nicht mehr als neun- oder zehntausend Mann. Man hatte großes Vertrauen in die Armee: »Niemals – so sagte man – werden die Österreicher Warschau durch ihre Gegenwart schänden.« Nun ja: die Stadt wurde geschändet, und die Österreicher brauchten nicht mehr Zeit um hinzukommen, als zur Zurücklegung der Strecke erforderlich ist.

Am 13. April hatte ihre Vorhut die Pilica überschritten, einen kleinen Fluß, der das Herzogtum von Galizien trennt. Die Schlacht von Raszyn, die einzige, die in diesem Feldzug den Namen verdient, verlief zu Gunsten Österreichs. Sie dauerte von mittags bis in die Nacht hinein. Der Vorteil, den der Feind errang, war nicht besonders groß, aber die Entmutigung der polnischen Truppen außerordentlich. In der Nacht zum 20. marschierten sie eilends nach Warschau zurück, ohne daß der Feind sie dabei gestört hätte.

Bereits am nächsten Morgen forderte der Erzherzog den Fürsten Joseph Poniatowski, den Oberbefehlshaber der polnischen Armee auf, ihm die Stadt Warschau zu übergeben. Dank der Bemühungen des Fürsten war die Kapitulation ebenso ehrenvoll wie vorteilhaft für die Truppen des Herzogtums; sie bewahrte die Stadt und das Land vor viel Unheil. Dennoch wurde dieser so edle Mann von den Polen mehrfach des Verrats bezichtigt. Als er nach der Schlacht von Raszyn durch die Stadt zog, mußte er den dummen und blinden Pöbel brüllen hören: »Da ist der Verräter, der sich an den Feind verkauft hat!« Er begab sich in den Ministerrat, nahm unter seinen Kollegen Platz, betroffen, niedergedrückt, in qualvolle Gedanken vertieft – und der Ministerrat bewahrte ein düsteres Schweigen. Die Polen zogen sich hinter die Weichsel zurück, und die Österreicher waren nun Herren der Stadt. Aber der Erzherzog beging viele Fehler und verschwendete so viel Zeit, daß der Fürst Joseph Poniatowski schließlich mit einem Vormarsch nach Galizien die Offensive ergreifen konnte. Nichts konnte den Erzherzog aus seiner Lethargie aufwecken; während er friedlich auf seinen Lorbeeren ausruhte und nicht daran dachte, Warschau zu verlassen, waren die Polen bereits Herren von Lublin.

Der General Różniecki, Kommandant der Vorhut, durchzog so das ganze neue Galizien, fast ohne auf Widerstand zu stoßen. Ihm folgte das Gros der polnischen Armee, das Fürst Joseph persönlich befehligte. Der Adler Österreichs wurde mit Füßen getreten, und der polnische Adler, der einst vor zwölf Jahrhunderten in den Ebenen um Gnesen aufgestiegen war, schwebte über den beiden Galizien. Er bot diesem Teil des alten Polen die süße Hoffnung, sich mit jenem vereinigen zu können, der bereits die politische Unabhängigkeit wiedererlangt hatte. Brüderlicher Empfang, patriotischer Eifer, Lebensmittel in Fülle, jede Art von Hilfe erwarteten den polnischen Soldaten überall.

Es ist schändlich, sagen zu müssen, daß dieser in der Schule der Franzosen erzogene polnische Soldat vergaß, daß er unter Landsleuten und Brüdern war und sich Gewaltsamkeiten, Diebstähle, Übergriffe erlaubte, die die Offiziere nicht nur durchgehen ließen, sondern an denen sie sich sogar beteiligten. Der Schauplatz dieser Verbrechen zeigte allerdings auch einzelne schöne Handlungen: alle offenen Warenstände wurden verschont, die plündernden Soldaten teilten ihre Beute mit denen, die nicht an der Plünderung teilnahmen, und einen gab es selbst, der dem Staat die Hälfte dessen schenkte, was er geraubt hatte.

Die Vorteile, die die Polen in diesen vier bis fünf Wochen erreichten, waren riesig: ungeheure Warenlager und mehr als 50 Geschütze fielen in unsere Hände, und es wurden über 50.000 Gefangene gemacht. In allen Teilen Galiziens, die wir besetzt hatten, wurden Truppen ausgehoben. Man hatte Gebiete besetzt, die doppelt so groß waren wie das Herzogtum selbst und doppelt so viele Einwohner zählten. Dabei umfaßte diese Armee nur ein Drittel aller Truppen, die das kleine Land unterhält; von den insgesamt 30.000 Mann standen 10.000 in Spanien und ebenso viele in den Lagern und Festungen von Danzig, Graudenz usw. Man war in das Land des Feindes eingedrungen und hatte ihn fast kampflos so geschwächt, daß er am Ende gezwungen war, das Herzogtum zu räumen, um seinen eigenen Provinzen zu Hilfe zu eilen.

In den ersten Junitagen waren die Truppen des Kaisers Alexander nach Galizien gekommen, hatten sich aber erst um den 14. herum mit den Polen vereinigt, d.h. sie brauchten zwei Wochen für 20 Meilen, und dies zu einem Zeitpunkt, wo ihr rechtzeitiges Eintreffen unweigerlich die Vernichtung der gesamten Armee des Erzherzogs bedeutet hätte. Diese Trägheit war Anlaß einer umfangreichen Korrespondenz und vieler Gespräche zwischen den Chefs beider Armeen, die die Zweifel über die Intentionen des Fürsten Golizyn, des Oberbefehlshabers der russischen Truppen, verstärkten. Der Kaiser Alexander war ja nur gezwungenermaßen Bundesgenosse Napoleons. Die Proklamation, die die Russen veröffentlicht hatten, bevor sie nach Galizien eingedrungen waren, lautete: sie würden sich mit uns vereinigen, um den Angreifer zu bestrafen. Jetzt aber erschöpften sich die russischen Generäle in Freundschaftserklärungen, in denen sie den lebhaften Willen andeuteten, sich mit dem Feind zu messen.

Kaum waren die Österreicher in der Nähe, warfen die russischen Befehlshaber ihre Maske ab, gaben das Interesse zu, das sie mit den Österreichern verband, und weigerten sich nachhaltig, zu kämpfen. Eisige Kälte breitete sich aus zwischen den beiden verbündeten Armeen. Es war die lächerlichste Allianz, die man je gesehen hat.

Die Österreicher kamen voran. Nachdem sie die Polen aus Lemberg vertrieben und den San an mehreren Stellen überschritten hatten, ohne daß die Russen aktiver wurden, faßte der Fürst Joseph den weisen Entschluß, den Russen das rechte Ufer der Weichsel zu überlassen, selbst aber auf die andere Flußseite überzusetzen und dort alle seine Kräfte zusammenzuziehen. Zu diesem Zweck trennte er sich in den ersten Julitagen von den Russen und marschierte nach Puławy. Dort wurde die Kavallerie mit etwas Infanterie auf das andere Ufer übergesetzt, um den Bau der Brücke zu schützen; der Rest der Armee blieb in Puławy. Ein Fest folgte auf das andere, und bis auf den mürrischen Fiszer gab es keinen, der nicht dem Zauber von Puławy erlag.[11] Welcher Pole wäre nicht von der Fürstin Czartoryska betört gewesen, von ihren Tränen, ihrer Freude, ihrer Begeisterung? Diese Frau, die so berühmt ist durch ihren Anstand, durch ihre immer gleiche Unbefangenheit, ihren uneigennützigen Patriotismus, ihren Tempel der Sibylle ... Trunkenheit drang in die Seele unserer Krieger, und die Damen aus

Puławy schmückten diese neue Armida[12] mit den Waffen der Verführung, die das Alter ihr geraubt hatte.

Es kam der Tag, an dem die Brücke beide Ufer verband: Der Fürst überschritt den Fluß und marschierte auf Krakau. Die polnische Armee wurde von Tag zu Tag größer, so daß sich der Fürst schließlich an der Spitze von 20.000 Mann sah, von denen die meisten gut ausgebildet waren und voll guten Willens.

War das ein schöner Tag, als das Schloß von Krakau, die alte Burg mit den Gräbern unserer Könige, vor den Augen der Polen auftauchte! Der Höhepunkt: General Mondel bot die Übergabe an, die Bedingungen der Kapitulation wurden aufgesetzt. Danach verpflichteten sich die Österreicher, Krakau zu räumen, und die Polen sollten am nächsten Tag, dem 15. Juli um 6 Uhr morgens Besitz von der Stadt ergreifen. Der lang ersehnte Augenblick kam. General Różniecki erschien an der Spitze seiner Kavallerie vor den Stadttoren, aber wer beschreibt sein Erstaunen, als er hier Kosaken als Wachhabende antraf? Es war unbegreiflich, welches Wunder sie hierher gebracht hatte, denn man kannte zu gut ihre perfide Tatenlosigkeit und die Langsamkeit ihres Vorrückens. Mitten auf dem Marktplatz trifft General Różniecki den General Sievers, Kommandeur der russischen Vorhut. Wütend über den Mangel an Ehrlichkeit - die Feinde und die Alliierten hatten sich untereinander verständigt, um die Kapitulation hinfällig zu machen - setzt er seinen Marsch durch die Stadt fort. Überall traf man österreichische Offiziere und Soldaten, die in der Stadt geblieben waren, weil sie mit dem Schutz der Russen rechneten; sie wurden trotzdem gefangengenommen. Die Russen versperrten immer wieder die Straßen. Auch der Fürst Joseph stieß beim Einzug auf viele Hindernisse: Mit dem Griff seines Säbels bahnte er sich seinen Weg durch die Reihen der Russen. Es war ein völliges Durcheinander.

Man erfuhr später, daß Mondel die Russen von der bevorstehenden Kapitulation verständigt und sie eingeladen hatte, Besitz von der Stadt zu ergreifen, um dadurch die Polen am Sieg zu hindern. Niemals haben Feinde mehr Eile an den Tag gelegt, um sich gegenseitig zu helfen. Fürst Golizyn war mehr als 15 Meilen von Krakau entfernt. Er setzte Belohnungen für die Soldaten aus, die als erste die Stadt erreichen. Es versteht sich, daß die Kosaken den Preis davontrugen. Der Adjutant des Erzherzogs Ferdinand, Latour, übergab ihnen sogleich die Stadttore und sie bezogen die Wache. Dieses »Bravourstück« ereignete sich in der Nacht vom 14. zum 15., in der die Polen in ihrem Lager sich dem Glauben hingaben, die Wohnstätte ihrer Könige zurückerobert zu haben. Nun nahm man keine Rücksicht mehr aufeinander. Russen und Polen verheimlichten sich gegenseitig nicht mehr, daß sie sich freuen würden, den Titel eines verhaßten Alliierten gegen den viel anziehenderen eines Feindes einzutauschen, und auf beiden Seiten erging man sich in der süßen Hoffnung, sich gegenseitig die Kehle durchzuschneiden. Ihre Wünsche werden sehr bald in Erfüllung gehen, daran kann kein Zweifel bestehen! Möge wenigstens dieser neue Kampf, wenn er schon unvermeidlich ist, Polen Macht und Glück bringen!

Alles, was bei der Auseinandersetzung zwischen dem Fürsten Joseph und General Sievers herauskam, war, daß Krakau bis zu einer neuen Regelung zwischen den Herrschern gemeinsamer Besitz bleiben sollte. Dann aber kam die Nachricht des Waffenstillstands, den die beiden großen Armeen der Franzosen und der Österreicher am 12. Juli als Folge der Schlacht von Wagram geschlossen hatten.

Das Herzogtum Warschau sah am Ende der Kampagne die Zahl seiner Bevölkerung vergrößert und seine Grenzen um das Doppelte erweitert. Um freilich der Wahrheit gerecht zu werden: dies war weniger unser eigenes Verdienst als vielmehr die Folge der Siege, die Napoleon hundert Meilen von uns entfernt errungen hatte.*

Die Entscheidung war am 6. Juli in Wagram gefallen. Im Frieden von Schönbrunn am 14. Oktober 1809 wurde nach langen Verhandlungen zwischen Napoleon und Alexander in der Polenfrage eine Kompromißlösung gefunden. Österreichs Erwerb aus der dritten Teilung, das sogenannte Westgalizien, dazu ein Teilstück des Erwerbs von 1772 (Zamość) wurden mit dem Herzogtum verbunden. Der weitaus größere Teil von »Galizien und Lodomerien« verblieb jedoch bei Österreich; an Rußland mußte es den Bezirk von Tarnopol abtreten. Das Herzogtum wuchs zwar auf rund 150.000 km² mit etwa 4,3 Millionen Einwohnern, aber die erste Teilung war damit erneut anerkannt, und die Abtretung eines wenn auch kleinen polnischen Gebiets an Rußland wirkte auf die Polen niederschmetternd.

Nach Beendigung des Feldzugs geht A. R. zunächst nach Rogalin und im Herbst dann zurück nach Warschau, wo er sein Tagebuch fortsetzt:

Warschau, 23. November 1809

Ich bin wirklich verliebt in Madame Sidonie. Was sie betrifft, so weiß ich nicht, welche Gefühle sie mir gegenüber hegt, aber ich glaube, sie ist wie alle Koketten: sie fürchtet, mir die Hoffnung zu rauben, und gleichzeitig fürchtet sie, meine Hoffnungen in Gewißheiten zu verwandeln. Sie wünscht nur, daß ich fortfahre, ihr den Hof zu machen.

27. November 1809

Ist es nicht sehr falsch von mir, mich immer nur an Frauen zu binden, die mir schon bald auf die Nerven gehen und dadurch meiner Liebe nicht wert bleiben, Frauen, die zudem meist unfähig sind, Liebe zu empfinden? Übrigens war für mich die Liebe bis jetzt immer nur Qual. Auch die Eifersucht ist eine Qual, und im Umgang mit Koketten verläßt sie uns nie! Wie gequält war ich gestern Abend!

29. November 1809

Ich komme von einer Soiree bei Madame Vladimir Potocka. Ich leide gewaltig und empfinde eine unerträgliche Beklemmung des Herzens. Meine Brust scheint zu zerbrechen. Ich bin voller Wut..! Der Grund? Er ist weiß Gott erhaben: ich bin eifersüchtig! Aber um Gottes willen auf wen? Auf Madame Sidonie, die häßlich ist, putzsüchtig, wahrscheinlich leichtfertig und sicher unempfindlich für die so ehrlichen Bemühungen, die ich ihr entgegenbringe. Ich bin über mich selbst entrüstet, und könnte ich mich rächen, ich täte es mit Freude! Es wäre leicht möglich, aber nur mit Mitteln, die eines Ehrenmannes unwürdig sind: klatschen, dem Ehemann die Augen öffnen, die Welt glauben lassen, ich stände auf vertrautem Fuß mit ihr. O unselige Eitelkeit, dir verdanke ich diese Augenblicke der Qual!

1. Dezember 1809

Seit ich die Prinzessinnen Czartoryski[13] kennengelernt habe, verläßt mich nicht mehr der Wunsch, eine von ihnen zu heiraten. Auch das ist eine Folge der Eitelkeit! Sie kommen nach Warschau.

4. Dezember 1809

Von meiner Seite ist es keine Liebe. Sidonie ist so wenig dazu gemacht, eine solche zu erwecken; es ist Eitelkeit, der Wunsch, über meinen Rivalen Mikuszewski zu siegen.

5. Dezember 1809

Die Soiree von heute war äußerst uninteressant. Meine Bewunderung für Madame Potocka steigt im gleichen Maße wie meine entsetzliche Liebe zu Madame Sidonie. Wie froh wäre ich, wenn ich sie achten könnte!

6. Dezember 1809

Wenn ich am einen Tag eine gute Meinung von mir habe, so bin ich sicher, daß ich mich am nächsten darüber beklagen muß, wie man mich in der Gesellschaft behandelt. Eines steht fest: alle gesellschaftlichen Bindungen beruhen nur auf Eigenliebe und Vorteil. So lange es nichts Besseres gab, war Franz über meine Freundschaft begeistert; jetzt wo Alfred Potocki da ist, scheint er sich viel weniger um mich zu kümmern.

7. Dezember 1809

Was ist es doch für ein Unglück, immer so von der Eitelkeit gequält zu sein! Ich bin so unzufrieden mit mir, mit allem, was mich umgibt! Ich kann nicht mehr!

8. Dezember 1809

Seit einigen Tagen bin ich von Trübsinn gequält: die schlechteste Laune der Welt. Ich weiß nicht recht, woher es kommt, aber eines weiß ich sicher: In den Augenblicken, in denen ich am meisten träume, ist es immer Madame Sidonie, die meine Gedanken beschäftigt.

9. Dezember 1809

Heute Nachmittag jagte uns Franz, der die Masern hat und das Bett hütet, aus seinem Zimmer, Madame Sidonie und mich. Ich hatte mich nicht über ihre Sprödigkeit zu beklagen! Doch fühlte ich mich außerstande, ihre guten Absichten auszunutzen. So gab ich vor, einem großzügigen Gefühl nachzugeben, indem ich einen Freund nicht hintergehen wolle, nahm sie an der Hand und führte sie zu ihrem Mann zurück.

Ihr Verhalten ist tadelnswert. Aber ist die Rolle, die ich dabei spiele, so viel schöner als die ihre? Ich bin gleichzeitig Freund des Mannes und Liebhaber seiner Frau.

10. Dezember 1809

Ich bin äußerst gespannt, wie sie mich heute nach dem Essen empfangen wird. Die Szene von gestern wird ihr nicht gefallen haben.

12. Dezember 1809

Ich stehe jetzt auf ausgezeichnetem Fuß mit Madame Sidonie; ich bin gar nicht mehr verliebt, aber es macht mir Freude, sie zu besuchen. Wir umarmen uns aufs Herzlichste, im Grunde fehlt nur ... und dafür muß sich die Gelegenheit bieten.

17. Dezember 1809

Immer mehr bin ich überzeugt, daß Madame Sidonie eine ... ist.

18. Dezember 1809

Franz Potocki ist ein guter Mensch, aber ich finde, er ist nicht sehr geistreich. Allerdings sieht er sehr gut aus, hat viel Sicherheit und Anmut. Alfred dagegen ist wirklich charmant, Arthur noch mehr. Ich würde ihm die Palme der Liebenswürdigkeit zuerkennen, freilich mit Bedauern, denn ich liebe ihn überhaupt nicht und erwarte von einem zum anderen Tag, gezwungen zu sein, mich mit ihm zu verzanken, was mir sehr leid täte, weil es mich auch mit Alfred entzweien würde, von dem ich viel halte.[14] – Etwas Schlechteres wie Umiński habe ich niemals gesehen. Er ist ein Mensch, der wirklich nicht in der Gesellschaft geduldet werden sollte. Er hat schlechten Umgang, ist dumm, provinziell, prahlerisch, unverschämt, ein Schuldenmacher und Lügner. – Ich wüßte gern, was man über mich sagt. Ich bezweifle, daß es viel Gutes ist. – Madame Sidonie scheint in Arthur vernarrt zu sein; es läßt mich ziemlich unberührt.

Athanas 1809
Gemälde von Marcello Bacciarelli

29. Dezember 1809

Meine Eitelkeit treibt mich zu Exzessen, was mich aber nicht hindert, mir in lächerlicher Weise selbst zu mißtrauen. Ich habe eine unbeschreibliche Faulheit. Sie zu besiegen, ist mir oft ganz unmöglich.

1810

3. Januar 1810

Ich hatte mir keine Vorstellung von der Vollkommenheit von Madame Severin Potocka und ihrer Liebenswürdigkeit gemacht. Was für ein lebhafter Geist! Er zwingt einen zur Begeisterung. Aber auch ihr darf man nicht zu sehr trauen. Sie macht ohne Zweifel Heiratspläne für mich, die mir nicht passen würden. Ihre liebe Emette ist abstoßend. Ich weiß nicht, wie die anderen sind, aber Tatsache ist, daß sie wenig Vermögen haben, und außerdem: heirate ich eine, werden die anderen nichtsdestoweniger mit Lumpen verheiratet werden; es ist aber ausschlaggebend, sich angenehme Familienverhältnisse zu schaffen.

11. Januar 1810

Die Abreise von Madame Sidonie nach Brody hat mir keinerlei Eindruck gemacht, also bin ich nicht mehr verliebt, und darüber bin ich erfreut. Ich bin neugierig, ob sie mir schreiben wird, und fühle, daß es mir gefallen würde. Ohne Unterlaß verfolgt mich der Wunsch, eine der Prinzessinnen Czartoryski zu heiraten. Meiner Eigenliebe wäre dadurch aufs Höchste geschmeichelt; darüberhinaus sind sie reich, haben Talente, und zuguterletzt hat mich die größte Lust überkommen, mich zu verheiraten. Dabei bin ich erst 21 Jahre alt, das ist recht jung.

18. Januar 1810

Es scheint, daß Alfred es vermeidet, mich zur Fürstin Sanguszko zu bringen. Sollte sie befürchten, daß ich eine ihrer Schwestern heiraten möchte, oder steckt etwas anderes dahinter oder scheint mir alles nur so? Was ich mit Sicherheit wissen möchte, ist, wie ein Heiratsantrag von mir aufgenommen würde. Dieser Gedanke quält mich. Ich mache jetzt meine ganze Hoffnung auf Glück vom Erfolg dieses Planes abhängig.

Man muß sich sehr vor Madame Severin vorsehen und auch Rücksicht auf sie nehmen. Ihre Zunge ist zu fürchten, ihr Wohlwollen allerdings nicht zu verachten. Zweifellos bin ich weit davon entfernt, eine ihrer Töchter heiraten zu wollen, aber ich darf sie diese Hoffnung nicht verlieren lassen, denn solange sie eine solche hat, wird sie alles tun, um zu meinem guten Ruf beizutragen und mir Beliebtheit in der Gesellschaft zu verschaffen.

Ich muß mich anstrengen, Hemmungen zu überwinden, die ich empfinde, sobald ich mit einem Menschen spreche, den ich wenig kenne: Sie lassen mich dumm erscheinen. Von Zeit zu Zeit habe ich den Eindruck, daß man sich über mich lustig macht. Madame Rautenstrauch hat mir außerordentlich gut gefallen. Aber es wäre ein Unheil für mich, wenn sie mir ein Zeichen der Bevorzugung erwiese: Ich würde den Kopf verlieren! Es wäre etwas ganz anderes als mit dieser entsetzlichen Sidonie.

4. Februar 1810

In den Briefen und Gedanken des Fürsten von Ligne habe ich etwas gefunden, was ich mit einigen kleinen Änderungen als mein eigenes Porträt niederschreiben könnte: Ich bin keineswegs bescheiden, trotz meiner ungeschickten Verbeugungen und des schüchternen Aussehens, das ich manchmal habe. Ich bin weder sanft noch natürlich, obgleich sehr oft gutgläubig. Ich kann nicht sagen, daß ich mir gegenüber gerecht bin, denn meine Meinung über mich ändert sich mit meinen Erfolgen. Im allgemeinen führen mich meine Vorurteile dahin, in anderen Laster oder Tugenden zu suchen. Jemand, den ich nicht liebe, muß schon sehr überragende Qualitäten haben, um in mir den Wunsch zu ersticken, ihn anzuschwärzen. Ich habe die Angewohnheit angenommen, jedes Mal zu lügen, wenn es meiner Eigenliebe zugute kommt. Trotz aller meiner Fehler bin ich, so scheint mir, manchmal liebenswert und feinfühlend. Diese Fehler treten an mir nur dann in Erscheinung, wenn ich in Gesellschaft bin, und dann auch mehr in Worten als in Taten. Für andere sind sie freilich unbequem. Eitelkeit und Mangel an Geistesgegenwart verursachen diese Fehler, die sowohl in der Gesellschaft als auch in Herzensangelegenheiten oft alles verderben.

24. März 1810

Gestern vormittag war ich in Wilanów, wo Offiziere des Regiments des Fürsten Czartoryski ein Essen gaben, um die Fürstin aus Puławy zu verabschieden. Man machte einen Höllenlärm. Arthur Potocki und Krukowiecki waren die Säulen dieser Sauferei. Man schrie, man betrank sich, man benahm sich recht frei - und ich langweilte mich.

Heute verbringe ich den Abend bei Madame Antoine Potocka, morgen bei Madame Stanislaus, übermorgen esse ich bei Madame Zamoyska. Mein Haß und meine Liebe zu Madame Sidonie sind ganz erloschen, um so besser. Ich gehe zu Madame Severin, denn ich habe ein rechtes Vergnügen, Ihre Tochter Wanda zu sehen.

4. April 1810

Madame Severin möchte mich schrecklich gern mit Wanda verheiraten, aber ich weiß einfach nicht, ob ich sie liebe oder ob sie mir gleichgültig ist. Sie ist gut, sanft, aus gutem Hause, aber ohne Vermögen, und dabei habe ich doch immer Vorstellungen von Größe im Kopf, von einer schönen Haushaltung, einem guten Koch und eleganten Equipagen. Dazu braucht man Geld, das sie nicht mitbringt. Es wird schwer für mich sein, zu großen Dingen zu kommen, denn die Regierung ist gegen meinen Namen voreingenommen und würde mir höchstens aufgrund eines sehr großen Vermögens eine Stellung geben, die einer, der kein Raczyński ist, ohne weiteres erhielte.[15]

A. R. verläßt Warschau, um bis Juli in Rogalin zu bleiben. Dort schreibt er am 18. April seinen bereits zitierten Bericht über die Affäre mit Madame Turno. Hier das Ende und zugleich das Ende der ganzen Angelegenheit: Nach Beendigung des Feldzuges ging ich nach Rogalin, um mich von den Strapazen des Krieges zu erholen. Die Korrespondenz begann von Neuem. Sie hatte sich bei einer Frau Schultz, der Tochter des berühmten Bankiers und Bankrotteurs, niedergelassen, die sie, ich weiß nicht wie, kennengelernt hatte. Diese Frau Schultz war eine kluge Frau; diejenigen, die sie kennen, glauben, sie habe ein gutes Herz, andere, die sich auch kennen, sagen, sie sei eine Gaunerin; ihr Betragen war immer locker. Beraten von dieser Frau Schultz schrieb mir Madame Turno Briefe, in denen sie Geld forderte als Entschädigung für alles, was ich ihr angetan hätte. Meistens behauptete sie, das Geld nur für das Kind zu fordern, das sie von mir habe. Ich antwortete stets, daß es meiner Pflege übergeben werden solle und daß ich die Absicht hätte, es im Ausland unter anderem Namen erziehen zu lassen, damit es nichts über seine Herkunft erfahre, deren Kenntnis ihm und auch mir nur Kummer bereiten könnte. Die Auseinandersetzungen hörten nicht auf: Einmal wollte sie dies, dann jenes, einmal verlangte sie Geld, dann wieder ein Gut, einmal wollte sie mir das Kind übergeben, dann wieder nicht. Ich bot ihr 120.000 Gulden unter der Bedingung, daß ich das Kind bekäme und wir nichts mehr miteinander zu tun hätten. Es endete schließlich damit, daß sie nichts von mir forderte außer der Bezahlung ihrer Schulden, die sich auf 2000 Taler beliefen, und einer monatlichen Summe zum Unterhalt des Kindes. Diese Anwandlung von Großmut hatte folgenden Grund: Bei dieser Frau Schultz wohnte ein Franzose, der, wie man versichert, ihr Liebhaber war oder der ihrer Tochter - ich weiß es nicht mehr genau. Der Franzose, Herr Alphonse, machte jedenfalls die Bekanntschaft von Madame Turno, verliebte sich in sie, und Frau Schultz, aus Ärger sich versetzt zu sehen, verlangte nun von Madame Turno, daß sie das Haus verlasse. Diese etablierte sich daraufhin in einer Wohnung, die Herr Alphonse mietete. Er überzeugte sie, daß es wenig nobel sei, von mir Geld anzunehmen, und bald darauf heiratete er sie. Herr Alphonse war Offizier bei den Pionieren. Das Paar lebt glücklich in Warschau.

Es muß noch ein Wort hinzugefügt werden. Auf dem Höhepunkt meiner Liebe hatte ich ein Testament gemacht, in dem ich Madame Turno im Falle meines Todes mehrere hunderttausend Gulden vermachte. Eine Kopie ließ ich in ihren Händen. Später, als ich aufgehört hatte, sie zu lieben, bat ich Herrn Wasilewski, bei dem sie damals wohnte, ihr dies zu entwenden und ebenso die Briefe, die ich ihr geschrieben hatte. Er erfüllte meinen Auftrag. Ich schwöre hier bei allem, was mir heilig ist, daß ich dabei nicht genügend nachgedacht habe und mir keiner schlechten Handlung bewußt war.

Meine verdammte Offenheit erlaubte es mir nicht, meine Gefühle zu verbergen, und alles, was ich für Madame Turno empfinde, ist Abscheu und Haß.

Am 16. Juli bricht A. R. von Rogalin auf. Die Reise führt über Dresden, Mainz, Aachen und Antwerpen nach Paris. Überall entstehen kleine Zeichnungen.

Ich kam am 31. Juli in Mainz an. Ich habe mich dort sehr gelangweilt, obwohl ich nur kurze Zeit blieb. Nur im Dom verbrachte ich einige angenehme Augenblicke. Diese Kirche ist sehr alt und enthält sehr alte Denkmäler.

Am 1. August bestieg ich nach einigen Unannehmlichkeiten mit den Zöllnern ein Rheinschiff. Von Mainz bis zu einem kleinen Ort, der Bingen genannt wird, fließt der Rhein durch Ebenen oder ist von niedrigen Hügeln umgeben und macht den freundlichsten Eindruck. Überall erblickt man Weinberge, Landhäuser und Gemüsegärten. Nach Bingen ändert sich die Natur, sie gewinnt an Größe und Majestät.

Der Mäuseturm

Ein Turm, den man »Mäuseturm« nennt, steht auf einer kleinen Insel mitten im Fluß, einige tausend Schritt von Bingen entfernt. Man erzählt von diesem Turm eine Geschichte, die sehr an die von unserem König Popiel erinnert. Sie muß dem Turm den Namen gegeben haben, wenn nicht umgekehrt sein Name es ist, der die Geschichte angeregt hat. Ein sehr geiziger und gottloser Bischof, namens Hatto, verweigerte eines Tages den Armen Almosen. Vom Hunger getrieben, hörten sie aber nicht auf, ihn zu belästigen. In seinem Zorn ließ sie der Bischof in einer Scheune einsperren, Feuer anlegen und alle verbrennen. Die Untertanen des Bischofs, entsetzt über solche Grausamkeit, empörten sich gegen ihn und sperrten ihn in diesen Turm, wo er von Mäusen lebendig aufgefressen wurde.

In dieser Gegend ist die Schiffahrt auf dem Rhein nicht gefahrlos, nur auf einer Breite von etwa 100 Schritt können Schiffe passieren. Der übrige Fluß ist voll spitzer Felsen, die man unter der Oberfläche sieht.

Von hier kommen die berühmten Rheinweine. Auf einer Strecke von zehn Meilen bis Bingen und längs des rechten Ufers werden die zartesten und am meisten geschätzten Weine erzeugt. Sie tragen oft den Namen der Hügel, auf denen sie wachsen, wie etwa Rheinsberger, Johannisberger, Hochhei-

Die Pfalz

mer und andere. An manchen Orten kostet es viel Mühe und Pflege, die Reben anzubauen: Man sieht Weinbauern, die gebückt unter Körben voller Erde die steilsten Felsen hinaufsteigen, um ihre Last oben abzuladen. Ganze Weinberge sind so auf einer dünnen Erdschicht angebaut, die die Menschen mühsam zusammengetragen haben. So schwer die Arbeit auch sein mag, sie macht sich dank des großen Ertrages dieser Weinberge gut bezahlt. An vielen Orten wird eine Weinrebe auf einen

Dukaten geschätzt, und ein Faß von 600 Vierteln wird am Ort für 6000 deutsche Gulden verkauft, etwa 12.000 Franken. Aber diese so wertvollen Weine wachsen nur auf den steilsten Südhängen, die zugleich guten Boden haben. So kommt es, daß es von einem Berg mehrere Sorten gibt, aber immer nur wenig von der besten Qualität.

Fürstenberg

Aachen, 5. August 1810

Meine Fehler sind immer wieder die gleichen: Eitelkeit, nichts als Eitelkeit; Zweifel an mir selbst oder Überheblichkeit; Unordnung in meinen Ausgaben – einmal verschwenderisch, einmal geizig! Ich komme aus Dresden, wo ich mich am Hof vorstellen ließ. Dabei habe ich mich recht linkisch benommen: Die Königin und die Prinzessinnen sagten mir Freundlichkeiten, und ich blieb mit offenem Mund stehen. Am ersten Abend beim französischen Gesandten, Herrn de Bourgoing, war ich auch voller Hemmungen und ihm gegenüber recht unhöflich.

26. August 1810

Immer wieder empfinde ich meine eigene Nichtigkeit und bin dann meist verzweifelt. Jetzt aber, wo mich wieder eine solche Anwandlung ergriffen hat, bin ich weder traurig noch entmutigt, sondern sage mir einfach, daß ich wohl ein Dummkopf bin und es bleiben werde. Ich komme gerade von Madame Mniszech. Bevor ich die Tür schloß, sah ich noch, wie sie ihrer Tochter zulächelte. Ich folgerte, daß sie sich über mich mokierte.

Madame Mniszech trägt die Nase sehr hoch. Sie hört nicht auf, von den Verdiensten ihres Mannes zu sprechen, von ihrer beider tadellosem Benehmen, von ihrer vornehmen Herkunft, von ihrer direkten Verwandtschaft mit dem König, Madame de Cracovie, dem Fürsten Joseph etc. Sie ist die personifizierte Langeweile. Ihre Tochter, die Prinzessin Radziwiłł, macht den Eindruck eines guten Menschen, aber da ich noch nicht recht dahintergekommen bin, werde ich über sie weder Gutes noch Schlechtes sagen. Was die kleine Pauline betrifft, so sieht man bereits jetzt, was eines Tages aus ihr wird: eitel, kokett und böse, doch so klein sie auch noch ist, schon voller Witz. Ihre Antworten sind fein und treffend. Sie schaut auf die ganze Welt von oben herab. Sie ist ganz reizend.

Es würde mir Spaß machen, von der Prinzessin Radziwiłł geliebt zu werden und sie zu heiraten. – Immer das Bestreben, eine gute Heirat zu machen! Wie lächerlich würden andere mich finden, wüßten sie von diesem Juckreiz.

28. August 1810

Was für einen Unsinn sagte soeben eine Russe, Oberst bei den Chevalier-Gardes. Er behauptete, Suworow sei es gewesen, der Napoleon beigebracht habe, wie man Krieg führe.

Spa, 11. September 1810

Eine schöne Leidenschaft hat mich erfaßt für Frau Belu, die Frau eines Straßenbauinspektors in Aachen! Sie ist höchstens mittelgroß, 24 Jahre alt, sehr schmal, hat ein angenehmes Gesicht, schwarze Haare und einen fröhlichen Charakter: das ist alles, was ich von ihr weiß. Ich fühlte immer stärker den Wunsch, ihre Bekanntschaft zu machen, aber schüchtern wie ich bin, begnügte ich mich damit, meine Augen auf sie zu richten, ohne sie auch nur einmal anzusprechen, bis ich einen Major der Dragoner kennenlernte, den ich über meine Liebe ins Vertrauen zog und der nichts Eiligeres zu tun hatte, als zu ihr zu gehen und es ihr zu sagen. Noch immer fand ich nicht den

Mut, mit ihr zu sprechen, aber ich schrieb, und wieder war es der Major, der es diesmal übernahm, den Brief, der nichts anderes war als eine Liebeserklärung, zu bestellen. Sie sandte mir eine Antwort, die so günstig war, daß ich daraus nur schließen konnte, die Dame wolle sich über mich mokieren, und der Major sei mit im Komplott. Dieser Gedanke brachte mich noch mehr als gewöhnlich in Verlegenheit. Überzeugt, daß man auf meine Kosten lachen wollte, entschloß ich mich abzureisen und bin seit zwei Tagen in Spa, wo ich mich wie ein Unglücksrabe langweile.

Antwerpen, 22. September 1810

Noch niemals habe ich an einem Tag so viele Dinge gesehen, die mich überraschten. Man baut hier ein großes Hafenbassin für die Linienschiffe. Mehr als 2000 Mann arbeiten daran, und da der Platz nicht groß ist, sieht es wirklich wie ein Ameisenhaufen aus. Die Arbeit, die man ausführt, ist großartig.

Von dort aus besuchte ich das Arsenal, zusammen mit Herrn Choiseul Praslin, der den Präfekten, Herrn d'Argeanson, sehr gut kennt, so daß man uns die kleinsten Einzelheiten gezeigt hat. Hier werden die Kriegsschiffe gebaut. Zur Zeit sind acht in Auftrag, davon zwei mit 120 Kanonen. Auf der Werft erscheinen sie viel monströser als auf dem Meer.

Aber sprechen wir über die vielen und sehr schönen Bildersammlungen. Den Vorzug vor allen anderen gebe ich der Sammlung eines Herrn, dessen Namen ich vergessen habe; er bewohnt ein sehr schönes neues Haus, fast gegenüber vom Wirtshaus »Grand Laboureur«. Er besitzt einen Wouwermans von seltener Schönheit; hat auch sehr schöne Jordaens, Rubens, Rembrandt, Van Dyck, Poelenburg, Teniers, Mieris, Bol, Ostade, Snyders, und, was selten ist, kein Bild ist schlecht, kein einziges falsch. Die schönsten Rubens befinden sich bei einem seiner Nachkommen: das berühmteste dieser Bilder kennt man unter dem Namen »Chapeau de Paille«.

Am selben Tag habe ich bei Madame d'Argeanson gegessen zusammen mit Herrn de Praslin und einem Herrn de Montrou, einem ehemaligen Taugenichts, von dem man sagt, er sei wegen seiner tollen Streiche aus Paris verbannt worden. Den Rest des Tages verbrachte ich bei ihr. Ich begleitete sie ins Theater; es endete mit einer ziemlich langweiligen Partie Whist.

Zwischen Brüssel und Peronne

Paris, 2. Oktober 1810

Am 23. September reisten Herr de Praslin und ich von Antwerpen ab. Wir fuhren durch mehrere große Städte wie Mecheln, Brüssel, Cambrai, Mons, Valencienne, Péronne. Alle diese Städte sind sehr schön: keine, die nicht ein paar Sehenswürdigkeiten enthielte; was mich aber vor allem begeistert hat, war die große Straße von Mecheln nach Brüssel. Es ist das reichste Land, das man sich vorstellen kann: frisches Grün, viele Baumgruppen, herrliche Dörfer, in denen größte Sauberkeit herrscht. Die Straße ist voll von Reisenden, Fuhrknechten, Menschen zu Fuß und zu Pferd. Die Peitschen knallen, die Fuhrmänner treiben schreiend ihre Gespanne an, die Hunde bellen, das lärmende Vieh auf den Weiden – ein Leben und eine Bewegung, die die ganze Landschaft erfüllen! Auf der einen Seite der Straße läuft ein Kanal, auf denen Schiffe fahren, auf der anderen sieht man unzählige Lusthäuser mit Gärten. Das schönste ist das von Laeken, das dem Kaiser gehört, und ein anderes gleich daneben, von dem ich nicht weiß, wer der Besitzer ist. – Am 24. September kam ich in Paris an. Ich nahm Quartier im Hotel de Malte, Rue de Richelieu.

8. Oktober 1810

Mit Recht sagte jemand von Madame Mniszech und ihrer Tochter, der Prinzessin Radziwiłł, die eine sei leer wie ein Furz, die andere dumm wie ein Krug. Zwei Bilder, die sie gut charakterisieren. Man hörte Madame Mniszech zur Fürstin Sapieha sagen: »Wie glücklich sind wir Frauen, geborene Zamoyskas zu sein!« Es beweist ihre Eitelkeit. Die Prinzessin Radziwiłł machte es noch ärger, um ihre Dummheit zu beweisen: Als ihre Mutter ihr auftrug, sie solle sich um ein Fräulein kümmern, das aussehe, als ob es sich langweile, näherte sie sich mit langsamen Schritten, und nachdem sie lange nachgedacht hatte, wobei sie mit dem Mund eine Grimasse zog, die sie immer macht, wenn sie unbeholfen ist, fragte sie: »Fräulein, essen Sie gern Huhn?«

9. November 1810

Man spricht viel von einem Ereignis, das sich vor etwa vier Tagen in Fontainebleau ereignet haben soll. Man konnte mir nichts genaueres sagen, aber ich glaube, es sind Geschichten, die ein paar Unzufriedene gern verbreiten, oder Gerüchte, die die Polizei in Umlauf setzt, um die Geister zu erforschen. Diese Art Geschichten wiederholen sich ohne Unterlaß, und man kommt nie dahinter, was daran ist.

10. Dezember 1810

Es gibt in Paris einen Ort, so hat man mir versichert, wo Fleisch von toten Pferden gekocht wird, und genug arme Leute, die es essen und nur davon leben.

24. Dezember 1810

Jedesmal, wenn man sich einem anderen gegenüber als dessen Freund bezeichnet, erweckt es in diesem das Verlangen zu widersprechen – es sei denn, man selbst ist viel höher gestellt als er; dann ist man aber auch kaum dazu verleitet, sich Freund zu nennen.

26. Dezember 1810

»Mein Neymanchen! Ich kann nicht glauben, was ich im Brief von Herrn Herman gelesen habe, daß sie mir kein Geld schikken wollen. Es wäre Wahnsinn! Ich gestehe Dir, daß ich vor Wut mit den Zähnen knirschte, als ich den Brief von Herrn Herman bekam. Man weiß, daß ich zu Neujahr ohne Groschen bin an einem Ort, wo ich keinerlei Kredit bekomme, und trotzdem will man mir kein Geld schicken, nur weil dieser Schuft von Bankier ein Prozent mehr haben will? Ich schreibe an Dich, was sich in mir regt, wenn ich an diesen verdammten Brief denke, und nicht an Herrn Herman, da ich mich nicht zurückhalten könnte, ihm Unangenehmes zu sagen. Schreib mir, was mich vor allem interessiert! Und daß man mir so schnell wie möglich 400 Dukaten schickt, da ich in einer Woche nicht mehr genug haben werde, um Mittag zu essen! Außerdem warne ich Dich jetzt schon, daß ich am 1. März ebensoviel brauche.«

28. Dezember 1810

Ich finde, daß ich ein besseres Herz habe, als ich glaubte. Gestern, als ich es am wenigsten erwartete, las mir die Fürstin Jabłonowska einen Abschnitt aus einem Brief ihrer Tochter vor, in dem es hieß, daß die Ärzte in Breslau es aufgegeben hätten, meinen Bruder von einer Verstauchung seines Armes zu heilen. Ich war außer mir. Ich fühlte, daß ich rot wurde wie Feuer, dann flossen meine Tränen.[16]

1811

1. Januar 1811

Ich wurde dem Kaiser durch den Gesandten von Sachsen, Graf von Einsiedel, zusammen mit Alfred Potocki und Herrn Horodyski vorgestellt. Der Kaiser sagte nichts zu uns, fragte nur den Gesandten, zu welchem Kreis wir gehören. Der Hof war sehr glanzvoll. Am Abend war Empfang; ich ging hin.

10. Januar 1811

Heute abend gehe ich zum Empfang und zu einem Schauspiel am Hof.

18. Januar 1811

Działyński sagte mir letzthin beim Diner bei der Herzogin von Kurland etwas Merkwürdiges. Bei seiner Durchreise durch Dresden habe ihm Herr von Senft gesagt, der König wolle mich nicht an der Gesandtschaft in Paris, weil er fürchte, daß es dem Marschall Davoût, der meinen Großvater veranlaßte, aus Warschau wegzugehen, mißfalle. Es waren die alten Gegner meines Großvaters, die dies dem Marschall Davoût eingeflüstert haben.

27. Januar 1811

Ich habe die Wohnung gewechselt. Ich wohne seit dem 24. im Hotel de Caraman, Rue St. Dominique.

28. Januar 1811

Ich habe mein Gut Arciechów an Herrn Horodyski für 120.000 polnische Gulden verkauft, von denen er 10.000 jetzt zu zahlen sich verpflichtet hat und den Rest in Raten von 20.000 jeweils zu Johanni. Ich fürchte, dieses Geschäft mit zu wenig Vorsicht abgeschlossen zu haben, nicht wegen des Kaufbetrags – was das anbetrifft, bin ich zufrieden –, sondern wegen einiger Bedingungen, die ich nicht für gut halte.*

30. Januar 1811

Als ich gestern an der Wohnung von Gabrielle vorbeiging, fragte ich, ob sie da sei, und war erstaunt zu erfahren, daß sie am Morgen mit ihrem Kind aufs Land gefahren sei. Als ich nach Hause kam, fand ich einen Brief, in dem sie mir Abschied für immer sagt. Das Herz schmerzt mir, und erst jetzt fühle ich, wie sehr ich sie liebe.

1. Februar 1811

Trauer erfaßt mich. Ich leide, mich von Gabrielle getrennt zu sehen. Tugend hat sie dazu gebracht, wegzufahren; vielleicht daß Liebe sie zurückbringt? Ich werde Schritte unternehmen, um sie wiederzusehen. Sollte sie aber widerstehen, wird man verzichten müssen und leiden können. Auch diese Art von Leiden hat ein Ende.

2. Februar 1811

Heute habe ich bei der Fürstin Jabłonowska zum erstenmal den General Kościuszko gesehen. Er scheint mir ein sehr ritterlicher und gutaussehender Mann zu sein. Ich betrachtete ihn mit Entzücken. Er ist etwa 55 Jahre alt. In Wirklichkeit sieht er milder aus als auf dieser Zeichnung.

Ich bin schrecklich unzufrieden mit mir.

16. Februar 1811

Mein Trübsinn hält an. Ich langweile mich, nichts zu tun.

13. März 1811

Wenn man von den Menschen im allgemeinen spricht, bezieht es sich meist auf einen selbst, und wenn man die Welt im allgemeinen kritisiert, kritisiert man sich selbst – ohne es zu wissen.

17. März 1811

Sehen wir uns um, aus welchen Personen die polnische Kolonie in Paris sich zusammensetzt: Die Fürstin Sapieha verdient es in jeder Hinsicht, an die Spitze aller gestellt zu werden. Über sie werde ich wenig sagen; ein Schriftsteller äußerte einmal, daß die ehrenwerteste Frau diejenige ist, von der man am wenigsten spricht. Sie ist außerordentlich gut, sehr klug, einfach, gebildet und hat keine andere Sorge als die Erziehung ihrer Kinder: Sie lebt seit mehreren Jahren hier, wird geliebt und von allen geachtet.

Madame Mniszech, ihre Cousine, hat wenig mit ihr gemein. Sie ist eitel, langweilig, lächerlich und ohne Unterlaß beschäftigt mit ihrer Verwandtschaft mit dem König von Polen und ihrer erlauchten Geburt. Sie glaubt, daß alle Welt unter ihr steht, und läßt es die anderen spüren. Auch ihre Soireen, die sich zweimal in der Woche wiederholen, sind schrecklich langweilig. Sie hat die Manie, die Besucher in ihrem Salon so eng wie möglich zu setzen; dadurch entsteht ein Zwang, der allen das Wort raubt. Jedesmal, wenn man einen Wagen vor der Tür halten hört, ist man ganz Ohr, und jeder hofft, daß die Person, die eintreten wird, der Langeweile ein Ende setzt, aber Madame Mniszech läßt es nicht soweit kommen: Der Neuangekommene wird sofort in den kleinen Kreis eingeschlossen, und hier verstummt er, wie die anderen. Die Personen, die gewöhnlich zu ihr kommen, sind der Prinz von Arenberg mit Madame de Coigny, seiner Freundin oder was immer man will; Herr de Choiseul Gouffier, Verfasser einer Reise nach Griechenland, und Madame de Beaufremont, ein weiteres glückliches Paar; außerdem Herr Adrien de Montmorency, Herr Viktor de Caraman, beide sehr liebenswürdig, und Madame de Fitzjames. Von Polen und Polinnen: die Fürstin Sapieha, Madame Tyszkiewicz, Alfred Potocki und ich. Das sind diejenigen, die sie sowohl am Montag wie auch am Donnerstag empfängt; es gibt noch viele andere, die sie nur an einem der beiden Tage einlädt.

Sie hat eine Tochter, die sie sehr zu lieben scheint und die noch langweiliger ist als der Rest der Gesellschaft. Sie hat sie mit dem Fürsten Dominik Radziwiłł verheiratet, der sie nach drei Monaten sitzenließ.

Madame Tyszkiewicz[17] ist nicht mit den Lächerlichkeiten von Madame Mniszech belastet, hat aber andere Schwierigkeiten. Zwei Jahre genügten, um einige 30.000 Dukaten auszugeben und darüber hinaus 500.000 Franken Schulden zu machen. Schulden zu machen, wenn man reich genug ist, um sie zurückzuzahlen, ist eine Verrücktheit: Wenn man selbst aber keinen Groschen besitzt, sondern nur einen Bruder, der auf die Gefahr hin, sich zu ruinieren, stets alle Schulden bezahlt, so ist es ein unverzeihlicher Mangel an Zartgefühl. Im übrigen ist sie sehr liebenswürdig, ja hilfsbereit, und sie schwatzt entzückend.

Nun das Kapitel der Potockis: Herr Vincent ist der Chef. Ich habe ihn bisher nur einmal getroffen. Er ist eher groß als klein, hat Taktgefühl und gesunden Menschenverstand, ist immer noch reich, obwohl er bereits mehrmals sein ganzes Vermögen verloren hat (er macht ohne Unterlaß neue Erbschaften), Spieler und Geizhals in einem. Er kauft Perlen und Schmuck, die er dann weiterverkauft, und daran verdient er. Er ist zum dritten Mal verheiratet, und im Augenblick sind alle drei Frauen in Paris.* Man hat mir versichert, daß er bisweilen eine Partie Whist mit seinen drei Frauen spielt. Madame Mniszech war die erste; die zweite war eine geborene Mycielska, eine langweilige Kreatur, die man wie die Pest meidet; die dritte, eine geborene Prinzessin Massalska, war zuerst mit dem Fürsten Karl von Ligne verheiratet und wurde dann nach tausend tragikomischen Skandalen seine Frau. Es ist eine glückliche Ehe. Man sagt, sie sei liebenswürdig. Sie bemüht sich wenig darum, die anderen Polen zu sehen, und ist in geradezu lächerlicher Weise in den Faubourg St. Germain vernarrt. – Es ist schwer, eine bessere Figur abzugeben als Alfred; er besitzt im höchsten Maß die Kunst, sich mit aller Welt gut zu stellen. Er lebt mit Madame Antoine Potocka zusammen, die eine Frau von Geist ist und keinerlei Rücksicht auf die öffentliche Meinung nimmt; sie ist sehr originell, was ihren Verstand als auch ihren Charakter betrifft. Sie spricht wenig, ist zurückhaltend, aber sanft und höflich. – Ihre Schwester, Madame Jan Potocka, lebt mit ihrem Schwager, Octave de Choiseul, zusammen. Er ist ein kleiner

Mann, dessen Kopf dem eines Käuzchens ähnelt und der viel von einem Clown hat. Ich glaube, beide vertragen sich wohl nur deshalb gut, weil jeder von ihnen nichts Besseres finden konnte. Madame Jan hat einen sehr hübschen Kopf, viel Frische, ist aber sehr fett und hinkt stark. Sie ist launisch, herrisch, eitel, spricht viel, aber oft stotternd.

Die Fürstin Jabłonowska, geborene Waleska, sieht mir eher wie eine Klatschtante aus, ist aber sonst eine gute Frau. Nach dem, was man sagt, war sie einmal schön, ist es aber nicht mehr. Sie ist höflich, lustig, gesellig und von angenehmem Umgang. Ihre Schwester, Madame Bierzyńska, spielt sehr gut Klavier und glaubt auch, sehr gut zeichnen zu können. Sie erzieht ihre Tochter so, daß sie sich der Gesellschaft anpaßt; schon mit zwölf Jahren ist sie kokett und träumt nur von Putz und Eroberungen. Ihr Pendant ist das kleine Fräulein de Witt, die noch schelmischer zu sein scheint. Deren Mutter dagegen ist provinziell, und der Vater, der General Witt, der viel von Politik spricht, knöpft seinen Frack bis obenhin zu, um möglichst russisch auszusehen. Man erzählt, er sei in der Schlacht von Austerlitz geflohen.

Madame Walewska ist sehr schön und liebenswert, zugleich sehr natürlich im Umgang und sanft. Viele andere würden sich an ihrer Stelle nicht mit so viel Takt benehmen: Sie ist immerhin die Mätresse des Kaisers und hat von ihm einen Sohn.* Sie ist bei allen Frauen beliebt. Die Männer schätzen sie in gleichem Maße, und das ist nur verständlich. Man hat sie aus Warschau hierher kommen lassen: die einen sagen, auf Befehl des Kaisers, andere behaupten, der Marschall Berthier unterhalte sie.

Außerdem gibt es hier ein ganzes polnisches Garderegiment, mindestens 2000 Polen. Es wäre zu lang, von allen zu sprechen, auch fange ich erst an, ihre Bekanntschaft zu machen. – Alle Samstage sieht man bei der Fürstin Jabłonowska einen Haufen vieler junger Leute, die hier studieren und von denen man sagt, daß sie viel und fleißig lernen. Sie werden Kenntnisse in unser Land bringen, und das ist gut. – Nosarzewski hat Geist und ist zugleich wohlerzogen, hilfsbereit. Ich wünschte mir nur, er hätte nicht die Angewohnheit, ständig dumme Witze zu machen. – Ogiński: Ich war zu einem ausgezeichneten Quartett bei ihm. Er gibt schöne Soireen. Nachdem er sein Leben lang patriotischen Eifer an den Tag gelegt hat, spielt er jetzt den Russen. Seine Frau ist eine Italienerin, die er aus Liebe heiratete, nichts Besonderes, aber, obwohl schon etwas verwelkt, noch immer eine schöne Frau. - Das wäre ungefähr alles.

Dann gibt es noch Polen, die den verschiedenen Marschällen und französischen Generälen attachiert sind, wie Malczewski, ein Mann mit Verdiensten, Zenowicz, der Adjutant von Oudinot war, ein wunderlicher Kauz, und Szweykowski, der bei Davoût war und kaum besser ist. - Hier waren eine zeitlang der Graf Konarski, der Graf Piotruski und der Graf Finke, allesamt »Märchengrafen«, von denen nicht viel zu sagen ist, außer daß der erste gut Mazurka tanzte.

Das sind etwa 50, mich selbst eingerechnet. Mein eigenes Porträt würde ich dem meiner Landsleute gern hinzufügen, fürchte aber, mich selbst zu streng zu behandeln - und übrigens: weiß ich, wer ich bin?

19. März 1811

Gestern war ich zu einem Konzert im Odéon, das mir viel Freude bereitete, obwohl die Sängerinnen (Festa, Correa und Barilli) es weniger taten. Die Männer (Crivelli, Ponto und Guilhelmi) haben im Gegensatz dazu sehr gut gesungen. Reizend war das Hornkonzert. Der Saal war ausgezeichnet beleuchtet.

Heute um zwei Uhr werde ich der Prinzessin Pauline Borghese, der Schwester des großen Mannes vorgestellt.[18] - Ich komme von der Prinzessin zurück. Ich habe das seltsame Gefühl, daß die Prinzessin Pauline Lust gehabt hätte, mit mir zu schlafen. Sie sah mich in einer Weise an, daß ich meine Augen vor Verlegenheit niederschlagen mußte.

20. März 1811

Um halb zehn morgens. In diesem Augenblick schießen die Kanonen. Die Kaiserin ist von einem Sohn entbunden worden.

23. März 1811

Vorgestern war ich auf dem Opernball und habe mich wie ein junger Gott amüsiert. Ich machte die Bekanntschaft von Madame Lavavasseur und war mit ihr in einer Loge recht vertraulich. Nach vielen Einwänden erlaubte sie mir, am nächsten Tag zu ihr zu kommen. Sie ist die Mätresse meines Freundes Chłapowski und Vorleserin der Kaiserin Josephine. Gestern war ich am Hof und dann bei Madame Lavavasseur. Ich weiß nicht, aber es scheint, als ob ich ziemlich bald ans Ziel bei ihr käme, wenn nur meine Abreise nicht bevorstünde! – Einige Stunden später: Ich bin jetzt überzeugt, daß ich nicht weiterkomme, es sei denn, ich könnte sie bewegen, Chłapowski fallen zu lassen.

27. März 1811

Ich war in Versailles. – Ich war mit Madame Lavavasseur in Malmaison.

30. März 1811

Wie bizarr ist doch das Gefühl der Liebe! Ich finde sie weder besonders schön noch besonders reizvoll. Ich kenne sie nicht genug, um sie zu achten; bin nicht einmal sicher, ob ihr gutes Wesen bloß gespielt ist, und trotzdem liebe ich sie! Obwohl sie sehr in Chłapowski verliebt ist, behandelt sie mich gut. Ist das Koketterie? Oder ist es etwas anderes? Wer kennt schon eine Frau?

1. April 1811

Ich warte auf meinen Paß, um abzureisen. – Gegen vier Uhr: Ärgerlich über meine Abreise und darüber, daß ich auf meinen Paß warten muß, habe ich mich ins Bett gelegt, um erst wieder aufzustehen, wenn der Wagen wartet. Der Grund für diese unbestimmte Unruhe ist die Liebe. Sie ist nicht ohne Reiz, und zugleich ist sie quälend. Die Regungen des Herzens sind unerforschlich. Ich lese »Le Génie du Christianisme«, und in der Stimmung, in der sich meine Seele befindet, genieße ich die Schönheiten des Stils ganz besonders. Das Werk begeistert mich, ohne mich zu überzeugen. Chateaubriand schweift meist ab, aber er formt seine Sätze mit Grazie.

Aus Paris am 2. April 1811 abgefahren. In Frankfurt am 5. In Frankfurt am 6. um 11 Uhr morgens abgefahren. Ankunft in Kassel am 7. um 4 Uhr nachmittags. Am 8. auf der Napoleonshöhe. Am 10. in Osterode. Am 11. in Goslar und in den Bergwerken von Rammelsberg.

In Goslar traf ich eine kleine Französin aus Paris, die mir sagte, daß sie hierher gekommen sei, um die Jugend im Tanz zu unterrichten, und daß sie vorher eine der ersten Statistinnen im »Ambigu comique« war.

Die Minen von Rammelsberg enthalten Kupfer, Blei, etwas Silber und Sulfat. Man steigt recht bequem hinab, aber einmal unten, fühlt man bald eine Wärme, die einen erstickt, so daß man es dort nicht lange aushalten kann. – In Clausthal, zwei Meilen entfernt, sollen die Bergwerke viel größer und ergiebiger sein und eine Menge mineralogischer Sehenswürdigkeiten enthalten, aber ich war leider nicht sicher, ob ich genügend Geld hätte, um damit bis nach Dresden zu kommen, und so mußte ich auf diesen Abstecher verzichten.

Am 12. in Magdeburg. Am 13. mittags in Berlin.

Mit großer Freude habe ich in Berlin wieder das Schauspiel besucht. Man gab »Der Fremde« von Iffland. Es ist ein Drama, und die Dramen sind von der französischen Bühne verbannt. Ich habe mit Vergnügen Iffland und zwei oder drei Schauspielerinnen der Berliner Bühne wiedergesehen und habe keinen Augenblick die französische Tragödie vermißt.

Wenn es in Berlin auch kein Fräulein Mars gibt, so habe ich doch zwei Schauspielerinnen gesehen, die mehr wert sind als Fräulein Le Verd und viele andere Schauspielerinnen des französischen Theaters. Vor allem aber, ich liebe das Drama! Und über alles liebe ich Iffland, den Autor und den Schauspieler. –

Es gibt nur eine Stadt in Deutschland, wo man ganz sicher sein kann, daß, wenn man nach fünf Jahren zurückkehrt, alles noch am selben Platz steht. Vor dem Haus die Frau mit ihrem mit Milch beladenen Schubkarren, vor den ein weißer Hund ohne Schwanz gespannt ist, der alle Passanten ankläfft. Zu einer bestimmten Stunde wird man einen kleinen Buckligen mit rotem Kragen und einem großen Aktenbündel unterm Arm vorübergehen sehen. Er wird ein rotes Haus betreten: man kann dessen sicher sein, denn vor fünf Jahren pflegte er zur selben Zeit hineinzugehen. Schließlich der Obsthändler, der Bilderverkäufer, der Wirtshauskellner, der Mann, der die Karten für die Komödie anbietet, der Jude, der heute noch teurer verkauft: nichts hat sich verändert, die Steifheit der Offiziere, die Mädchen, die leeren Straßen, die Kärglichkeit der Equipagen … nichts hat sich verändert! In den Hotels ißt man noch genauso schlecht wie früher. Für zehn Sous ißt man in Frankreich besser als in der »Sonne« Unter den Linden! Aber Iffland ist immer noch ein ausgezeichneter Schauspieler, und das Zeughaus, auch wenn es leer ist, ein sehr schöner Bau.

Am 15. gegen Mittag fuhr ich aus Berlin ab und kam am 16. um 9 Uhr abends in Dresden an.

Dresden, 17. April 1811

Ich habe mir die Diplomatie in den Kopf gesetzt. Wir werden sehen, wohin es führt. Auf jeden Fall habe ich mir vorgenommen, mich einzusetzen.

Morgen ist ein großer Ball bei Herrn de Bourgoing anläßlich der Geburt des Königs von Rom. Ich werde mich in meinen Samtkleidern, die ich in den Tuilerien trug, bewundern lassen.

19. April 1811

Nach längeren Zitaten aus Chateaubriands »Le Génie du Christianisme«: Sie sind reizend, reizend, Herr de Chateaubriand! Ihr Stil ist von jener Anmut geprägt, die aus den Franzosen das erste Volk der Welt macht! Aber sie haben noch eine andere Qualität, die ich über den Stil des Herrn Chateaubriand stelle: die Art und Weise, wie sie kämpfen.

Chateaubriand zeichnet mit Feuer. Er versteht es, die Phantasie anzuregen und die Herzen zu berühren, aber sein Verstand ist recht schwach. Die Lektüre seiner Werke ist angenehm, aber kaum nützlich.

21. April 1811

Ich wurde dem König, der Königin, allen Prinzen und Prinzessinnen vorgestellt und Marcolini.

22. April 1811

Ich verbrachte einen sehr angenehmen Tag mit dem Fürsten Esterhazy und Madame Blankenhagen in Tarant.

Breslau, 6. Mai 1811

Heute morgen wurde ein Mann gehängt, nachmittags traf ich einen Leichenzug, heute abend wurde Therese verheiratet. Herauskommen wird, daß dem Prinzen Maximilian die Hörner aufgesetzt werden.

8. Mai 1811

Prophezeiung: Vor Ablauf von zwei Monaten Krieg mit den Russen, danach Vergrößerung Polens. Ein von Napoleon eingesetzter König von Polen. Polen wiederhergestellt. Die Russen geschlagen.

Vor Ablauf von zwei Jahren wird Therese seufzen, die Frau des Prinzen Maximilian zu sein; vor Ablauf von sieben Jahren wird sie einen Liebhaber haben.*

Aus dem Plan einer Ehe mit der Prinzessin Clementine Sanguszko, mit der mich mein Großvater und meine Großmutter verheiraten wollen, wird nichts werden.

10. Mai 1811

Ich habe dem Großvater versprochen, in spätestens 14 Tagen nach Warschau zu fahren.

Rogalin, 22. Mai 1811

Gute Eigenschaften erwirbt man auf Kosten anderer guter Eigenschaften. Wer sich bemüht, ehrlich zu sein, verliert seine Liebenswürdigkeit.

Warschau, 4. Juni 1811

Wahrhaftig, dieser Hundestadt gelingt es immer wieder, mich in Wut zu versetzen und mich ununterbrochen denken zu lassen, daß ich lächerlich bin. - Eine Erfahrung, die man macht, kann nur einem selbst dienen: Jeder braucht seine eigenen Erfahrungen.

20. Juni 1811

Eine Wahrsagerin in Paris sagte Madame Antoine Potocka, ihr zweiter Sohn würde König von Polen werden. Unsinn! - Am 27. Mai wurde ich zum Kammerherrn des Königs von Sachsen ernannt.

Rogalin, 15. August 1811

Wie sehr liebe ich doch Rogalin!

Breslau, 12. September 1811

Wenn sich untereinander zankende Menschen genau wüßten, was sie sich vorzuwerfen haben, wären Haß und Streit auf ein Viertel reduziert.

Meine Großmutter ändert ihre Meinung zehnmal am Tag, und ebenso oft verlangt sie, daß man ihr zustimmt.

Meinen Großvater liebe ich mehr und mehr.

Rogalin, 19. September 1811

Es gibt eine Art zu glauben, man sei etwas, die ausreicht, um zu verhindern, daß man etwas wird. – Seit vierzehn Tagen sieht man einen Kometen.

Warschau, 15. Oktober 1811

Heute hatte ich eine Privataudienz beim König, um ihm für den Schlüssel des Kammerherrn zu danken.

18. Oktober 1811

Ich glaube, daß Kicki eine der Prinzessinnen Czartoryski heiraten möchte. Ich könnte mir denken, daß er Erfolg hat. Er besitzt Takt, ist ein schöner junger Mann, und er versteht es, den Frauen zu gefallen. Und ich, der ich nur dies eine erstrebe, der ich es mit einer Art Besessenheit verfolge, ich habe in Wahrheit kaum Hoffnung, es zu erreichen. Ich kann den Namen dieser Damen nicht nennen hören, ohne das Rot in meinem Gesicht aufsteigen zu fühlen: Es wird zu einer wahren Qual. Meine Hemmungen machen mich ungeschickt und dumm. Seit kurzem bin ich nicht mehr derselbe. Vielleicht, weil ich einige Zeit auf dem Lande war? Kann man so schnell einrosten? Man darf sich nicht entmutigen lassen. Wie wäre es, wenn ich anfinge, einer von ihnen den Hof zu machen? Man muß Geduld haben und warten.

Die Eigenliebe tötet mich. Eine schreckliche Eigenschaft, die mir die Ruhe raubt und meine Zukunft untergräbt.

25. Oktober 1811

Nichts als ein Schimmer von Hoffnung, und schon allein der Gedanke daran macht mich glücklich und erfüllt mich mit Freude. Mein Gott, wenn ich nur dazu käme, sie zu heiraten!

26. Oktober 1811

Was für einen schrecklichen Charakter ich habe! Wie ich mich quäle. Die geringste Enttäuschung schlägt mich nieder, Erfolge lassen mich den Kopf verlieren.

»Camin« schlafend, Oktober 1811

28. Oktober 1811

Mein Geist ist schwankend; er wendet sich allem zu, was meine Hoffnung vergrößern könnte – oder sie zunichte macht. Wie komme ich dahinter, wo die Prinzessin Louise Radziwiłł gehört haben könnte, daß die Fürstin Eustache nicht dagegen sei, wenn ich eine ihrer Schwestern heiraten würde? – Die Weise, wie sie mich gestern behandelte, beweist kaum, daß sie mir wohlgesinnt ist, allerdings auch nicht das Gegenteil. – Der Komet ist noch immer am Horizont zu sehen.

2. November 1811

Ich habe am Tisch des Königs gegessen und habe etwas zu viel getrunken.

Wenn ich nachdenke, sehe ich, daß mich meine Eigenliebe in Paris vor dem Laster bewahrte. Ich zog es vor, Gabrielle den Hof zu machen. Der Spielsaal hatte keinerlei Anziehungskraft auf mich, weil ich sah, wie die Verkommensten dort Eingang finden, während die gute Gesellschaft nicht jedem die Türen öffnet. Ich verschwende mein Geld nicht in der Halbwelt, aus Angst geprellt zu werden. Dank Dir, Eigenliebe! Du hast mir einen Dienst erwiesen.

3. November 1811

Warum versuche ich immer, all meine Handlungen, selbst die lobenswertesten, herabzumindern? Wohl auch aus Eigenliebe: einfach um mich nicht selbst zu betrügen. Denn sich etwas vorzumachen, ist in meinen Augen der Höhepunkt der Demütigung. Gibt es Menschen, die weniger eitel sind als ich? Ich sehe viele, die es nicht sein wollen, andere, die es sich selbst nicht eingestehen. Aber das sagt nichts, denn nur wenige sind das, was sie zu sein glauben oder was sie sein möchten.

4. November 1811

Ich komme von Frau von Senft. Es wurde entschieden, daß ich nach Kassel gehen soll, als Attaché an der dortigen Gesandtschaft. Es scheint mir nicht sehr reizvoll, aber selbst wenn es noch weniger wäre: Ich bin entschlossen, mich einzusetzen und drei Jahre auszuharren. Habe ich danach nicht die Gewißheit, bald zum Gesandten ernannt zu werden: Auf Wiedersehen große Pläne! Dann gehe ich aufs Land. Wenn die Stellungen mich nicht suchen, werde ich ihnen nicht nachlaufen.

Ich bin wütend, keine Liebesintrige zu haben: Mit den einen scheint es mir schwierig und zeitraubend, bei anderen, finde ich, lohnt es sich nicht. Dabei langweile ich mich.

13. November 1811

Im Theater in Paris habe ich sehr elegante Herren gesehen, die vom Balkon oder vom Orchester aus lächeln, Verständigungszeichen, familiäre Grüße ans andere Ende des Saales senden, wohl nur um zu zeigen, daß Damen ihrer Bekanntschaft in den Logen sitzen. Sie riskierten nichts dabei, denn jede Dame konnte glauben, der Gruß gelte ihr, ebensogut wie einer anderen.

Madame Alexander Potocka bestätigte mir in Einzelheiten, was mir Nosarzewski schon in Paris über Marcelin Lubomirski erzählt hat: Eines Tages ließ Marcelin, der mit den Kindern von Madame Alexander spielte, beim Bücken ein Bündel Papiere fallen; mit den Kindern beschäftigt, bemerkte er es nicht. Madame Alexander hob sie auf. Als Marcelin sah, daß sie die Papiere in der Hand hielt, stürzte er sich auf sie und entriß sie ihr; sie hatte gerade noch Zeit, einen Totenkopf und merkwürdige Buchstaben zu erkennen. Marcelin machte ihr Vorwürfe wegen ihrer Indiskretion, verfärbte sich und flehte sie an, Schweigen zu bewahren, andernfalls – so sagte er – wäre ihrer beider Leben bedroht. Es wurde nicht mehr davon gesprochen, aber mit der Zeit gestand er ihr, daß er ein Erleuchteter sei, ohne freilich auf Einzelheiten eingehen zu wollen.[19]

Es war während seines Aufenthalts in Petersburg mit dem Marquis Delpont, daß er in die Mysterien dieser Gesellschaft eingeweiht wurde. Delpont war Erleuchteter, und jeden Abend widmete er einige Stunden seinen geheimnisvollen Beschäftigungen. Marcelin wußte nur, daß dann jedem der Eintritt in Delponts Zimmer verboten war. Seine Neugierde wurde dadurch angeregt. Über eine kleine verborgene Treppe, die zum Appartement von Delpont führte, stieg er eines Tages dort hinauf und betrat unbemerkt das Zimmer. Wie groß war sein Erstaunen! Er fand einen Rasenden mit verwirrtem Haar und verstörtem Blick, und gleichzeitig sah er etwas Übernatürliches, das aber sofort verschwand. Kaum hatte er den Fuß in das Zimmer gesetzt, als Delpont ihm zurief: »Unglücklicher, was haben Sie gesehen? Sie werden ihre Neugier sehr bereuen! Sie müssen Erleuchteter werden oder untergehen!« Marcelin, eher neugierig als ängstlich, willigte ein und wurde am nächsten Tag in die Sekte aufgenommen. – Seither, soll Marcelin gesagt haben, habe er sich keines ruhigen Augenblicks mehr erfreut; und was ihn am meisten quälte, war, dies alles vor seiner Mutter verheimlichen zu müssen, die er zärtlich liebte. Die ganze Sache, so gestand er, basiere auf den größten Verbrechen und Greueln. – Delpont soll mit Tabak vergiftet worden sein; das Gift war so fein, daß er erst nach einem Jahr starb: ein Zeitraum, den sie vorherbestimmt hatten.

Nach allem, was sie von Marcelin gehört hatte, schloß Madame Alexander, daß die Erleuchteten die Macht hätten, Seelen zu beschwören; da die Seelen aber von einem Körper in einen anderen wanderten, könnten sie nur in der kurzen Zeit, in der sie im unendlichen Raum schweben, zur Materialisation gezwungen werden. Marcelin behauptete, oft von dieser Kraft Gebrauch gemacht zu haben. – Die Seele von Voltaire, sagte er, sei vor kurzem in einen anderen Körper eingegangen und könne deshalb nicht mehr beschworen werden; vor nicht allzu langer Zeit wäre es noch möglich gewesen. – Die Seelen, die im Raum schweben, beklagen sich über eine sehr große Unruhe, und drücken dies in einer Weise aus, die für andere als Eingeweihte unverständlich ist!

Ich bin geneigt, dies alles als Ketzerei oder Unsinn anzusehen.

1. Dezember 1811

Um 4 Uhr nachmittags starb der Präsident des Senats, Ludwig Gutakowski, ein ehrenwerter Mann und der würdige Nachfolger Małachowskis. Er war 80 Jahre alt. Alle Welt trauert ihm nach; die Tränen derer, die ihm nahestanden und ihn kannten, werden nicht so schnell trocknen.

Seit einiger Zeit sagen mir mehrere, daß ich Aussichten hätte, die Prinzessin Josephine zu heiraten. Wie froh wäre ich, sollte etwas daraus werden.

Es hindert mich allerdings nicht, Madame Czosnowska den Hof zu machen, bei der ich ziemlich weit vorangekommen bin. Ich umarme sie, und sie ärgert sich nicht. Auch hat sie mich geküßt.

Sie hat mir verschiedene recht nette Geschichten über den Fürsten Joseph Poniatowski erzählt. So hatte er ein Verhältnis mit einer russischen Dame, Madame Zubkoff, die eine intime Freundin der Fürstin Bagration war. Auf einem Ball bekam Madame Zubkoff plötzlich Kopfschmerzen: sie forderte den Fürsten Joseph und die Fürstin Bagration auf, gemeinsam zu ihr zum Tee zu gehen. Sie gingen hin, und dem Fürsten genügte die Zeit, die Madame Zubkoff brauchte, ihr Kleid zu wechseln, um Liebhaber der Fürstin Bagration zu werden. Madame

Zubkoff kam zurück, merkte sofort, daß der Fürst ihr untreu geworden war, und wütend überschüttete sie beide mit Vorwürfen. Der Fürst bereute es bald, der Versuchung nachgegeben zu haben, denn die Bagration war längst von einem Russen schwanger und wollte jetzt dem Fürsten weismachen, er sei der Vater des Kindes.

Madame Czosnowski sagte mir, daß ihr der Fürst am Tage, an dem er ihr ein Kind machte, fünfmal sein Feuer bewiesen habe, und beim fünften Mal habe er die Vorsichtsmaßregeln vernachlässigt.*

3. Dezember 1811

Was mir Chłapowski gesagt hat, bestätigte mir Madame Alexander, die es von ihrem Schwiegervater, Stanislaus Potocki hat. Der König möchte nicht, daß ich an einer seiner wichtigsten Gesandtschaften attachiert werde: wegen des Marschalls Davoût, der nun einmal davon überzeugt ist, mein Großvater sei den Russen zugeneigt und hasse die Franzosen.

4. Dezember 1811

Heute nacht war ich mit Madame Czosnowska verabredet und wurde durch die Keller in ihr Schlafzimmer geführt. Ich habe ihr nicht einmal zehn Tage lang den Hof gemacht. Die Kellergänge waren für Igelström gebaut worden, dessen Haus gegenüberliegt; er hatte sich so eine geheime Verbindung zum Zimmer seiner Mätresse geschaffen.

6. Dezember 1811

In was für einer tödlichen Unruhe ich bin. Arthur hat an die Fürstin Clementine geschrieben, um sie zu fragen, ob ich um die Hand der Prinzessin Josephine anhalten könne. Der Brief von Arthur ist viel zu positiv; wenn ich abgelehnt werde, wird die ganze Stadt darüber sprechen.

8. Dezember 1811

In der Gesellschaft soll man keinen Vorteil verachten. Nur durch die Ansammlung aller Vorteile kann man sich eine angenehme Stellung schaffen. Hast du aufgrund deines Namens eine vorteilhafte Stellung in der Gesellschaft, so bist du es deiner Familie schuldig, mit allen ehrlichen Mitteln diese Vorteile zu vermehren, sonst bist du ein Egoist. Diese Mühe ist sicher von Leiden und Mißerfolgen begleitet, aber spätere Generationen werden es dir anrechnen und dein Andenken segnen.

Ich war diese Nacht bei Madame Czosnowska. Sie ist schamlos, und das ist, was ich brauche.

Die Prinzessin Josephine beschäftigt mich so stark, daß ich die Lust verliere, zu essen, zu trinken, zu schlafen. Ich denke nur an sie. Ich denke an sie auch in den Armen von Madame Czosnowska.

Jaraczewski, der buckelig ist, machte sich im Scherz über die Größe meines Bruders lustig und sagte zu ihm: »Sie sind ein großer Mann.« Mein Bruder gab zurück: »Nicht groß, aber gerade.«

9. Dezember 1811

Als ich heute abend auf dem Rückweg von einer Soiree bei Madame Stanislaus bei Madame Czosnowska hereinkam, fand ich Arthur auf dem Divan ausgestreckt, die Dame erwartend. Wir verabredeten, beide mit ihr zu schlafen, aber sie wollte sich nicht dazu hergeben, und nach vielen Narreteien ließ ich sie mit Arthur allein. Wir sind, weiß Gott, viele: Szołdrski zahlt sie, Bniński macht ihr Geschenke, dazu die Wilddiebe: Kicki, Iwan, Arthur, Ledóchowski und ich.

Arthur hat mir versichert, daß mein Antrag von dem Fürsten und der Fürstin Eustache gut aufgenommen worden sei. Vielleicht täusche ich mich, aber es scheint mir, daß die Prinzessin Josephine mich recht wohlwollend ansieht.

10. Dezember 1811

Gestern fand die Eröffnung des Parlaments statt. Man war mit der Rede des Königs zufrieden, ebenso mit der von Alexander Potocki und der Predigt des Abbé, nicht aber mit der Rede des Landtagsmarschalls Sołtyk.

Das Warten auf ein Unglück ist schlimmer als das Unglück selbst. – Ich bin so gut wie sicher, mit meinem Heiratsprojekt zu scheitern.

1812

16. Januar 1812

Ich muß Dziembowski Satisfaktion leisten für eine angebliche Beleidigung, derentwegen er mich gefordert hat; wenn ich davonkomme, will ich meinen Plan in bezug auf die Diplomatie weiter verfolgen. Das eine wie das andere wird mich ablenken, wenn der so angenehme Traum, mich mit der Prinzessin Josephine vereinigt zu sehen, sich nicht erfüllen sollte.

20. Januar 1812

Die Prinzessin Josephine wird mir von Tag zu Tag lieber. Ich kann mich daher nicht entschließen nach Kassel zu reisen. Außerdem fürchte ich, daß Dziembowski glauben könnte, ich sei aus Angst, ihm zu begegnen, abgereist.

Eine Maske, hinter der man die Fürstin Sułkowska vermutet, sagt zu Arthur: »Guten Tag, Perle von Warschau.« »Die Perle sind Sie selbst«, antwortet dieser, »man sollte Sie auffädeln! « Er sagte es um des Bonmots willen, denn sicher kann man sie nicht auffädeln.

Vor der Gesellschaft von Wilanów sprach Stanislaus Potocki eines Tages über seine Tapferkeit. Er behauptete, daß selbst das stärkste Kanonenfeuer ihm nicht das Geringste ausgemacht habe. Man stand um einen großen Tisch vor dem Schloß und hörte den Erzählungen des Herrn Stanislaus wohlwollend zu. Unterdessen bedeckte sich der Himmel, man hörte es in der Ferne donnern. Unser Herr Stanislaus redete weiter. Auf einmal schlug der Blitz im Garten ein, und alle richteten ihre Blicke nach dort. Als sie sich wieder dem Redner zuwenden wollten, war dieser verschwunden ... Herr Stanislaus lag unter dem Tisch: Er hatte einen Nervenanfall.

30. Januar 1812

Willst du die Frauen verachten lernen, so höre sie offen über ihr eigenes Geschlecht sprechen. – Gestern Abend blieb ich mehrere Stunden allein bei Madame Alexander. Welch eine entzückende Art sie hat zu erzählen! Sie sprach über sich selbst, was sie immer gern tut. Sie sprach auch von anderen Frauen und erzählte mir recht amüsante Dinge. Ich selbst habe mich leider schon wieder zu etwas verleiten lassen, was ich seit langem gern korrigieren möchte: über Dinge zu sprechen, die ich eigentlich verheimlichen will. So habe ich unter anderem meine Liebe zur Prinzessin Josephine eingestanden.

11. Februar 1812

Kennst du die Qual, wenn diejenige, die du liebst, ihre Blicke einem anderen zuwendet? Das Leben ist doch eine Last. – Warum antwortet dieser Hund von einem Deutschen[20] nicht auf meinen Brief?

16. Februar 1812

Heute morgen wurde ich von Szweykowski gefordert, und wir haben uns gegen 11 Uhr in Łazienki geschlagen. Arthur war mein Sekundant, Anton Potocki der von Szweykowski. Da Kürassiere erschienen und uns hinderten, weiterzumachen, hat es nur drei Minuten gedauert. Trotzdem brachte er mir einen kleinen Kratzer am Arm bei, und Arthur fragte ihn daraufhin, ob er befriedigt sei. Er war es, und die Angelegenheit war damit beendet. Ich war wütend, nicht fortfahren zu dürfen, aber als ich meine Ruhe wiederfand, war ich recht zufrieden.

18. Februar 1812

Es fällt mir schwer, im Unglück gut zu sein. Je glücklicher ich bin, desto mehr ist meine Seele zu guten Taten fähig.

21. Februar 1812

In einem Buch finde ich folgende Worte: »ein halb gezähmtes wildes Tier.« Ich weiß nicht warum, aber ich finde, daß sie auf die Prinzessin Josephine angewandt werden können.

24. Februar 1812

Gerade bekomme ich die Antwort von Dziembowski. Sie ist in einem dummen Tonfall geschrieben, die Antwort eines Lügners und Feiglings. Er gibt meinem Brief eine falsche Auslegung, macht einige Rückzieher und schließt damit, daß die Angelegenheit im Freundschaftlichen geregelt werden könnte; er habe keinen Groll.

27. Februar 1812

Einer schönen Frau zu sagen, »meine Freude und mein Glück hängen von Ihnen ab«, ist so, als ob man ein zartes, zerbrechliches Spielzeug in die Hände eines Kindes legt: macht man es darauf aufmerksam, daß das Spielzeug zerbrechlich ist, so entsteht in ihm der Wunsch, es zu zerstören, allein schon, um seine Kraft auszuprobieren und seine Macht zu genießen.

28. Februar 1812

Such das Glück in dir selbst, bemühe dich, es nur dir selbst zu verdanken.

2. März 1812

Vier Pläne beschäftigen mich zur Zeit:
- die Prinzessin Josephine,
- Clementine Sanguszko, von der meine Großmutter ständig spricht,
- als Schwadronschef beim Fürsten von Neuchâtel[21] eingestellt zu werden,
- meine Diplomatie.

8. März 1812

Madame Alexander sagte mir, sie habe der Prinzessin Josephine erzählt, daß ich, um ihr zu gefallen, in den Krieg gehen und mich auszeichnen wolle.

10. März 1812

Gestern Abend saß ich neben ihr. Ich fragte sie, ob sie den Krieg liebe. Sie antwortete »nein«; »und lieben Sie den Ruhm?« Zunächst keine Antwort. Ich wiederholte die Frage, worauf sie sehr leise »nein« sagte. Im weiteren Gespräch sagte ich: »Ich habe sehr guten Augen; auf einem Ball kann ich mich niemals langweilen, selbst wenn ich nicht tanze, denn ich sehe alles, was vor sich geht.« Sie darauf: »Sind Sie ganz sicher, alles richtig zu sehen? Ich glaube eher, daß Sie sich viele Dinge einbilden, die gar nicht existieren.«

11. März 1812

Meine Großmutter, die nichts wirklich beschäftigt und die ihre Meinungen wie Hemden wechselt, hat darauf verzichtet, eine

Heirat mit Clementine Sanguszko zu arrangieren. Es tröstet mich.*

Diese Teufelin von Josephine. Sie sitzt immer auf hohem Roß! Im Grunde ... Ich weiß nicht, aber es scheint mir, daß ich sie nicht mehr liebe. Würde sie mir nur etwas entgegenkommen, würde ich sie sehr lieben.

Wann werden die Plagen meines armen Landes aufhören? Bauern sterben vor Hunger; die Herren bringen immer mehr ihre Vermögen durcheinander. Wir ernähren eine Armee, die weit über unsere Möglichkeiten hinausgeht. Was zeichnet sich für die Zukunft ab, das diese Leiden rechtfertigen könnte? Trugbilder, nichts als Trugbilder! Ich sehe ein Polen voraus, aber ich sehe weder Glück noch Ruhe noch Wohlbefinden. Ich sehe ein Vaterland voraus, aber ich sehe nicht, daß die nationale Ehre zur Geltung kommt. Napoleon will die Polen so, wie wir sie jetzt haben: das zu wollen, was *er* will, bedeutet aber vielleicht nicht, das zu wollen, was uns Glück bringen kann. Das Gute zu wollen, heißt nicht immer, dem Bösen auszuweichen. Da es unabwendbar scheint, muß man also dem Strom folgen, denn wir wissen, daß er uns auch gegen unseren Willen fortreißen würde, und dann wären die Schäden, die er anrichtet, noch größer und schmerzlicher. Vorwärts! »Marsz, marsz Dąbrowski z ziemi włoskiey do Polski!« Polonaise Kościuszko! Bravo und voran!

12. März 1812

Ein grausamer Krieg kündet sich an. Die Vorbereitungen, die der Kaiser trifft, sagen eine lange Folge von Plagen voraus. Der Feind wird geschlagen werden, aber es wird viel Zeit vergehen, bevor er unterworfen ist: ihm die polnischen Provinzen zu entreißen, wäre immerhin schon sehr viel. Es wird nicht gelingen, Rußland in die Abhängigkeit von Frankreich zu zwingen, aber allein schon es zurückzudrängen, würde bedeuten, ihm seinen Einfluß auf das übrige Europa zu nehmen.[22]

14. März 1812

Es gibt verschiedene Wege, Ansehen zu erlangen. Einer gewinnt Schlachten, ein anderer dient seinem Land. Herr Bronic versucht es, indem er es sich nachlässig auf dem Sofa bequem macht und den Wichtigen spielt. Vertraut im Umgang mit den Großen, scheint er es nicht zu bemerken, wenn man ihm einen eisigen Empfang bereitet. Er grüßt jedermann mit einem leichten Kopfnicken oder einem Lächeln, sagt im Vorübergehen höchstens »guten Tag, guten Tag«, und schon wendet er sich ab und geht weiter. Er scheint sagen zu wollen, rechne auf mich; die erste Stelle, über die ich verfügen kann, bekommst Du sicher. Er hat gespannte Kniekehlen, eine gewölbte Brust, die Nase in der Luft, den Kopf etwas zur Seite geneigt. Er ist der Mann, der Sorge dafür zu tragen hat, daß das Haus des Königs von Sachsen gut geführt wird. Er ist Hofmarschall. Er erfüllt seine Pflicht mit seltener Intelligenz. Es ist der Baron von Montefiascone[23] in Warschau.

23. März 1812

Ich wage zu behaupten, daß es von allen Truppen, die im letzten Krieg durch unser Land gezogen sind, die Österreicher waren, die sich am besten benommen haben, während unsere eigenen Soldaten und vor allem die unserer Alliierten das Land plünderten.

9. Juni 1812

Der Kaiser ist am 30. des letzten Monats um 7 Uhr abends in Posen angekommen. Er blieb bis zum 2. Juni. Er kam aus Dresden, wo er sich einige Zeit aufhielt und viele Monarchen versammelte, so den Kaiser und die Kaiserin von Österreich, den Großherzog von Württemberg, den König von Preußen, die Königin von Westfalen und die ganze sächsische Königsfamilie. Es gab ein kaiserliches Bankett, bei dem nur die Herrscher, die Prinzen und Prinzessinnen königlichen Bluts sitzen durften; alle anderen Personen waren lediglich als Zuschauer zugelassen. Während seines Aufenthaltes in Posen, wohin ich Herrn Matuszewicz[24] begleitete, zeichnete er diesen in jeder Hinsicht aus, so weit, daß er ihn aufforderte, gemeinsam mit ihm und dem Fürsten von Neuchâtel zu speisen. Er rief ihn jeden Augenblick zu sich. Nach vielen Versprechungen (in bezug auf Polen) sagte er ihm unter anderem: »Ich bin zu stark, um sie täuschen zu müssen.« Er machte auch die Bemerkung, wir Polen versuchten, die Franzosen nachzuäffen. Er war sehr guter Laune.

Cécile Bedal ist die uneheliche Tochter der Fürstin Czartoryska und des Kronschreibers Rzewuski. Sie ist nicht schön, hat aber eine süße kleine Stimme und einschmeichelnde Manieren. Sie ist der Typ der Erziehung von Puławy. Sie und Fräulein Dzierzanowska begleiten stets die Prinzessin von Württemberg[25] und werden von ihr wie eigene Kinder behandelt. Die Prinzessin von Württemberg ist affektiert und geziert. Sie ist so häßlich, daß man Angst bekommen könnte, dabei behaglich und gut. Ihre kleinen Diners sind sehr angenehm. Am Abend amüsiert man sich mit Wortspielen und singt zärtliche Romanzen. Fredro ist ganz hin vor Bewunderung für die Prinzessin; Dziekoński, der Verkrüppelte, von Cécile; und ich bemühe mich liebenswürdig zu sein. Ich erröte manchmal und bin gehemmt. Um einen Verwandten lieben zu können, darf man nicht gezwungen sein, über ihn zu erröten.

21. Juni 1812

Viele denkwürdige Dinge haben sich ereignet, ohne daß ich in diesem Buch ein Wort darüber gesagt hätte. Ein außergewöhnlicher Landtag ist zusammengetreten, auf dem man das Bestehen Polens proklamierte; es war am 28. des vergangenen Monats. Als Niemcewicz das Wort Königreich Polen aussprach, waren alle wie verrückt. In diesen Tagen gab es Feste, eine Illumination, und alle Welt trug weiß-rote Kokarden als Zeichen der Konföderation. Man sandte eine Abordnung zum Kaiser, eine andere zum König von Sachsen. Der König schloß sich der Konföderation an, und der Kaiser erlaubte uns, alle Gebietsteile an Polen anzuschließen, die einstmals dazu gehört hatten, mit Ausnahme derer, die unter österreichischer Herrschaft sind und die er dem Kaiser Franz garantiert hat. Die Abgeordneten zum Kaiser waren die Wojewoden Wybicki, Sobolewski, Sołtyk, Marschall des vorletzten Landtages, und Alexandrowicz, Bniński, Wodziński, Tarnowski, Stadnicki; zum König von Sachsen der Wojewode Fürst Stanislaus Jabłonowski, Czarnecki, mein Bruder und zwei Geistliche. Der Fürst General Czartoryski, der Marschall des Landtags war, ist jetzt Marschall der Konföderation.

Seit etwa einem Monat ist der Kaiser auf russischem Territorium, ohne daß es große Schlachten gegeben hat; die einzige Kampfhandlung war die zwischen dem Korps von Latour-

Maubourg und der Nachhut von Bagration. Das Korps von Latour-Maubourg ist aus 18 Kavallerieregimentern zusammengesetzt; von diesen 18 sind 14 polnisch, darunter die des Fürsten Poniatowski. Vom 11. bis zum 14. Juli gab es ein paar Gefechte, die mehr oder weniger heiß waren: das vom 11. ging zum Nachteil der Polen aus. In diesem Gefecht wäre General Różniecki beinahe gefangengenommen worden, ebenso General Latour-Maubourg, der von einem Polen mit Namen Szydłowski befreit wurde, als man ihn bereits am Kragen gepackt hatte. Am 14., als die gesamte Kavallerie von Latour-Maubourg vereint war, war der Sieg, wie man sagt, vollständig; die Russen verloren 1500 Mann. Für ein Kavalleriekorps ist das viel. Ein Kosakengeneral und ein Oberst wurden getötet. – Der Kaiser ist in Wilna. Die Kavallerie bewegt sich bereits auf der anderen Dünaseite.

Bald werde ich eine Antwort von Herrn Sobolewski bekommen und wissen, ob der Kaiser mich zu seinem Ordonanzoffizier machen will. Wie gern hätte ich in diesem Fall den Mut, die Prinzessin Josephine oder wenigstens ihre Schwester zu fragen, ob ich um sie anhalten darf! Tod und Hölle, das Rot steigt mir ins Gesicht, wenn ich daran denke, wie viele Gelegenheiten ich verpaßt habe, mich dessen zu vergewissern! Warum kann ich mich nicht zwingen, wenn ich eine Sache sehnlichst wünsche, das zu tun, was man tun muß, um sie auch zu erreichen?

24. Juli 1812

Heute vormittag hat man sich im Schloß versammelt, um den Bericht der Delegation an den Kaiser zu hören. Sie gaben Rechenschaft über ihre Mission. Die Antwort des Kaisers wurde laut vorgelesen. Sie enthält die schönsten Hoffnungen für Polen. Man beschloß daraufhin, sie auf eine Marmorplatte gravieren zu lassen und gegenüber dem Thron im Senatssaal aufzustellen, außerdem eine Medaille zu Ehren dieses Tages prägen zu lassen. Hier die Antwort des Kaisers: »Meine Herren Abgesandte der Konföderation von Polen! Ich habe mit Interesse gehört, was Sie mir gesagt haben. Polen! Ich würde so denken und so handeln wie Sie. Ich hätte ebenso abgestimmt wie die Versammlung von Warschau. Die Vaterlandsliebe ist die erste Tugend des gebildeten Menschen. In meiner Stellung habe ich

viele Interessen miteinander in Einklang zu bringen und viele Pflichten zu erfüllen. Hätte ich zur Zeit der ersten, der zweiten und dritten Teilung Polens gelebt, hätte ich mein ganzes Volk bewaffnet, um Ihnen zu helfen. Sobald der Sieg es mir erlaubte, Ihnen Ihre alten Gesetze, Ihre Hauptstadt wiederzugeben und einen Teil Ihrer Provinzen, habe ich es mit Eifer getan, ohne jedoch einen Krieg zu verlängern, der noch mehr Blut meiner Untertanen hätte fließen lassen. Seit sechzehn Jahren habe ich Ihre Soldaten an meiner Seite auf den Schlachtfeldern Italiens und Spaniens gesehen. Ich spende all dem, was Sie getan haben, Beifall. Ich erlaube Ihnen Ihre Bemühungen, die Sie unternehmen wollen. Alles was von mir abhängt, um Ihre Beschlüsse zu unterstützen, werde ich tun. Aber in dieser fernen und ausgedehnten Gegend müssen Sie sich vor allem auf die Zustimmung der Bevölkerung, die sie bewohnt, stützen, wenn Sie Hoffnung auf Erfolg haben wollen. Dieselbe Sprache redete ich bei meinem ersten Auftritt vor Ihnen in Polen. Ich muß hier hinzufügen, daß ich dem Kaiser von Österreich die Unantastbarkeit seiner Staaten garantiert habe und daß ich keine Handlung oder Bewegung erlauben werde, die dahingeht, ihn im friedlichen Besitz dessen, was ihm von den polnischen Provinzen verbleibt, zu stören. Mögen Litauen, Samogitien, Vitebsk, Połock, Mohilew, Wolynien, die Ukraine, Podolien vom selben Geist belebt sein, den ich in Großpolen sah, und die Vorsehung wird die Heiligkeit Ihrer Sache mit Erfolg krönen. Sie wird diese Hingabe für Ihr Vaterland belohnen, die Sie so bewundernswert macht und die Ihnen so viel Recht auf meine Achtung und meinen Schutz erworben hat, auf den Sie unter allen Umständen rechnen können.«

Es ist unmöglich, eine brillantere Karriere zu machen als Madame de Vauban. Dirne, so weit sie es sein konnte, erleichtert sie jetzt anderen Frauen, es zu werden. Als weise Kupplerin bedient sie zur Zeit drei Damen gleichzeitig: alle drei sind in Arthur vernarrt und alle drei wissen ihr für ihre Dienste Dank, ohne etwas von den Diensten für die Rivalinnen zu ahnen. Sie hat es verstanden, den Fürsten Joseph derart zu umgarnen, daß sie in der Armee befördern läßt, wen sie will. Jeden Tag hält sie eine Art Hofhaltung, bei der sich von 1 bis 4 Uhr diejenigen einfinden, die ihre Protektion erbitten, und ebenso diejenigen, welche es nicht brauchen, welche aber die Mode hinzieht.

5. August 1812

Ruhm, Rauch! Ehre oder Ungnade – nichts!

12. August 1812

»Nachdem die Stadt erobert war, gewann ich für mich tausend Taler in Gold, die ein von fünf oder sechs Soldaten verfolgter Greis mir gab, um ihm sein Leben zu retten« (Memoiren von Sully). – Wie ändern sich doch die Ansichten! Sully, der nicht nur ein großer Staatsmann war, sondern auch ein ehrlicher Mann, errötet nicht, eine Handlung einzugestehen, die heute als unehrenwert angesehen würde. Noch mehrfach gibt Sully in seinen Memoiren zu, daß er sich auch bei anderen Gelegenheiten Geld geben ließ, einmal z.B. 4000 Goldtaler. Ebenso spricht er immer wieder vom Sich-Bereichern im Krieg und beim Beute-Machen.[26]

Am 1. September habe ich mit der Chlebowska auf einem Heuhaufen geschlafen.

Im September: Ich verbrachte vier Tage in Arkadien mit Madame Alexander, der Fürstin Franz Sapieha, Laura Potocka, Roumigny und Panat. Arkadien liegt eine halbe Meile von Nieborów entfernt. Die es geschaffen hat, die es bewohnt, ist die gastfreieste, originellste und geistreichste Frau. Sie war einmal schön, und selbst jetzt, wo sie bereits über 60 Jahre alt ist, hat sie noch Reize. Ihre Züge haben etwas Vornehmes, ihre Zähne sind schön, und ihre Augen voller Feuer verraten die Lebhaftigkeit ihrer Einbildungskraft und ihr Temperament. Es ist die Fürstin Radziwiłł.

Nach Arkadien kommt man auf einem schlechten Sandweg. Die Landschaft vor dem Garten ist traurig, aber man sieht bereits schöne Baumgruppen und Bauernhütten: Das ist Arkadien! Bald zeichnen sich vor dem grünen Hintergrund Denkmäler ab: Man sieht kleine Türme und Kuppeln, die über die Wäldchen herausragen. Zwischen den Bäumen sieht man Säulen, Obelisken, Altäre und Fragmente von Statuen aus Marmor, Granit und Bronze. Wir betreten den Garten und besichtigen zunächst die Reitbahn. Ein Obelisk aus rotem finnischen Granit ist etwa 30 Fuß hoch: Auf der einen Seite liegt ein Löwe, auf der anderen eine Löwin, beide aus weißem Marmor in natürlicher Größe, die die Reitbahn zu bewachen scheinen. Außerdem sieht man auf einer schönen Säule aus grauem Marmor einen überlebensgroßen Bronzeadler; sein Gegenstück ist der Vogel der Minerva.

Wir kommen zur Hütte von Philemon und Baucis, so nannte die Fürstin ein reizendes kleines Haus, das von außen sehr bescheiden aussieht. Das erste Zimmer ist mit Strohmatten tapeziert; das zweite ist mit etwas mehr Aufwand eingerichtet, und von hier aus betritt man einen größeren Raum, dessen Glanz blendet. Selbst Feen haben nie etwas Wundervolleres geschaffen: Kristalle, Bronzen, kostbarster Marmor sind hier mit bemerkenswerter Verschwendung, Geschmack und Aufwand ausgebreitet. Alle Gegenstände spiegeln sich in einer großen Zahl riesiger Spiegel bis in die Unendlichkeit. Leichte Drapperien aus Mousseline mit Fransen aus Kristall schmücken Türen und Fenster. Durch drei Fenster dringt Licht in den etwa 60

Fuß langen Raum: es sind Glasscheiben aus einem Stück, eingerahmt von Blöcken aus rotem Granit. (Die Spiegel und der Granit wurden der Fürstin Radziwiłł von der Kaiserin Katharina II. geschenkt.) Die Spiegel sind größer als alle, die ich je in meinem Leben gesehen habe. Längs der Seite, auf der das Tageslicht einfällt, sind in mehreren Stufen die seltensten und schönsten Blumen aufgestellt. Am anderen Ende des Raumes sieht man den Jungbrunnen. Es ist ein halbkreisförmiges Bassin aus einem einzigen Kristall von sechs Fuß Durchmesser, getragen von einer Karyatide aus weißem Marmor. Der Boden des Bassins, ebenfalls aus Kristall, zeigt in der Mitte ein bronzenes Medusenhaupt. Rankende Pflanzen unterstreichen die Frische des Brunnens. Der Rest des Hauses ist mit Geschmack, aber ohne Luxus eingerichtet.

Von dort aus gehen wir zum Tempel. Seine Fassade ist vornehm und schlicht. Gegenüber steht eine Vase aus ägyptischem Alabaster; sie ruht auf einem Marmorfuß, der Kopf, Brust und Bein eines Löwen darstellt.

Der erste Raum, den man betritt, ist in ägyptischem Stil eingerichtet und enthält zahlreiche Antiquitäten von dort. Die Türen des Tempels öffnen sich, und man glaubt sich nach Griechenland versetzt. Die Decke wurde von Norblin gemalt: Sie stellt Aurora dar, welche die Schatten der Nacht verjagt. Der Lichteffekt ist glücklich, und vor allem die Pferde sind gut gemalt, würdig der schönen Dinge, die dieser Saal enthält. Phantasie, Genie und vollendeter Geschmack zeichnen alles aus. Nachts, wenn man Lichter in die verschiedenen Alabastervasen stellt, die das Gebäude schmücken, verbreitet sich über alles ein weiches blasses Licht. Im benachbarten Raum ertönt eine Orgel. Sie begleitet die schönste Stimme. Es ist die Stimme von Laura. Ich konnte nicht vermeiden, dabei an die zu denken, die ich liebe: ich glaubte sie zu sehen, ich glaubte ihr nahe zu sein. Ich war außer mir und vollkommen glücklich. Warum hat diese Verzauberung nicht für immer angehalten?

Wir verließen den Raum. Ich befand mich in der Gesellschaft von Madame Alexander und der Fürstin Radziwiłł. Die eine ist mit 36 Jahren gefallsüchtig, wünscht, daß man sie bewundert oder wenigstens so tut. Die andere ist eine Hure von 60 Jahren, die Nase vom Tabak verschmiert, ein dicker Bauch und einen Kutscher oder so etwas ähnliches als Liebhaber.* Einer der Franzosen, die mit uns waren, stinkt entsetzlich. Der andere war Roumigny; von ihm läßt sich nur Gutes sagen. – Aber warum lästere ich so über diese Damen? Ich empfinde Gewissensbisse. Madame empfängt mich wunderbar bei sich, sie ist sehr liebenswürdig, hat viel Geist; sie zeichnet gut, sie hat noch andere gute Eigenschaften. Was die Fürstin betrifft, sie hat Arkadien geschaffen, und das allein muß in meinen Augen als Tugend gelten! Außerdem kann man auch Gutes von ihr sagen, und ich habe es am Anfang dieser Schilderung getan.

Die Treppe des Tempels führt hinab zu einem schönen ruhigen Wasser. In seiner Mitte erhebt sich eine Baumgruppe: die Insel der Erinnerungen. Gräber aus behauenen Steinen mit Inschriften in verschiedenen Sprachen stimmen den Geist melancholisch. Man kommt traurig und träumend von dort zurück und gelangt zwischen schönen Baumgruppen hindurch zu einer Kaskade: Das Wasser fällt schäumend herab, wird etwas weiter still und klar und verschwindet unter den Bögen eines in Ruinen liegenden Aquädukts. Dann folgt man einem reizenden schattigen Pfad; mitten im Wald breitet sich plötzlich eine frische grüne Wiese vor unseren Blicken aus. Dort steht das Mausoleum, das Grab ihrer drei Töchter, alle drei in der Blüte der Jugend gestorben. Man schiebt eine große Bronzeplatte zur Seite, auf der der Genius des Todes abgebildet ist: ein herrliches Relief! Eine schwach erleuchtete Treppe führt zur Grabkammer: drei gegen die Wand gelehnte Marmorblöcke, mit Mosaiken geschmückt. Die Wände sind mit vier wunderbaren Grisaille-Gemälden von Seidelmann aus Dresden geschmückt. Es ist unmöglich, etwas Anmutigeres und Vollendeteres zu sehen. Dargestellt sind die Sixtinische Madonna von Raffael, die Magdalena von Battoni, die Ruhe auf der Flucht nach Ägypten von Bol und ein Bild von Rembrandt, ich erinnere mich nicht mehr welches.

Ein schmaler Pfad führt durch den Wald zu den Ruinen. Es sind Reste eines Aeskulaptempels, den die aus Norden kommenden Horden zerstört haben. Man ist erstaunt, zwischen den Ruinen noch so viele gut erhaltene Werke zu finden. Waren die Barbaren müde geworden oder haben sie, während sie es zerstörten, das Schöne zu bewundern gelernt? Das Standbild des Aeskulap ist fast völlig heil und scheint nicht einmal von seinem ursprünglichen Platz entfernt worden zu sein. – Wenn man bedenkt, daß die Türken all diese Kostbarkeiten verachten und sie bei ihren Bauten als Mauersteine benutzen, ist man froh, daß Griechenland so beraubt wurde. Hier werden sie mit größter Sorgfalt erhalten, um diesen zauberhaften Ort zu verschönen.

17. Oktober 1812

Seit einigen Tagen ist Warschau in wildester Aufregung. Man erwartet von einem Augenblick zum anderen, daß die Russen kommen. Sie werden sich für das Massaker von 1794 rächen, für die Verwüstung ihres Landes durch die Armeen des Kaisers, für die Brandschatzung ihrer schönsten Städte, die sie den Franzosen zur Last legen, während die Franzosen sagen, und das ist glaubhaft, die Russen seien es selbst gewesen und sie hätten die Verantwortung zu tragen. Die Frauen heulen und fliehen mit ihrem Gepäck, allerdings nur die, die man durchläßt, denn die Tore sind geschlossen, und man hat alle Schwierigkeiten der Welt, um Passierscheine zu erhalten; letztlich sind es recht wenige. Alle anderen klagen, verfluchen den Krieg, das Vaterland und Napoleon. Wann werden wir endlich etwas Ruhe haben? …

18. Oktober 1812

»Seit hundert Jahren hat Polen auch nicht eine Minute zum Gewinn Europas existiert. Wenn die Teilung dieses Landes ein Skandal für die Moral war, so war seine Regierung ein solcher für die Vernunft, und seine Zerschlagung kann sich nur zum Vorteil für die Polen selbst und für Europa auswirken, indem es die ersteren zur Ruhe verurteilt und letzteres von der Pflicht befreit, sie ohne Unterlaß dorthin zu bringen.« – »Wer sind die Botschafter, die von einem Ende der Welt zum anderen laufen, die Höfe mit ihren Unternehmungen zu ermüden? Sind es nicht aus der Revolution hervorgegangene Männer, die ... überallhin das Feuer tragen, von dem sie durchtränkt sind?« – »Im Augenblick ist es Ägypten oder ein anderer weit entfernter Platz, der den Ehrgeiz einiger Spekulanten anstachelt« (»L'antidote au Congrès de Rastatt«, 1789). – Wer ist der Verfasser dieses Werkes? Es ist der Abbé de Pradt, Erzbischof von Mecheln und Botschafter des Kaisers in Polen. Was ist er selbst denn anderes als ein Botschafter, der von einem Ende der Welt zum anderen läuft, abgesandt von eben dem Spekulanten, den sein Ehrgeiz nach Ägypten getrieben hatte und der ihn nur hierher sandte, um jenes Polen wiederherzustellen, dessen Nicht-Existenz sich doch angeblich zum Vorteil für die Polen selbst und für ganz Europa auswirkte? – Altri tempi, altre care! –

21. Oktober 1812

Kopie eines Briefes des Divisionsgenerals Różniecki an Laura Potocka: »Schlachtfeld bei Mozaysk, 9. September 1812. Endlich hatten wir am 7. dieses Monats eine Schlacht.[27] Sie begann nach einer sehr schönen und sehr ermutigenden Proklamation des Kaisers an die Armee. Der erste Kanonenschuß ging bei Sonnenaufgang los, man möchte sagen, der erste Strahl entzündete das Feuer. Die Schlacht erscheint nicht so entscheidend, wie es der Kaiser und wir alle gewünscht hätten, aber sie war eine der blutigsten, die Napoleon jemals schlug. – Der Sieg war wie immer auf unserer Seite, aber er war teuer erkauft durch Opfer an Offizieren, Generälen und Obersten, weniger an Soldaten, die freilich nicht zum Kämpfen ermutigt zu werden brauchten. Unser Armeekorps (Latour-Maubourg) kam am Vorabend an. Man wäre geneigt zu sagen, daß man uns erwartete, aber es wäre ein Irrtum, denn gegen die vereinigten feindlichen Kräfte standen nur drei Viertel der unsrigen und keine Reserve, weder die Garde noch andere Truppen. Entgegen ihrer Gewohnheit hatten die Russen gute Stellungen gewählt; sie fangen an, solche zu erkennen, allerdings etwas spät und außerhalb der Saison; auch verteidigen sie ihre Stellungen gut. Man hat ihnen 60 Kanonen, sehr viele Gefangene, eine Reihe von Schanzen, Batterien und Befestigungen abgenommen. Bei ihnen wurden mindestens 40.000 Mann außer Gefecht gesetzt, davon einige tausend Gefangene. Ihre Artillerie ist nicht in der Lage, vor der unsrigen zu bestehen. Die Treffsicherheit unserer Artillerie steht weit über der ihren, so daß man frischweg sechs oder sogar acht gegen eins rechnen kann. Wir haben im Höchstfall 6000 Mann verloren.[28] Groß waren aber die Verluste an Generälen. Nach meiner Kenntnis ist der Marschall Davoût verwundet, ebenso die Generäle Grouchy, Friant, Morand, Compans, Dessaix, Tarreau, Teste, Bordesoult. Getötet wurden die Generäle Montbrun, Caulaincourt der Jüngere, Romeuf (den wir in Warschau kennenlernten) und Lepel, der Westfale. Um Dir einen Begriff von der Schlacht zu geben, brauche ich Dir nur zu sagen, daß mit Ausnahme von Adam Potocki, dem Oberst, alle anderen Obersten und höheren Offiziere, die von meiner Division in den Kampf gingen, ohne Ausnahme getötet oder verwundet wurden; einige wurden gefangengenommen. Ich habe Witosławski verloren. Ich vermisse ihn in jeder Hinsicht. Skarzyński, mein anderer Adjutant, ist gerade noch davongekommen: Ein Teil seiner Uniform und seines Sattels mit dem Mantelhalter wurde von einer Kugel weggerissen. Mir wurden drei Pferde getötet, Turno zwei; als ich das dritte verlor, erhielt ich eine so starke Quetschung am linken Schenkel, daß er ganz geschwollen ist und schwarz wie der Teufel. Ich fürchte, daß mich das eine Zeitlang daran hindern wird zu reiten.

Wir übernachten heute 60 Werst von Moskau entfernt. Es ist so weit wie von Błonie nach Warschau, und schon ist man in Moskau! Das Klima ist großartig! Der Sommer endete am 1. September. An diesem Tag wurden wir in der Hitze gebraten, und am nächsten wären wir fast vor Kälte erfroren. Wir übernachteten draußen, wie Du Dir denken kannst! Eine Flasche mit Wasser fror in der Nacht vollständig ein. Je mehr man sich

Moskau nähert, desto schrecklicher, ausgedörrter und wüster wird das Land, unendliche Ebenen, mit kleinem Gestrüpp bedeckt; die wenigen Dörfer, die es überhaupt gibt, von den Kosaken verbrannt; die, welche sich noch an der großen Straße finden, reichen gerade aus, um die Armee mit etwas Lebensmitteln zu versorgen: genug um uns leben und marschieren zu lassen. Was für eine merkwürdige Galeere ist doch diese Große Armee! Inmitten so vieler Nationen weiß man oft nicht, wohin man den Kopf wenden soll. Ich habe Bekannte aus den vier Ecken Europas wiedergefunden. Man kümmert sich wenig um die, welche sterben. Es ist so, als wolle man sich sagen, sie sind ja nur betrunken, und wenn sie gut ausgeschlafen haben, werden sie uns wieder einholen: dabei wird es ganz im Gegenteil so sein, daß sie mehr als einer noch am selben Tag oder am nächsten in der anderen Welt wiedertreffen wird, wo es vielleicht nicht so kalt ist wie jenseits von Mozaysk. Im Augenblick, da Du diesen Brief liest, falls er Dich erreicht, wird das Schicksal des Reiches des Zaren entschieden sein. – Dem Kaiser geht es gut. Er wird immer dicker und fetter.

Ich habe Wundfieber, so als wäre ich verwundet worden, leide aber nur unter einer Quetschung. Es sei ganz normal, versichert mir mein Aeskulap, der Dybek heißt und höchst geschickt ist, Arme oder Beine abzuschneiden, und immer begierig, seinen Freunden diese Fähigkeit zu beweisen. Wir trauern sehr um Radzimiński, Oberst der 3. Ulanen, der Fräulein Wielowieyska heiraten sollte; es ist ihr dritter Verlobter, der stirbt.«

Auszug aus einem Brief des Fürsten Eustache Sanguszko an seine Frau, Moskau, Ende September: »Der Anblick von Moskau ist überwältigend, 1600 Kirchen mit Kuppeln, glänzende Paläste, Gärten, Wasserflächen, eine Unzahl von schönen kleinen Türmen, Kuppeln, viele von ihnen vergoldet. So fanden wir Moskau vor zwei Tagen, jetzt ist es ein Haufen Asche. Kaum ein Zwanzigstel der Stadt ist stehengeblieben, der Rest wurde Beute der Flammen. Man sah aus den Gefängnissen entlassene Sträflinge mit einer brennenden Fackel in der einen, einer Pistole in der anderen Hand durch die Stadt laufen und überall Feuer legen. Ich wurde durch die Flammen nacheinander aus drei Quartieren vertrieben. Trotzdem fand man in den Kellern einen Haufen Zeug, und viele von uns werden schwer beladen zurückkommen. Was mich betrifft, so habe ich keine andere Beute gemacht als ein Faß Wein, das ich in einem Keller fand, leider ein schlechter Wein aus der Walachei, und dann eine scheckige Kuh, die ich aus den Flammen rettete und die mir etwas Milch gibt.

Ich muß Dir auch von meinen Heldentaten erzählen. Als wir mit dem Kaiser nach Moskau kamen, schickte er mich ans andere Ende der Stadt, um dort ein Magazin zu besetzen. Ich zog mit zehn Ulanen los. Meine Stärke half mir sehr; ich habe mehr als einen Kosaken mit dem Säbel niedergeschlagen und erreichte mein Ziel, Herr des Magazins zu werden. Die Nacht über blieb ich dort und hörte meine Ulanen sagen: »Der hat den Teufel im Leib! « - sie meinten mich. Es sind treue Leute. Sie sangen das Lob meiner Stärke. - Konstantin Potocki wurde gefangengenommen. Alfred ist von seinen Wunden geheilt, hat aber viel gelitten; Rzyszczewski war während der Schlacht krank. Er hatte ein zersetzendes Fieber, ist aber jetzt außer Gefahr. Er ist froh, daß er bei den letzten Kämpfen nicht dabei war, denn sein Regiment wurde fast ganz aufgerieben.«

23. Oktober 1812

Man ist nicht stets der gleiche; keiner ist so böse, um es stets zu sein, dasselbe gilt von dem Guten.

Neulich haben Zamoyski und Matuszewicz es gewagt, mir das Wort in ihrer Gegenwart (Josephines) abzuschneiden. Ich hatte Lust, mit Fäusten über sie herzufallen. Was wird das Ende von alldem sein?

Tod oder Hölle! Es ist zu viel Qual. Würde sie sagen: »Gehen Sie in den Krieg, werden Sie meiner würdig durch Ihre Taten, kommen Sie nicht ohne Fahne, ohne erbeutete Kanonen wieder, möge Ihr Name in der ganzen Armee bekannt sein, möge er der Schrecken der Feinde sein« - ich ginge. Nie würde ich glauben, genug getan zu haben, um sie zu verdienen. Ruhm und Hoffnung wären mein Glück. Sie würden erst mit meinem Tod enden, den ich ganz sicher fände! Sie hätte dann den, der sie mehr liebt als sein eigenes Leben, glücklich gemacht und hätte selbst doch ihre Freiheit bewahrt!

27. Oktober 1812

Ich versetze mich in die Lage von Franz, dem Kaiser von Österreich, und ich glaube, er könnte Napoleon sehr schaden. Wäre ich an seiner Stelle, würde ich so handeln: Ohne den Krieg zu erklären, gäbe ich Schwarzenberg den Befehl, alle Sachsen und Franzosen, die er erreichen kann, zu entwaffnen. Man müßte sich nur vergewissern, daß der Kaiser Alexander nicht aufhört, seinerseits die größten Anstrengungen zu machen. Dann würde ich mit 200.000 Mann unter dem Befehl des Erzherzogs Karl gegen die große französische Armee marschieren. Man müßte Sendboten nach Deutschland schicken: Die Bevölkerungen wünschen sich nichts mehr als den Aufstand. Frankreich, glaube ich, würde ebenfalls nicht ganz ruhig bleiben, und aller Wahrscheinlichkeit nach wäre es um die Macht von Napoleon geschehen. Man sollte den Polen Erzherzog Karl als König geben. Es wäre ein Mittel, das durch einen so langen Kampf geschwächte Rußland zurückzuhalten.

28. Oktober 1812

Wieviele Male am Tage sage ich mir, es wird sein! Wieviele Male am Tage sage ich mir, es wird nicht sein! Wenn ich nein sage, das grausame nein, so ist es mein Verstand, der es sagt, während mein Herz ja sagt.

Madame Tyszkiewicz hat eine schneidende Stimme, ist recht wohlbeleibt und redet oft Kauderwelsch. Sie hat ein Auge aus Glas, und das Unterlid hängt etwas herunter. Dieses Auge ist das empfindlichere: es ist immer in Tränen. Das andere könnte ohne eine Träne zu vergießen zusehen, wie die ganze Menschheit mit Zangen zerrissen wird. Sie ist über 50. Wenn sie streitet, hat sie immer unrecht und möchte doch immer recht haben. Sie macht Schulden ohne Ende, aber sie hat nichts, um sie zu bezahlen. In einem weniger zivilisierten Jahrhundert würde man das stehlen nennen. Sie bestiehlt freilich keine Fremden, sie bestiehlt ihre Freunde und vor allem ihren Bruder, den sie innig liebt und der es wirklich verdient, denn er bezahlt meist ihre Schulden ohne Rücksicht auf seine eigenen Verhältnisse.

Ich habe die Fürstin Eustache gebeten, mir offen zu sagen, ob ich hoffen könne, daß ihre Schwester mich wolle. Sie hat mir in einer recht klaren Weise zu verstehen gegeben: nein. Ich habe sie trotzdem gebeten, es mir schriftlich mitzuteilen. Morgen werde ich also erfahren, was ich bereits heute weiß. – Wenn ich mich prüfe, muß ich eingestehen, daß die Angst vor der Demütigung, abgelehnt zu werden, stärker ist als das Gefühl der Liebe; oder erstickt das eine im Augenblick das andere?

29. Oktober 1812

Hier endlich der Brief der Fürstin Sanguszko: »Ich habe, lieber Monsieur Raczyński, den lästigen Auftrag, den ich übernahm, erfüllt, und es ist mir recht peinlich, Ihnen nichts Glückliches mitteilen zu können. Meine Schwester schien erstaunt zu sein. Sie antwortete mir, sie hätte immer geglaubt, es sei ein Scherz der Gesellschaft. Sie habe sich nie bemüht, Ihren Charakter kennenzulernen, eine im Hinblick auf ein so ernstes Band sehr notwendige Kenntnis. Sie glaube im übrigen, daß ihr eigener Charakter (obwohl sie die beste Schwester und die zärtlichste Freundin ist) eher kalt, überlegt und zurückhaltend sei, schwer vereinbar mit Ihrer Jugend. Ich sagte ihr, daß Sie älter sind, als wir geglaubt hatten, daß Sie von einem wahrhaften Gefühl berührt zu sein scheinen, welches Sie quält. Sie bedauert ernsthaft, die Ursache Ihres Kummers zu sein. Ich möchte Ihnen nicht die Hoffnung nehmen, darf aber zugleich keine falsche in Ihnen entstehen lassen. Ich rate Ihnen, eine Reise zu machen, die Sie ablenken wird. Dehnen Sie aber diese Reise nicht aus, kommen Sie zu uns zurück. Das Interesse, das Sie in mir geweckt haben, wird mich immer Freude empfinden lassen, Sie wiederzusehen. Seien Sie mir nicht böse und glauben Sie an die Freundschaft von Clementine Sanguszko.«

Heute Abend werde ich nach Kassel reisen.

Am 29. aus Warschau um 7 Uhr abends abgereist. In Rogalin am 1. November um 3 Uhr morgens angekommen.

Rogalin, 4. November 1812

»Die Vernunft ist die einzige Tugend des Menschen, und alle guten Eigenschaften ohne Vernunft sind gebrechliches Stückwerk« (August Lafontaine).

Ein Zeichen des Wohlwollens tut uns immer gut. Hier ein Brief von Madame Alexander, den ich gerade zur rechten Zeit erhielt. Ich bin ihr von Herzen dankbar. Sie fügte ein Vergißmeinnicht bei: »Sie sind nicht auf einen Brief von Herrn von Senft hin abgereist, Sie fuhren weg, weil es Ihnen paßte, und Sie haben gut daran getan. Sie haben recht, die Gleichgültigen hinters Licht führen zu wollen, aber unrecht, Ihre Freunde zu täuschen, was Ihnen im übrigen auch nicht gelingen wird, denn sie sind feinfühlend und scharfsinnig, nichts entgeht ihnen. Seien Sie aber beruhigt: sie tun in allem, als ob sie es glaubten, und behaupten, daß die Diplomatie in Gefahr hätte kommen können, wenn Sie nicht nach Kassel gefahren wären. Spaß beiseite, ich bin betrübt, wenn ich daran denke, daß Sie für so lange Zeit verloren sind. Ihre Gesellschaft war mir angenehm, und ich rechnete mit Ihrer Anteilnahme. Ich bitte Sie um Verzeihung, daß ich Sie manchmal verstimmt habe. Was wollen Sie, es war meine Hundenatur, die sich dem Verstand entgegenstellt, und doch war ich wohl zweifellos einer der Menschen, auf die Sie sich am meisten verlassen konnten. Schreiben Sie mir manchmal, damit ich weiß, ob es Ihnen gut geht und ob Sie sich amüsieren, und glauben Sie mir: ich frage niemals nach Nachrichten von denen, die mir gleichgültig sind. Adieu.«*

9. November 1812

Ich habe gestern in Posen mein Testament gemacht und bei dem Notar Malinowski hinterlegt. Ich vermache alles meinem Bruder oder, wenn er sterben sollte, dem Komtur[29] und seinen Kindern mit der Verpflichtung, ein Majorat zu errichten, und wenn alle sterben: einem Kadettenhaus.

Am 12. November um 3 Uhr morgens in Breslau angekommen. Am 15. um 10 Uhr abends in Breslau abgefahren, am 18. um 5 Uhr morgens in Dresden angekommen.

Dresden, 30. November 1812

Ich wurde heute von Herrn von Senft vereidigt. Es ist also beschlossen, daß ich als Attaché an die Gesandtschaft in Kassel gehen werde.

Drei Jahre lang werde ich fest dabei bleiben, auch dann, wenn ich keine Beförderung erhalten, nicht versetzt werden, mich wie ein Unglücklicher langweilen und eine Zurückstellung oder Unannehmlichkeiten erleiden sollte. Ich werde ausharren, nicht auf die Karriere verzichten, mich nicht beklagen. Wie glücklich wäre ich, wenn ich mich zu einer Arbeit zwingen und mich von meiner verfluchten Faulheit befreien könnte.*

General Zabiełło erzählte mir schöne Geschichten über unsere Divisionsgeneräle. Dąbrowski, der sich durch einen aufrührerischen Geist auszeichnet und dem durch den so dumm enthusiastischen Empfang in Posen (bei seinem ersten Einzug in Posen hatte man die Pferde ausgespannt, und die Menschen zogen seinen Wagen) der Kopf verdreht wurde, weigerte sich, dem Fürsten Poniatowski zu gehorchen. Er bezichtigte den Kaiser der Ungerechtigkeit und beklagte sich laut über Zurücksetzung. Er behauptete, aufgrund seines Dienstalters mehr Anrecht auf den Oberbefehl der Armee zu haben als der Fürst Poniatowski. Abgesehen davon, daß seine Ansprüche recht unbescheiden waren, waren sie zugleich ungerechtfertigt, denn der Fürst war bereits Befehlshaber zu Zeiten von Kościuszko, als der andere noch Major war. Es ist richtig, daß Dąbrowski später in Italien diente, wo er die polnischen Legionen befehligte, aber sein Verhalten dort war nicht immer ganz einwandfrei, und er erwarb sich den Ruf eines Plünderers. Die Klagen Dąbrowskis kamen dem Marschall Davoût zu Ohren, der immer von Leuten umgeben ist, die die Gesellschaft ausspionieren und ihm alles berichten. Der Marschall Davoût, der sehr mißtrauisch, aber von ganzem Herzen dem Kaiser ergeben ist, gibt viel auf die Aussagen dieser Leute, ohne zu bedenken, daß Menschen, die dieses gemeine Gewerbe ausüben, die Wahrheit bisweilen verfälschen. Dąbrowski wurde eines Tages zum Marschall gerufen, der ihn mit harten Vorwürfen überschüttete: »Was sind Sie, was haben Sie getan, um so überheblich zu sein? Sie waren nie etwas anderes als ein Plünderer! Sie würden es verdienen, daß ich Sie erschießen lasse für Ihre Äußerungen«, und mehr in diesem Ton. Dąbrowski verlor den Kopf, er wurde ganz klein. Nur noch Monseigneur hier, Monseigneur da und die unterwürfigsten Entschuldigungen. Der französische Gesandte in Dresden, Herr de Bourgoing, der damals in Warschau war, war Zeuge dieses schrecklichen Gesprächs und erzählte es dem General Zabiełło.

Eine andere Geschichte kommt aus derselben Quelle. Sie betrifft den Fürsten Joseph Poniatowski und General Zajączek. Im Feldzug, der unmittelbar der Teilung Polens vorausging, erlitt Zajączek militärische Rückschläge, die ihm den Tadel der Republik eintrugen. Da es bei uns weniger als nichts bedarf, um jemanden des Verrats zu verdächtigen, wurde er, wie so viele andere, deren Verhalten völlig integer war, des Einvernehmens mit den Russen bezichtigt. Verärgert über die Polen und selbst Zeuge des feigen Verhaltens vieler von ihnen, schrieb er eine Broschüre, die bald darauf in Frankreich erschien. In ihr ist auch viel vom Fürsten Poniatowski die Rede und dies nicht gerade in einer sehr schmeichelhaften Weise. Die Schmähschrift fiel in die Hände des Fürsten. Er kam zu Zajączek, um von ihm Rechenschaft zu verlangen, nachdem er ein Paar Pistolen auf den Tisch gelegt hatte. Der General entschuldigte sich, sagte, er habe dieses Machwerk nicht drucken lassen, und behauptete, daß jemand, der ohne die Einwilligung des Verfassers ein Buch drucken und veröffentlichen lasse, selbstverständlich auch den Sinn und die Worte verändere. Nach diesen Erklärungen ließ man die Dinge auf sich beruhen. – Zajączek war in seiner Jugend einer der schönsten Männer und selbst jetzt, wo er annähernd 70 Jahre alt ist, sieht er noch sehr gut aus. Seine militärischen Talente sind nicht groß, man beschuldigte ihn früher sogar, nicht gern im Feuer zu sein, aber seither hat er bewiesen, daß er tapfer ist, vor allem letztlich in glänzender Weise vor Smolensk. – Er und sein Bruder, der Postdirektor, hatten sehr revolutionäre Gefühle, ja selbst terroristische; nur ein so anti-terroristisches System, wie es Napoleon auf dem ganzen Kontinent errichtete, konnte alle Anwandlungen dieser Art eindämmen. – Seine Herkunft, obgleich adlig, ist alles andere als vornehm: Sein Vater war Angestellter bei einem Sanguszko. Es ist vor allem dieses Gesindel, aus dem sich die Partei der Feinde des hohen Adels zusammensetzt. Das sind unsere Demokraten. Sie schämen sich, gedient oder in Abhängigkeit von denen gestanden zu haben, mit denen sie durch ihre Beförderung im Dienst gleichgezogen sind. Sie können nicht darüber hinweg, daß sie früher ein so großer Abstand trennte.

8. Dezember 1812

Nach den neusten Nachrichten aus Wilna muß der Kaiser die Russen unter dem Befehl von Czyczakow am 29. November im Norden von Minsk geschlagen haben. Das ändert nichts daran, daß die Armee erschöpft ist. Das fünfte Korps des Fürsten Poniatowski besteht nur noch dem Namen nach. Es gibt kaum mehr Kavallerie, und der größte Teil der Majore und Obersten kommt zurück, ohne über etwas zu verfügen, was sie kommandieren könnten. Die Auflösung ist, so sagt man, allgemein. Fiszer, der bei Woronowo getötet wurde, ist nicht mehr da, um die Ordnung aufrechtzuerhalten.[30]

14. Dezember 1812

Der Kaiser ist heute um Mitternacht in Begleitung von Caulaincourt und einem Offizier der polnischen Garde, Wąsowicz, hier eingetroffen. Auf dem Weg war mehrmals sein Wagen zerbrochen; hier kam er mit einem Schlitten an, den er einem polnischen Landedelmann abgekauft hat. Er stieg bei Herrn de Serra[31] ab und schlief zunächst einige Stunden. Sobald der König von seiner Ankunft erfuhr, ließ er sich in einer Sänfte zu ihm tragen. Er war sehr höflich zu denen, die den König begleiteten, und schien in guter Laune zu sein. Er blieb bis halb 8 Uhr morgens. Seine Reise sah sehr nach einer Flucht aus, aber sie kann keine sein. Man weiß, daß er letzthin einige Siege errungen hat, und im übrigen, was wäre er ohne seine Armee?... Die Folge einer verlorenen Schlacht wäre höchstens ein Rückzug, aber so zu fliehen und seine Welt zu verlassen! ... Das ist unmöglich. Noch nie hat ihn ein Mißgeschick niedergeschlagen. Trotzdem erheben die Deutschen Siegesgeschrei. Unzweifelhaft ist, daß es einen zwingenden Grund geben muß, der ihn nach Paris zurückruft. Sollte es der gute Familienvater sein, der seine Gattin und sein Kind in die Arme schließen will?... Alles in allem, das Ganze sieht sehr verdächtig aus.

17. Dezember 1812

Heute hatte ich zum ersten Mal Zutritt zu den Archiven. Es scheint mir, daß mich diese Beschäftigung nicht langweilen wird. Herr von Senft hat mir Kassel oder Kopenhagen zur Wahl gestellt, um dorthin als Begleiter des Botschafters entsandt zu werden. Ich habe mich für Kopenhagen entschieden, das einzige Land zweiter Ordnung, das noch eine Rolle in der Diplomatie spielt.

Es gibt hier einen Grafen von Beust, der lange Zeit Rat der verstorbenen Majestät des Königs von Polen war (so setzte er es auf seine Visitenkarte) und der jetzt den Höhepunkt der Größe erreicht hat als außerordentlicher Gesandter und bevollmächtigter Minister Seiner Königlichen Hoheit und Eminenz des Großherzogs von Frankfurt und noch zwei oder drei anderer kleiner deutscher Fürsten am sächsischen Hof. Dieser äußerst gewichtige Herr war sein Leben lang der unerträglichste Schwätzer; jetzt hat sich der alte Quatschkopf den Hals gebrochen. Als der Kaiser vor drei Tagen hier durchkam, gingen alle Diplomaten und Müßiggänger anschließend in die Resource, um zu hören, was über die Ankunft des Kaisers, dieses so unerwartete, so denkwürdige und große Ereignis gesprochen wird. Moszyński, der eifrigste Nachrichtenverbreiter, hatte nichts Eiligeres zu tun, als vor versammelter Gesellschaft seine sinnvollen Bemerkungen bekanntzugeben. Im abgewogensten Tonfall und mit bedeutsamster Miene sagte er in gewundenen französischen Sätzen, daß die Böswilligen diese Gelegenheit nicht versäumen würden, um zu behaupten, daß es schlecht um die Geschicke des Kaisers Napoleon stehe, daß er fliehe, seine Armee ihrem unglücklichen Schicksal überlasse etc. Ein junger Anfänger, Sekretär der westfälischen Gesandtschaft und im Augenblick Geschäftsträger dieses Hofes, glücklich, eine Gelegenheit zu finden, seinen Eifer für die Sache Napoleons, die ja auch die Sache seines Königs ist, zu bezeugen, sagte daraufhin laut und deutlich: »Bei Gott, es können nur Dummköpfe sein, die solche Ansichten vertreten!« Kaum hat er seinen Satz beendet, als man Herrn von Beust erscheinen sieht, der beim Eintreten sagt, daß die Rückkehr des Kaisers ein Beweis für große Unglücke sei. Diese Äußerung wurde Herrn de Serra hinterbracht und dann dem König, der seinen Unwillen zeigt, indem er das Wort nicht mehr an Beust richtet. Es heißt, daß man dem armen Mann verbot, bei Hof zu erscheinen; man sagt selbst, daß er abberufen würde.

1813

1. Januar 1813

Am Neujahrstage begann ich meinen Dienst als Kammerherr. Er wird zwei Monate dauern.

9. Januar 1813

Gerade als ich dabei war, mich zu beglückwünschen, nicht mehr so viel Eigenliebe zu haben wie früher, hatte ich einen entsetzlichen Rückfall. Eine schrecklich schlechte Laune erfaßte mich, weil Badeni auch zum Kammerherrn ernannt worden ist und beim König aß. Heute hat das Wohlwollen, das die Königin Błeszyński erwies, mich Neid empfinden lassen. Entsetzlich! Werde ich mich nie bessern können?

Von den 15.000 Mann, aus denen die württembergische Armee bestand, sind nur 150 Mann, einschließlich der Offiziere, übriggeblieben. Das gibt eine Vorstellung von der Auflösung der Reste jener Armee, die auszog, Rußland zu erobern. Hat das Glück unseren Kaiser verlassen? Muß es gerade jetzt sein, wo die Wiederherstellung unseres Landes von den Erfolgen der Armeen des Kaisers abhängt? Ich verliere trotzdem noch nicht die Hoffnung, daß die Dinge zu unseren Gunsten ausgehen, vorausgesetzt, der Schwiegervater richtet keine falsche Bescherung an.[32]

Die Lektüre der Memoiren von Marmontel bereitet mir große Freude: »Wenn man das nicht hat, was man liebt, muß man das lieben, was man hat.«

Der sächsische Hof erscheint einem eher lächerlich. Die meisten Personen, die ihm angehören, sind wahre Karikaturen. Der König selbst und die ganze Familie müßten einem dadurch lächerlich erscheinen, wären sie nicht so außerordentlich achtbar. Der König ist fromm, rechtschaffen, gebildet und widmet sich ganz seiner Aufgabe; er ist vernünftig, gerecht, aufrecht und fest. Stets ist er ernst, aber er ist gut; er ist steif und doch leutselig. Er ist zurückhaltend und einfach in seinem Umgang. Die königliche Prinzessin verbindet einen lebhaften und durchdringenden Geist mit allen Qualitäten ihres Vaters. Prinz

Maximilian ist, so sagt man, der bedeutendste der drei Brüder, am wenigsten ist es Prinz Anton. Alle, alt und jung, bilden die achtbarste Familie der Welt. Ich sage dies, weil ich, um in der Diplomatie zu dienen, zunächst am Hof attachiert sein mußte. So erschien es mir richtig, darum zu bitten, Dienst zu leisten, und ich habe dies einen Monat lang bei der Königin und danach einen Monat beim König getan. Es wären die zwei langweiligsten Monate meines Lebens gewesen, wenn man nicht ein gewisses Vergnügen hätte, sich einer Herrscherfamilie zu nähern, die einen mit Güte behandelt und die man wegen ihrer persönlichen Eigenschaften und ihres Ranges achten muß. Es gab allerdings Augenblicke, in denen ich gewünscht hätte, mein König wäre König eines größeren Reiches. Manchmal fand ich, daß der Beruf des Kammerherrn recht erbärmlich ist und nach Vorzimmer riecht. Dann sagte ich mir, daß ich nur vorübergehend Kammerherr bin und daß die Diplomatie mein wirkliches Ziel ist.

Der Dienst eines Kammerherrn in Sachsen beschränkt sich auf wenige Dinge. Wenn der König zur Kirche geht,muß man ihm vorausgehen; wenn er Tee trinkt, bedient man ihn. Bei Tisch serviert man ihm die Suppe; im Theater hält man sich hinter seinem Stuhl. Das ist ungefähr alles, worauf sich dieser wichtige Dienst beschränkt. Man begleitet die Königin, wenn der König auf Jagd ist, geht aber erst hin, wenn der König im Begriff steht, zurückzukommen, denn die Königin nimmt nie an den Jagden teil. Es gibt nur eine Jagd, zu der auch die Königin kommt, und diese hat mich gut unterhalten.

Während des ganzen Winters werden den Wildschweinen an einer bestimmten Stelle und zu einer bestimmten Stunde Kartoffeln vorgeworfen. Die Wildschweine haben es bald gelernt, zu dieser Stunde zu kommen. Später rammt man einen Pfahl in die Erde. Nach einigen Tagen legt man in einem Abstand von 20 Schritten Netze, und die Wildschweine laufen ohne Mißtrauen darüber hinweg. Einige Tage vor der Jagd befestigt man die Netze auf der einen Seite an kleinen Holzkeilen, die in die Erde gerammt werden; die andere Seite wird mit dem Pfahl in der Mitte durch Seile und Rollen verbunden. Ein Seil, das alle anderen zusammenhält, führt zu einer kleinen Hütte, die 50 Schritt entfernt eigens zu diesem Zweck gebaut wurde. Die königliche Familie kommt zur festgesetzten Zeit. Sobald

genügend Wildschweine innerhalb der Netze sind, zieht der Oberforstmeister schnell das Seil. Die Netze heben sich, und alle Wildschweine sind wie in einem Käfig gefangen. Sie rennen mit aller Kraft gegen die Netze, sie kämpfen miteinander, aber sie bemühen sich umsonst. Es ist lustig zu sehen, welchen Lärm sie machen. Sie lassen ihre schönen Stimmen hören, so daß ein besonderes Konzert entsteht. Nachdem man sie einige Zeit sich so hat aufführen lassen, läßt man sie einzeln heraus; Jäger werfen sie mit viel Geschick zu Boden, binden ihnen die Läufe und brechen ihnen die Hauer aus. Nachher bringt man sie in den Park von Moritzburg.

Jeden Sonntag gibt es Empfang. Das diplomatische Korps erscheint – es ist nicht gerade glänzend –, dann die Minister, die es ebenfalls nicht sind. Am wunderlichsten sind aber die Hofdamen. Bei Tisch war ich immer dazu verurteilt, Konversation mit einer Frau von Weissenberg, Oberhofmeisterin der Königin zu machen, die fortwährend spricht und stets verlangt, daß man ihr zuhört. Sie kann sich rühmen, daß sie mir diese Essen sehr lang werden ließ. Am Tisch des Königs gibt es sehr viele Gerichte, was aber nichts daran ändert, daß das Essen abscheulich ist. Nur das Dessert und der Kaffee sind gut. Gegen Ende der Mahlzeit schlummert der König ein, und die Prinzessin Augusta, immer zu seiner Linken, bemüht sich, mit ihm zu sprechen, um ihn aufzuwecken, aber er schläft sofort wieder ein und wacht erst richtig auf, wenn man sich vom Tisch erhebt.

23. Februar 1813

Am 20. um 11 Uhr sind die Russen in Berlin eingerückt. Die Franzosen haben fast nichts, was sie den Russen entgegenstellen können. Ich verzweifle nicht. Alles kann noch für uns Polen gerettet werden, solange kein Frieden geschlossen wird.

Töplitz, 2. März 1813

Wenn du dich mit jemandem verzankst, und vor allem, wenn es oft der Fall ist, so schreibe es nur dir selbst zu; du wirst dann in den meisten Fällen richtig urteilen und umgänglicher werden. Wenn du in einer Karriere, die du begonnen hast, nicht vorwärts kommst, sage nicht, daß man dir gegenüber ungerecht ist, sage dir vielmehr, daß du nicht mehr wert bist; laß dich aber nicht entmutigen, es besser machen zu wollen. –

Der Kaiser ist in Paris, die Russen sind in Berlin. Die Armee ist zerstört; die, von der man sagt, sie würde die alte ersetzen – niemand weiß, wo sie ist. Sie wird seit langem angekündigt, aber man sieht sie nicht kommen. Preußen ist der Meinung, daß alle sich gegen Frankreich erklären werden. Österreich verharrt in einer perfiden Untätigkeit. Man fürchtet Dänemark und das mit Recht. Ich bin nicht verängstigt. Unser gemeinsamer Feind wird in das »schreckliche Klima« zurückgeworfen werden (wie es der Kaiser in seiner Ansprache vor der gesetzgebenden Körperschaft nannte). –

Jeder muß sterben, und am Ende läuft alles auf dasselbe hinaus – aber die Langeweile macht das Leben schwer erträglich. Man braucht also eine Beschäftigung. Was mich am meisten beschäftigt, ist meine Familie. Ich will für sie arbeiten. Ich will ein Majorat errichten, denn es ist das einzige Mittel, um zu verhindern, daß eine Familie verfällt. Um mit einem solchen Plan erfolgreich zu sein, muß man da nicht einige Verdienste der Regierung gegenüber aufweisen können? Man muß also eine Karriere ergreifen. Die, welche mir am meisten zusagt, ist die Diplomatie. Dann eine gute Heirat im Hinblick auf Adel und Vermögen; auch eine hohe Stellung könnte nicht schaden.

Am 13. fuhr ich von Töplitz nach Prag, um meine Pferde zu verkaufen. Am 14. in Prag angekommen. Für das teuerste meiner Pferde konnte ich keinen Käufer finden. Aus Prag am 17. abgefahren. Kurz vor Töplitz traf ich jemanden, der mich auf dem Weg anhielt und fragte, ob mein Pferd zu kaufen sei; er bezahlte den Preis, den ich wollte (später erfuhr ich, daß es der Oberstallmeister des Kaisers von Österreich, Trauttmansdorff, war).

19. März 1813

Heute ist der Namenstag der Prinzessin Josephine.

Die Polen sind eitel und faul, fähig zu großen Anstrengungen, nicht aber zur Ausdauer. Sie sind Patrioten, solange sie kein Polen haben, weil sie immer glauben, woanders schätze man ihre Verdienste nicht genügend und unter Landsleuten würden sie leichter vorankommen. Auch hat man gesehen, daß die Polen mehr Anstrengungen machen, ihr Land wiederzuerlangen, als es zu erhalten. Die hervorragendste Eigenschaft der Polen ist ihre Meinungsverschiedenheit untereinander. In keinem Land wird soviel und mit mehr Erbitterung gestritten wie in Polen. Es ist ein Land leichtsinniger und verschwenderischer Menschen: Mit Ausnahme einiger Geizkragen findet man wenige, deren Vermögensverhältnisse geregelt sind. Mehr als jedes andere Land brauchen wir eine dauerhafte und energische Regierung: einen König, den man fürchtet. Weniger Juden, dafür mehr Kaufleute und mehr Handel, weniger Soldaten, weniger Generäle. Vor allem aber müßte die Eitelkeit dem Stolz Platz machen, damit unsere Großen Gutes tun aus dem Vergnügen heraus, so zu handeln, und nicht im Hinblick auf Ordensbänder und Stellungen. Schließlich sollte es in den niederen Schichten des Adels weniger Menschen geben, die ihren ganzen Ruhm darin suchen, von einigen unserer großen Herren gut angesehen zu werden.

Regensburg, 28. April 1813

Die Russen in Dresden! – Der König sah sich beim Anrücken der Russen gezwungen, seine Hauptstadt zu verlassen. Er begab sich nach Regensburg. Er wurde von den Herren von Breza, de Serra (dem französischen Gesandten) und vielen anderen hohen Persönlichkeiten begleitet. Die Ereignisse haben meine Abreise nach Kopenhagen verzögert. Ich folge dem Hof. –

Ich habe mit großer Freude Schiller über die Revolution der Niederlande gelesen. Schade, daß dieses Werk nicht beendet wurde, aber es gibt eine sehr gute Fortsetzung von Karl Curths in drei Bänden.

6. Mai 1813

»Das ist ein Weib, zum Exempel, die jedermann von ihrem Adel und ihrem Land unterhält, so daß jeder Fremde denken muß: das ist eine Närrin, die sich auf das bißchen Adel und auf den Ruf ihres Landes Wunderstreiche einbildet. – Aber es ist noch viel ärger: eben das Weib ist hier aus der Nachbarschaft, eines Amtsschreibers Tochter« (Goethe, »Werthers Leiden«).

Ich weiß es noch ärger: Jemand, der sich selbst zu überzeugen gewußt hat und es anderen (sogar seinen Landsleuten) weismachen will, daß seine Familie aus Italien herstamme, seit 300 Jahren in Polen ansässig und eine der ältesten und ausgezeichnetsten Familien sei; da doch niemand bei uns ignoriert, daß des Großprahlers Großvater Würste in einer Bude an einer Straßenecke zu Krakau verkaufte.

In Polen gibt es mehr als eine solche Aufschneiderei. Letztlich kam die Sprache auf eine Familie, die nicht mehr als 100 Jahre Anciennität hat. Madame Tyszkiewicz beeilte sich zu sagen: »Es ist kaum möglich, neuer als das zu sein.« Ich war verleitet hinzuzufügen, wenn man nicht aus der Familie Poniatowski stammt.[33]

7. Mai 1813

»Wir Gebildeten – zu nichts Verbildeten! « – Ich kenne nichts schöneres und vor allem nichts ergreifenderes als Werthers Leiden.

Dresden, 30. Mai 1813

Aus Regensburg am 22. um 5 Uhr morgens abgefahren, in Dresden am 25. um 5 Uhr nachmittags angekommen. Ich fuhr über Bayreuth, Eger, Karlsbad und Töplitz, weil eine preußische Abteilung mit 200 Reitern in der Gegend von Hof und Plauen liegt, die alle Reisenden anhält, vor allem die, welche zu Frankreich stehen. –

Sollte je einmal das Meer zum Sieden kommen, wird es viele gekochte Fische geben. –

Das Mißgeschick des Herrn von Senft: Die Russen und die Preußen besetzten Dresden. Sie rückten immer weiter vor, und der Vizekönig[34] konnte ihnen mit seinen 50.000 Mann nur schwachen Widerstand leisten. Der König war nach Plauen abgereist, von dort nach Bayreuth und dann nach Regensburg. Der Marschall Davoût hatte bei seinem Rückzug zwei Bögen der Dresdner Brücke sprengen lassen, obgleich er dem König versprochen hatte, es nicht zu tun. Darüber entrüstete sich der König mit Recht. Herr von Langenau, der gerade zum Adjutanten des Königs und stellvertretenden Chef des Generalstabs ernannt worden war und der den Franzosen nicht wohl gesinnt ist, verstand es, das Vertrauen des Herrn von Senft zu

Dresden

erlangen und ihn zu seinem Standpunkt zu bekehren. Man bemühte sich, die Stärke der Franzosen zu verringern und die der Feinde zu übertreiben und gleichzeitig den König gegen den Kaiser und seine Armee aufzubringen. Man überredete ihn, dem Kaiser die vier übriggebliebenen Kavallerieregimenter, um die dieser nachdrücklich bat, zu verweigern. Schließlich reiste er nach Prag ab und war bereit, einen Bündnisvertrag mit Österreich zu schließen. Die Bedingungen waren bereits aufgesetzt: da kam die Nachricht von der Schlacht von Lützen.[35] Die russische Partei war wie erstarrt. Dadurch gewann Herr de Serra. Herr von Senft weigerte sich, dem König zu folgen, und beantragte seine Demission; auch Herr von Langenau hatte dank der Langsamkeit der Sachsen Zeit, seine Demission einzureichen. Der König bewilligte dem Kaiser die vier Kavallerieregimenter und vereinigte sich mit ihm in Dresden. So entging der König ein zweites Mal der Rache des Kaisers, trotz seiner Minister, die drauf und dran waren, ihn in seinen Untergang zu stürzen. – Bei dieser Gelegenheit lernte ich die Sachsen kennen. Sie neigen, ebenso wie die Preußen, zur Prahlerei; sie lassen sich genauso schnell wie diese entmutigen. Philosophen in Sachen der Religion und oft auch der Ehre, lieben sie weder ihren König, welcher der beste der Könige ist, noch die Franzosen, die sie unterdrücken, noch die Preußen, die sie von ihrer Unterdrückung befreien wollen, noch ihr Vaterland, denn nur wenige haben die Waffen ergriffen, um das zu unterstützen, was sie die Sache der Deutschen, der Sachsen und der gesamten Menschheit nennen. Von ihnen wie von den Preußen könnte man sagen: »Gebildete zu nichts, Verbildete!«

23. Juni 1813

Die Sachsen wollen nicht, daß ich an der Mission in Paris attachiert werde, wegen meines Großvaters, der als Anhänger der russischen Partei gilt. Es sind die Franzosen in der Umgebung des Herzogs von Bassano,[36] die mich auf den Gedanken brachten, mich dennoch beim Gesandten von Sachsen in Paris attachieren zu lassen und mich zu diesem Zweck an den Herzog von Bassano persönlich zu wenden. Es scheint einen guten Lauf zu nehmen. Herr Monnier, der noch heute morgen mit ihm sprach, sagte mir, der Herzog wolle, daß ich häufiger zu ihm käme, damit es so aussehe, als ob er mich kenne, und damit das Gesuch, das er für mich machen wird, begründet sei. Andererseits hat mir Badeni gesagt, der Graf von Einsiedel sei erstaunt, daß ich noch nicht nach Kopenhagen abgereist sei, und daß er, der Graf, gehört habe, ich verzichte auf die Karriere, um nach Karlsbad zu gehen. Ich war gleich bei ihm, um ihn über den Irrtum aufzuklären und einen Aufschub von acht Tagen zu erbitten. Ich berief mich darauf, daß ich mit dem Herzog von Bassano bekannt sei und diese Bekanntschaft vertiefen wolle; auch erklärte ich, daß ich in Kürze Geld von zu Hause zu erhalten habe.

Der Kaiser ist seit zwei Wochen in Dresden, der König von Westfalen seit gestern. Truppen ziehen hier unentwegt durch, um sich der Hauptarmee anzuschließen. Ein Monat des Waffenstillstands ist abgelaufen, und niemand spricht mehr von dem Kongreß, den man der ganzen Welt angekündigt hatte. Kaiser Franz ist immer noch in Böhmen, den Schnabel im Wasser. Er hatte den Kaisern und dem König von Preußen ein Zusammentreffen vorgeschlagen und mit Nachdruck auf dieser Bitte bestanden, aber Napoleon unternahm nichts. Er hielt den Augenblick für günstig, den Waffenstillstand, den der Kaiser Alexander und der König von Preußen dummerweise von ihm erbeten hatten, anzunehmen, und einen Zeitraum von zwei Monaten festzulegen; dann wären alle Kräfte vereinigt und er könnte allen seinen Feinden die Stirn bieten, einschließlich den Österreichern. Er behandelt den General Bubna ziemlich schlecht. Er hat sehr frei über den Schwiegervater gesprochen, und er macht nicht den Eindruck, ihn zu fürchten. Das ist, was man sagt; es gilt zu wissen, ob es wahr ist. Man weiß nichts Bestimmtes über Frieden oder Krieg. Warten wir ab.

25. Juni 1813

Gestern wurde in der Nähe der katholischen Kirche Theater gespielt. Man gab Tartuffe von Molière. Fleury, Armand, die Damen Mars, Contat, Bougoin etc. haben gespielt. Der Saal war sehr gut beleuchtet, die Gesellschaft auserwählt. Die Frauen in großer Aufmachung, die Männer in Uniform oder Hofkleidung. Der Kaiser, der König von Westfalen und der König von Sachsen mit seiner ganzen Familie waren anwesend. Die Schauspieler spielten wundervoll, das Ganze bildete ein sehr angenehmes Ensemble. Ich habe bemerkt, daß der Kaiser nicht immer antwortete, wenn der König von Sachsen das Wort an ihn richtete. Er mokiert sich nicht schlecht über die Menschen und vor allem über die gekrönten Häupter.

28. Juni 1813

Gestern bei Hof kam der Graf von Einsiedel auf mich zu, um mir zu sagen, daß er gehört habe, ich wolle nach Paris. Er habe mit dem König gesprochen, und der König habe zugestimmt, ich müße meine Bitte allerdings schriftlich einreichen, was ich heute vormittag getan habe. Hier mein Schreiben (die Stellen, die mit Bleistift von Herrn Monnier, dem Vertrauensmann des Herzogs geschrieben wurden, habe ich unterstrichen): »Herr Graf! Ich möchte mit dem lebhaftesten Eifer dem König in der diplomatischen Laufbahn dienen. S. E. der Graf von Senft geruhte gnädigst, mir vor einiger Zeit vorzuschlagen, mich an der Mission in Kopenhagen zu attachieren, und ich habe mit Dienstbeflissenheit, nur zu glücklich, meine Dienste angenommen zu sehen, unterschrieben. Der Aufenthalt in einer Hauptstadt, der mich so weit wie möglich von meinen Besitzungen entfernen würde, erschien mir wünschenswert, denn dies hätte mir die Gelegenheit gegeben, S. M. die Beweise meiner Ergebenheit Seiner Person gegenüber und für Seinen Dienst zu geben. Diese Bereitschaft konnte mich nicht daran hindern, zu glauben, daß es möglich wäre, von S. M. zu erreichen, daß Sie geruhe, mich eher an der Mission in Paris anzustellen, da ich überzeugt bin, meine Dienste könnten dort nützlicher sein als in jeder anderen Stellung. Trotzdem wagte ich nicht diesen Gedanken zu fassen. Der Herzog von Bassano hat mich gnädigst in dem Verkehr, den ich mit ihm habe, erkennen lassen, daß er es mit Freuden sehen würde, daß S. M. mich für die Mission in Paris bestimmt. Ich glaube verpflichtet zu sein, Euer Exzellenz diesen Umstand zur Kenntnis zu bringen, und ich wage Euer Exzellenz anzuflehen, mir nicht Ihre Gunst zu verweigern. Der Eifer, mit dem ich mich bemühen werde, meine Pflichten zu erfüllen, wird es Euer Exzellenz nicht bedauern lassen, mir Ihre Unterstützung gegeben zu haben. Ich bitte Sie, Herr Graf, den Ausdruck tiefer Ehrfurcht anzunehmen, mit dem ich, Herr Graf, Euer Exzellenz etc. bin.«

Der Graf von Einsiedel sagte mir, der König würde sich um meine Beförderung kümmern, und daß ich Grund hätte, zufrieden zu sein. Ich glaube, er sagte mir das, weil der Herzog für mich die Stellung eines Legationsrates und ein Gehalt erbeten hat, und als man sah, daß ich mir weder über das eine noch über das andere viele Sorgen mache, gab man das Versprechen. Im übrigen bilden die Legationssekretäre und -räte eine Kategorie, aus denen man nie Gesandte macht. Herr von Breza sagte mir im Vertrauen, ich würde zum Gesandten ernannt werden, falls ich drei Jahre in Paris als Attaché bliebe. –

»Der Beruf eines wohlhabenden Mannes ist eine Tätigkeit, in der ein Mann guter Gesellschaft immer nur ein Amateur sein sollte.« – »Übermaß an Bescheidenheit ist sehr oft nur eine List der Eigenliebe, ebenso wie Frechheit meist aus Hemmungen entsteht« (Leonie de Montbreuse). – Beide Bemerkungen können auf mich angewandt werden.

Paris, 12. Juli 1813

Am 5. Juli um 5 Uhr abends in Dresden abgefahren, am 8. um halb 9 abends in Frankfurt angekommen; am 9. mittags abgefahren, am 10. um 11 Uhr abends in Metz angekommen; am 11. um 8 Uhr morgens abgefahren, am 12. um halb 12 nachts in Paris angekommen.

Ich reiste mit Chłapowski. Er ist weniger gebildet, als ich dachte. Seine Überheblichkeit ist durch die Erfolge zu erklären, die er in Paris hatte; werden seine Hoffnungen getäuscht oder stößt er auf Ablehnung, ist er leicht verärgert und aus der Fassung gebracht.

Ich glaube, daß alle, die ihre Ansichten nicht eigenen Überlegungen und Erfahrungen verdanken, sondern von anderen übernehmen, sie früher oder später ändern müssen.

22. Juli 1813

Ich habe Sidonie wiedergesehen.

Nichts schmückt einen Mann so sehr wie eine schöne Geliebte. Sidonie gehört nicht zu denen, die ihre Liebhaber schmücken.

1. August 1813

Ich habe Gabrielle mit Freude wiedergesehen. Es ist eine sehr gute Freundin, die ich hier habe; oder sollte ich mich irren?

Es ist beunruhigend, wie wandelbar mein Wesen den Frauen gegenüber ist. Ich werde mich bemühen, ein Verhältnis anzuknüpfen, entweder mit der armen Gabrielle oder mit Jenny (entsetzlich diese beiden Namen so nah nebeneinander zu stellen!), später mit Sidonie oder, falls möglich, mit Madame de Vaubois. Letztere ist sehr nach meinem Geschmack, etwas verwelkt, aber ein reizendes Gesicht, schöne Gestalt und eine gute Frau, soweit ich es nach der kurzen Bekanntschaft beurteilen kann. Heute war ich das erste Mal bei ihr. Sie ist nicht kokett, glaube ich, aber sie hatte Liebhaber: Marmont, Sapey, Lima, Armand Bourgoing und Amédé de Pastoret. –

Liebst du eine Frau der Gesellschaft, so vertrau dich höchstens einem wirklichen Freund an, denn man wird versuchen, es dir zu verekeln, sei es durch Spötteleien oder Kritik, sei es durch Schweigen, was oft gemeiner ist als Mißbilligung. Damit ein Verhältnis dir Ansehen gibt, muß die Frau in der Gesellschaft angesehen sein; sie darf nicht zu viele Liebhaber gehabt haben, muß jung sein, schön und frei von Albernheit. Alles in der Gesellschaft flößt Neid ein. Nur über die, die sich weder zur Lächerlichkeit noch zur Verleumdung eignen, schweigt man, um sie desto stärker anzugreifen, wenn man eine schwache Stelle an ihnen findet. Ein Verhältnis, das nicht offen gezeigt wird, hat viel mehr Reiz, und es wird umso dauerhafter sein, je weniger du dich damit brüstest.

Madame Hamelin zählt zu den Frauen in Paris, die den schlechtesten Ruf haben. Sie gilt als liederlich, liebt den Wein, und alle Welt weiß, daß sie in den Diensten der Geheimpolizei steht. Ihr Äußeres ist noch unordentlicher als ihr Benehmen: Sie hat einen großen Kopf auf breiten Schultern, ist klein, aber gut gebaut und sehr braun. Ihre Hüften sind riesig, ihre Augen lebhaft, ihre Zähne schön, aber das Ganze ihrer Erscheinung ist unangenehm: sie ähnelt einer Mulattin. Sie tanzt gut, hat viel Witz.

Ein junger Mann, Briguenville, der sie nur vom Sehen her kannte, nie bei ihr war, aber das Urteil von ganz Paris über sie teilte, wurde eines Abends auf dem Opernball von ihr angesprochen. Der junge Mann erkannte sie nicht und quälte sich mehrere Stunden, um dahinterzukommen, wer diese Maske sei, die ihn mit soviel Witz unterhielt. Sie ging so weit, ihm den unteren Teil des Gesichts und dann die Augen zu enthüllen, die man allgemein sehr schön fand. Auch das half dem jungen

Konservatorium vom Luxembourg aus gesehen

Mann nicht. Sie führte das Gespräch auf sich selbst, und der junge Mann schämte sich nicht, Greuel über sie zu erzählen. Madame Hamelin ließ ihn reden. Im Weggehen sagte sie dem Kutscher, sie zu Herrn von Talleyrand zu bringen. Das setzte Briguenville auf die Fährte. Als er erfuhr, wer die Dame an jenem Abend war, schrieb er ihr sogleich einen Brief, in dem er um Verzeihung und um die Erlaubnis bat, sie besuchen zu dürfen, um das Unrecht, dessen er sich schuldig gemacht habe, möglichst wieder gutzumachen. Sie willigte ein. Er überschüttete sie mit seiner Begeisterung; als am Ende des Abends die anderen Gäste sich verabschiedeten, dachte er nicht daran, auch wegzugehen. Er sagte ihr, daß er entschlossen sei, zu bleiben und mit ihr zu schlafen. Ohne große Schwierigkeiten willigte sie ein und so lagen beide nebeneinander im Bett. Aber er war noch nicht am Ende seines Abenteuers! Voller Begierde wollte der junge Mann ihr sein Feuer beweisen, und diesen Augenblick hatte sie erwartet. Sie verweigerte ihm ganz einfach ihre Gunst und leistete kräftig Widerstand. Alle Bemühungen des jungen Mannes waren umsonst, die schöne Gekränkte bediente sich so gut ihrer Fäuste und Fingernägel, daß er das Bett verlassen mußte, ohne etwas erreicht zu haben. Er überschüttete sie mit Beschimpfungen, ging weg, kam aber wieder. Jetzt erlaubte man ihm, sich im Bett niederzulassen, nachdem er sein Ehrenwort gegeben hatte, daß er niemals mehr unverschämt sein werde. Neuer Kampf und neuer Sieg von Madame Hamelin. Diese Szene wiederholte sich in den fünf folgenden Nächten, und erst in der sechsten war sie bereit, seiner Leidenschaft nachzugeben. Diese Rache kam *sie* nun teuer zu stehen, denn sie wollte sich ausgiebig entschädigen, aber der durch fünf Nächte erschöpfte junge Mann mußte das Feuer von Madame Hamelin enttäuschen. Sie verlor freilich nicht den Kopf und sagte nur: »Là, là, das ist nichts! Sie kommen morgen wieder, wenn Sie können, und ich will Ihnen nicht verheimlichen, daß ich ein großes Vergnügen erwarte.« Schon in der nächsten Nacht fand der junge Mann seine Kraft wieder: er stieg in ihr Bett und verließ es erst nach einem Monat – und wenn er es davor verließ, so nur um zu essen, zu trinken, sich zu waschen, sich zu rasieren und noch etwas ...

Chłapowski hat mich Madame Hamelin vorgestellt. Ich weiß nicht, was sie gemacht hatte, um mir vor zwei Jahren so häßlich zu erscheinen. Jetzt finde ich sie recht hübsch.

15. August 1813

Ich wurde der Kaiserin durch meinen Chef, Herrn von Just, vorgestellt.

18. August 1813

Den gestrigen Tag verbrachte ich mit Gabrielle in Créteil, wo sie sich für den Sommer eingerichtet hat. Wir besahen uns den Kanal von St. Maur. Um hinzukommen, benutzten wir ein Boot flußabwärts auf der Marne. Die Ufer des Flusses sind reizend. Das Wetter war kühl, unser Bootsmann ein biederer Junge mit offenem Gesicht, lustig und zufrieden. Wir nahmen ein einfaches Essen zu uns, das uns gut schmeckte. Der Rest des Tages verging mit schwatzen und im Garten herumbummeln. Diese liebe Frau! Ich beginne für sie wirkliche und sehr lebhafte Freundschaft zu empfinden. Ich glaube nicht, daß es in der Welt ein Wesen gibt, das so an mir Anteil nimmt, wie sie. Sie hat mich gern, ich weiß kaum warum, aber es kommt aus ganzem Herzen.

19. August 1813

Welche Zerstreutheit eines jungen Mannes! Ich fahre gestern in meinem Kabriolet ab, um zu Madame Vincent Potocka nach St. Ouen zu gehen. Erst auf dem Wege bemerke ich, daß es zu früh ist; ich fahre Schritt, was nicht ohne weiteres möglich ist, da mein Pferd, das gerade aus dem Stall kommt, unruhig wird. Im Schloß angekommen, verbringe ich meine Zeit damit, auf die Uhr zu schauen, ungeduldig, daß die Zeit nicht vergeht, denn am Abend sollte ich Madame de Vaubois bei Madame Lavavasseur treffen. Eine Unterhaltung löste die andere ab; es wird rezitiert und musiziert. Man bewundert, man ist gerührt, man begeistert sich, und ich mache Lärm mit meinem Stuhl und sehe auf die Standuhr. Immerhin bin ich so vorsichtig, diese Bewegungen mit Applaudieren zu mischen, mit »es ist reizend, es ist bewundernswert, es ist rührend, welche Anmut; wer nicht Herrn Castro gehört hat, weiß nicht, was eine Gitarre ist« etc. Man kündigt Herrn de Balincourt an, genannt »Herkules des Südens«, der, wie mir Sidonie sagt, eine Königin, zwei Prinzessinnen napoleonischen Bluts, soundso viele Herzoginnen und elegante Damen als Mätressen hatte – ohne daß sein Ruf als Herkules auch nur einen Augenblick getrübt wurde. Da ist Sidonie, die sich auf diesen schmackhaften Bissen stürzt, und ich, der ich mich um sie wie um ein Paar alter Pantoffeln kümmere, beginne eifersüchtig zu werden. Meine Unruhe wird dadurch noch größer. Ich will wegfahren, aber mein Diener hat sich vom Hauspersonal überzeugen lassen, daß ich bis Mitternacht bleiben würde. Ich gehe noch einmal zurück in den Salon. Man steht ziemlich lange herum. Man kündigt den Fürsten von Monaco an. Herr Castro entzückt die Zuhörer mit seiner Gitarre. Ich kann mich kaum mehr ruhig halten. Schließlich nehme ich allen Mut zusammen, durchquere den Salon und verschwinde. Mein Pferd hat sich ein Bein verletzt, es hinkt, ich treibe es an. Er kommt wie aus dem Wasser gezogen vor der Tür von Madame Lavavasseur an. Ich bin voll wilder Freude, Madame de Vaubois noch anzutreffen. Sie behandelt mich weder gut noch schlecht; ich bin verdrossen und verzweifelt. Endlich trennt man sich. Ich bringe sie nach Hause. Ihr lieber Vetter August läßt sie keinen Schritt allein. Unmöglich auch nur ein Wort zu flüstern. Ich komme mit einer Hundelaune nach Hause. Ich lege mich hin. Ich nehme ein Buch. Ich lese 50 Seiten ohne ein Wort zu verstehen. Ich lösche die Kerze, und, nachdem ich eine Stunde lang hunderttausend verschiedene Stellungen erprobt habe, schlafe ich endlich ein. Ich habe herrliche Träume: sie ist der Gegenstand …

6. September 1813

Madame de Vaubois ist am Donnerstag aufs Land gefahren. Es sieht so aus, als ob sie mich liebt. Ich schmeichele mir, daß es nicht gespielt ist.

Man spricht nur von den Erfolgen des Kaisers. Die vier Armeen, die österreichische, russische, preußische und schwedische sind, wie man sagt, »geschlagen und werden mit dem Schwert in den Nieren verfolgt.« Trotzdem glaube ich nicht, daß die Folgen des Feldzuges vorteilhaft sein werden. Sie können es kaum sein: Der in allen Treffen geschlagene Feind läßt sich nicht entmutigen; er zieht sich in guter Ordnung zurück und ermüdet die französische Armee, indem er sie ständig mit seiner starken Kavallerie bedrängt und sie so jeden Sieg teuer bezahlen läßt. Die Mittel Frankreichs erschöpfen sich in stärkerem Maße als die der Feinde, die all ihre Kräfte vereinigt und für einen Augenblick ihre eigenen Feindschaften vergessen haben, um den gemeinsamen Feind zu bekämpfen. Die öffentliche Meinung in Frankreich ist nicht mehr dieselbe wie die, die ich vor zwei Jahren hier erlebte – die Beresina und die Angelegenheit Malet[37] haben nichts Gutes bewirkt –, und ich habe Angst, daß sie ganz zusammenbricht. Adieu dann die Hoffnung, wieder polnisch zu werden! Wir werden in die Erniedrigung zurückfallen, aus der wir uns mit soviel Opfern herauszuziehen versuchten, mit soviel Anstrengung! *

7. September 1813

Ich war mit Herrn von Just in Malmaison, wo er mich der Kaiserin Josephine vorstellte. Sie war sehr liebenswürdig und ist sehr freundlich. Sie hat uns zum nächsten Montag eingeladen.

Von dort zurückkommend fand ich einen Brief von Madame de Vaubois. Er bereitete mir einen grausamen Schmerz. Ihre Offenheit ist hart. Wäre meine Liebe dadurch nicht so verwundet worden, ich würde sie noch mehr schätzen, denn nach der Meinung, die ich mir, oder besser, die ich mir *nicht* über sie gebildet habe, hätte ich annehmen können, daß es nicht viel kostet, ihre Gunst zu erreichen.

8. September 1813

Ein Beispiel für die Überheblichkeit Chłapowskis. Er sagte mir eines Tages: »Du wirst das erst in fünf Jahren verstehen«, ein anderes Mal: »Ich habe meine Ansichten seit 12 Jahren nicht geändert« (er ist jetzt 23!).

Ich habe gestern in Malmaison gegessen und blieb bis 11 Uhr abends. Die Kaiserin ist vollendet liebenswürdig, und alles, was sie umgibt, ebenfalls sehr höflich.

Die Wahl Bernadottes zur Thronfolge in Schweden: Da Karl XIII. keinen leiblichen Thronnachfolger hat und sehr alt ist, wollten die Schweden als natürliche Feinde der Russen einen Prinzen nach der Wahl Napoleons. Der Kaiser sagte, er nehme sehr viel Anteil daran, daß die Schweden eine ihres Landes würdige Wahl treffen mögen, aber er wolle sich in keiner Weise in diese Angelegenheit einmischen. Nach dem plötzlichen Tod des Prinzen von Dänemark, der als Nachfolger berufen worden war, schlug der König den Ständen dessen Bruder vor. Die versammelten Stände wählten diesen Prinzen fast einstimmig; von den zwölf Stimmen war nur eine gegen ihn. Bernadotte, der den Schweden mehrfach in vorteilhafter Weise aufgefallen war, als er ihre Truppen befehligte, der überzeugt war, mit der Protektion Napoleons rechnen zu können, und der große Hoffnungen hatte, glaubte, mit Tatkraft und Verwegenheit seine Wahl durchsetzen zu können. Er übertrug die Wahrnehmung seiner Interessen einem ihm vollständig ergebenen Mann, der durch mehrere Reisen in Schweden über die Intrigen der dortigen Großen orientiert war und mit dessen Geschicklichkeit er rechnen konnte. Dieser Mann ging unverzüglich zu Herrn Champagny[38], unterrichtete ihn über die Absichten Bernadottes, sagte, daß die Schweden günstig gesinnt seien, und bat um einen Paß. Der Herzog von Cadore lehnte ab mit dem Hinweis, das sei Aufgabe der Polizei, und man müsse sich an diese wenden. Der Vertrauensmann Bernadottes warf ein, daß er dadurch zwölf Stunden Zeit verlieren würde und dann die Wahl zugunsten des Prinzen von Dänemark bereits stattgefunden hätte; der geringste Verzug würde ihn zu spät kommen lassen. Der Herzog ließ sich überzeugen und schrieb, damit man keine Zeit verlöre, den ganzen Paß eigenhändig. Der andere reist sofort ab, kommt in Schweden an und erklärt dort, es sei der Wunsch des Kaisers, daß Bernadotte gewählt werde. Man hält ihm entgegen, daß die Wahl bereits stattgefunden habe, und verlangt Beweise. Er antwortet, der Kaiser sei nicht ganz sicher über das Entgegenkommen der Stände in Schweden gewesen und habe sich deshalb nicht durch einen offiziellen Schritt bloßstellen wollen, die Tatsache aber, daß sein Paß eigenhändig vom Herzog von Cadore geschrieben sei und zwar ohne Wissen von dessen Bureau, beweise die Wichtigkeit seiner Mission und das Vertrauen, das man in ihn setze. Auf diese Weise verstand er es, diejenigen, mit denen er zu tun hatte, zu überzeugen, und Bernadotte wurde einstimmig als Kronprinz von Schweden proklamiert. – Ich habe diese Einzelheiten von Herrn de Cabre, der in jener Zeit Geschäftsträger Frankreichs in Schweden war. –

Eine Frau, die Gelegenheiten sucht, dich zu treffen, und die sich, wenn du mit ihr zusammen bist, wenig um dich kümmert, ist geneigter dir ihre Gunst zu schenken als die, welche vor aller Welt Vergnügen daran zu haben scheint, mit dir zusammen zu sein.

1. Oktober 1813

Die Stellung des Kaisers wird als sehr ungünstig angesehen. Er hat seine Kräfte in der Nähe von Dresden zusammengezogen. Man erwartet wichtige und entscheidende Ereignisse. Ich dagegen glaube, daß der Feind jeden großen Kampf vermeiden wird und daß die Bedürfnisse, die Hungersnot, das Abfangen der Nachrichten durch Partisanen die französische Armee schwächen und den allgemeinen Frieden beschleunigen werden, vorausgesetzt, daß die Forderungen der Alliierten nicht zu übertrieben sind! Oder die von Bonaparte, was noch wahrscheinlicher ist!

2. Oktober 1813

Seit heute abend gehört mir Madame de Vaubois.

3. Oktober 1813

Die meisten Zeitungsartikel über Kriegsnachrichten sind vom Herzog von Rovigo[39] selbst geschrieben. Er beweist nicht immer sehr viel Geschicklichkeit. Letztlich ließ er zum Beispiel in den Zeitungen schreiben: »Der Kaiser ließ die Hintern der französischen Armee abwischen.« Heißt das nicht, in Anbetracht einiger Rückschläge, die die französische Armee einstecken mußte, daß man Angst hatte? Die Hintern abwischen! Der Satz handelt zweifellos von der Reinheit, aber die Reinheit des Ausdrucks findet sich darin schwerlich.

Ein Morgen in Paris: Ich wache auf, das blasse Licht der Nachtlampe beleuchtet das Zimmer. Es ist nicht mein Zimmer. Es ist nicht mein Bett. Ich bin bei meiner Mätresse, bei Fanny, die ich mit Leidenschaft liebe. Mein Körper berührt den ihren. Ihre Hand ruht auf meinem Körper. Ein leichtes Zittern ergreift sie. Sie spürt ... wie sehr ich verliebt bin. Sie wacht ganz auf, und wir sind glücklich, jeder in den Armen des anderen. Ihr Glück erfreut mich noch mehr als das meinige. Welch eine Raserei! Wie hübsch ist sie! Unsere Seelen versinken ineinander. Wir sind außer uns ... zu uns gekommen, lachen wir, schwatzen. Wir schlafen wieder ein und wachen ungefähr in derselben Weise auf. Es ist spät, 10 Uhr hat es geschlagen. Sie steht nie später auf. Man muß nach dem Zimmermädchen klingeln. Ich ziehe mich in Eile an und gleite in ihr Boudoir, das durch einen kleinen Durchgang mit der Treppe verbunden ist.

Damit ich herausgehen kann, ohne gesehen zu werden, sind alle Vorsichtsmaßregeln nötig. Ich bleibe still in meinem Boudoir auf dem Sofa ausgestreckt und lese. Sie bringt mir eine Tasse ausgezeichneter Schokolade. Ich warte friedlich, bis sie mir sagt, daß ich gehen kann. Ich stürze aus dem Zimmer. Ich springe eher die Treppe hinunter, als daß ich gehe. Niemand hat mich gesehen. Ich bin auf der Straße.

Abendessen in Malmaison: Ich ziehe meinen Frack an. Mein Gesandter, der Baron von Just, kommt um halb 5 Uhr um mich abzuholen. Kaum sind wir angekommen, erscheint auch schon die Kaiserin im Salon. Sie ist reizend gekleidet: Man würde sie auf höchstens 30 Jahre schätzen. Auf dem Kopf trägt sie eine reich mit Spitzen geschmückte Haube, die unter dem Kinn geschlossen ist, von frischen Rosen gekrönt. Das Kleid weiß, mit Spitzen verziert; drei Perlenketten von größter Schönheit, die bis zur Taille reichen, werden von einem Paar Perlen ungeheurer Größe abgeschlossen. Ein wundervoller Schal um ihren Hals verdeckt die Kette zur Hälfte. Sie ist wirklich schön. Jedem sagt sie etwas Angenehmes. Man geht zu Tisch. Die Eingeladenen sind Herr de Montesquiou, seine Schwiegertochter Madame Anatol (die nebenbei gesagt reizend ist), der Botschafter Spaniens, seine Nichte Madame de Souza, Herr Crowford, der Bailli de Férette, mein Chef, Baron von Just, Madame Camporezi, Sängerin, und ihr Mann – dazu die Personen des Hauses. Nach dem Essen spielt die Kaiserin eine Partie Billard. Sie spricht gütig mit mir. Ihre Augen sagen viel. Ohne eine Bemerkung des Herrn ... würde ich nicht wagen, es mir einzugestehen, aus Furcht eingebildet zu erscheinen (bei anderen Gelegenheiten habe ich mich dann überzeugt, daß sie wirklich große Lust hatte, mich vor ihren Wagen zu spannen). Vielleicht ist es aber auch Einbildung auf beiden Seiten, was sogar wahrscheinlich ist.

Man musiziert. Madame Camporezi und ein Fräulein Deslieu singen ein Duo. Nein, nie haben meine Ohren etwas Entzückenderes gehört! Alle sind voller Entzücken. Die Kaiserin geht wieder zu ihrem Spiel, während im anderen Raum das Konzert weitergeht. Es dauert bis halb 11 Uhr, bis zur Teestunde. Nach dem Tee trennt man sich. Wir kehren nach Paris zurück. Im Wagen schläft Just – der Gerechte – auf seiner Seite, ich auf meiner. Zu Hause angekommen setze ich mich hin, um an Fanny zu schreiben, und um 1 Uhr lösche ich das Licht, zufrieden mit meinem Tag.

12. Oktober 1813

Vor einigen Tagen ging ich zu Madame Lavavasseur, der Mätresse von Chłapowski, und rechnete damit, Fanny dort zu treffen. Sie hatte mich gebeten, nicht hereinzukommen, falls andere Menschen dort sein sollten, um ihr Verlegenheiten zu ersparen. Ich frage im Vorzimmer, man nennt nur sie. Ich gehe hinein und treffe Herrn Pastoret, der ihr Liebhaber war und den sie meinetwegen verabschiedet hat. Ein peinliches Gefühl überkommt mich, denn immer macht mich die Vergangenheit eifersüchtig. Die Gefühle des Herrn müssen kaum angenehmer gewesen sein. Er faßt kurz darauf den klugen Entschluß zu gehen. Den Rest der Zeit verbrachten wir damit, die Gleichgültigen zu spielen, wohl umsonst, denn zweifellos weiß Madame Lavavasseur, woran sie sich zu halten hat. –

Heute war ich mit Fanny in Montmorency. Sie ließ mich einen bezaubernden Tag erleben.

14. Oktober 1813

Gestern war ich mit Cabre in Ermenonville. Dieser durch die Schönheit seines Parks so ausgezeichnete Ort ist noch berühmter durch J. J. Rousseau, der hier starb und hier auch sein Grab hat.

Wir waren in Morfontaine. Es ist der Ruhesitz des Königs von Spanien, des Bruders des Kaisers, und der Königin, die hier ein ruhiges Leben ohne Prunk führen. Der Park von Morfontaine umfaßt einen ganzen Landstrich. Alles ist groß und prachtvoll. – Cabre ist ein sehr netter Mann.

Vor einigen Tagen nahm ich an einem Ausflug teil, der vergnügt sein sollte: mit der Herzogin von Bassano, Madame de la Borde, Madame de Rour, dem General de Valence und Cabre. Zunächst gingen wir ziellos auf den Boulevards spazieren, aßen dann im »Rocher de Cancal«, anschließend wieder Boulevards, danach ins »Théatre de la Gaité«, dann Promenieren im Palais Royal, aßen in irgendeiner Schenke Waffeln. Wir hatten vor, Unsinn zu treiben und uns zu amüsieren: im Grunde war es kaum lustig.

18. Oktober 1813

Es ist bekannt, daß Paris überall die Masse sucht, so daß z.B. die Schankwirte Wachtposten an ihren Türen aufstellen, um glauben zu machen, ihr Lokal sei überfüllt.

Die Herumstehenden werden getäuscht. Man hört den Ruf (die Szene spielt sich auf dem Boulevard ab): »Meine Herrn und Damen, großes Wunder! Das Kind eines Kaninchen und eines Karpfen! Eintritt zwei Sous.« Man geht hinein. Es wird ein Kaninchen und ein Karpfen gezeigt: »Hier der Vater und hier die Mutter des außerordentlichen Wesens. Das Kind wurde zu Herrn de Lapécède, dem großen Naturwissenschaftler, gebracht. Es kommt bald zurück.« Es ist klar, daß das Kind nie zurückkommt.

3. November 1813

Unter der Überschrift »Amtliche Nachrichten über die Große Armee« *überträgt A.R. lange Abschnitte aus dem »Moniteur« vom Samstag den 30. Oktober über das Kriegsgeschehen zwischen dem 3. und 25. Oktober (Schlacht von Leipzig) in der offiziellen Darstellung:* »I. M. die Kaiserin, Königin und Regentin hat folgende Nachrichten von der Situation der Armee erhalten ...« – *eine Darstellung, die diese vernichtende Niederlage noch als halben Sieg darzustellen versucht.*

Es folgt die Abschrift eines »Biographischen Abrisses über den Fürsten Poniatowski« *aus dem* »Journal de l'Empire«, *von dem A. R. annimmt, daß er von Mostowski verfaßt wurde, mit der Anmerkung:* Es ist einfach eine Lobrede.

Fürst Joseph Anton Poniatowski
Marschall von Frankreich, 1762–1813

Ich habe von ihm das folgende Porträt gemacht: Der Fürst Poniatowski hatte, ohne groß zu sein, eine edle und anmutige Gestalt. Zu Pferde vor seinem Heer sieht er aus wie ein Kriegsgott. Sein Herz entsprach dem, was seine edle Erscheinung versprach, und während seiner ganzen schönen Laufbahn haben seine Handlungen dies in keinem Augenblick verleugnet. Ein neuer Held! Ein tapferer und ehrlicher Ritter! Wie viel wirkliche Ehre ist mit ihm ins Grab gesunken! Er war gut, freigebig, stolz, jener Stolz aber, der nicht von Hochmut und Eitelkeit gekennzeichnet ist. Das Heer und sein Land bewunderten ihn: Er war beider schönster Schmuck! Am Tage des Kampfes, wenn die Gefahr am größten war, wenn er allein seinen eigenen Eingebungen folgen konnte und keine Zeit hatte, hin und herzuschwanken oder Ratschläge anderer einzuholen, gab ihm seine kampflustige Seele das ein, was den Erfolg entschied oder den des Feindes zunichte machte. Hat er je in seinem Leben als Soldat Fehler begangen, so nur dann, wenn er in seiner Bescheidenheit oder aus Mangel an Vertrauen dem Rat anderer folgte.

14. November 1813

Der Kaiser ist letzten Dienstag, den 9. zurückgekommen.[40] Er droht Holland, »es eher dem Meer preiszugeben als den Alliierten auszuliefern.« 300.000 waren vor einem Monat ausgehoben worden, weitere 300.000 Aushebungen werden in diesem Augenblick verfügt. Er sagt, es bedürfe weit anderer Dinge, um ihn grau werden zu lassen (es hieß, seine Haare wären ergraut).

Ansprache des Kaisers an die Polen, um sie nach der unglücklichen Schlacht von Leipzig zu verpflichten; entnommen dem handschriftlichen Tagebuch des Fürsten Sułkowski, der – in Klammern gesagt – nicht sparsam mit Eigenlob ist.[41] Die Offiziere bildeten einen Kreis um den Kaiser, der befahl, daß alle Franzosen sich entfernen sollten, außer Berthier und Caulaincourt: »Euer Befehlshaber sagt mir, daß Ihr in Euer Vaterland zurückkehren wollt. Es ist wahr, Ihr habt all Eure Verpflichtungen mir gegenüber erfüllt. Ihr habt Euch sehr gut geschlagen. Ihr habt stets eine glänzende Haltung an den Tag gelegt. Ihr wollt mich erst verlassen, nachdem Ihr mich in mein Kaiserreich zurückgeführt habt, seht aber, daß Ihr nicht zahlreich genug seid, um mir noch nützlich sein zu können. Ich kann nicht mehr verlangen. Ihr seid tapfere Leute. Ihr bittet mich um Erlaubnis, alle zusammen zurückkehren zu dürfen. Eine solche Anordnung kann ich Euch nicht geben, sie könnte große Folgen haben. Die Polen, die in Danzig, Modlin, Zamość stehen, könnten sie auch für sich in Anspruch nehmen, und dann würden diese Festungen in die Hände des Feindes fallen. Ich wiederhole: Ihr habt für mich nichts mehr zu tun, aber als ein Mann Europas rate ich Euch, bei mir zu bleiben. Einzeln erlaube ich jedem, zurückzukehren, aber eine Entlassung in Massen ist unmöglich.

Es sind Schufte, die unter Euch Unruhe hervorgerufen haben. Ich halte am Herzogtum Warschau fest. Es ist die Frucht meines Blutes. Ihr seid unruhig, weil Ihr keine Befehle von Eurem König bekommt. Ich war es, der es so wollte. Ich habe ihn davon abgehalten, mir zu folgen; die Sachsen hätten sich sonst den Herzog von Weimar zum König genommen. Im übrigen ist der König von Sachsen nur durch das Zusammentreffen von Umständen Herzog von Warschau geworden; ich wußte genau, daß ein Deutscher Euch nicht recht zusagt. Ich bin es, der Euer wirklicher Herzog ist. Der König von Sachsen ist ein braver Mann, er ist mein Freund, aber er ist ein Mann ohne Rückgrat. Er ist nicht der Mann, den Ihr braucht. Ich wollte im Grunde, daß Ihr ein Königreich gründet. Lest im »Moniteur« darüber nach. Ihr werdet in den offiziellen Verlautbarungen finden, daß Polen zwischen Österreich und mir bereits festgelegt war.

Wäre ich zwischen Vitebsk und Smolensk stehengeblieben, würdet Ihr bereits existieren. Ich bin zu weit gegangen. Ich habe Fehler gemacht. Das Glück hat mir seit zwei Jahren den Rücken gekehrt, aber es ist eine Frau, es wird sich ändern. Wer weiß, vielleicht hat Euer schlechter Stern den meinen nach sich gezogen. Habt Ihr das Vertrauen zu mir verloren? Habe ich keine Sprengkraft mehr? Am 16. habe ich die Schlacht gewonnen. Am 18. habe ich sie nicht verloren. Am 19. zog ich mich zurück. Eine Kanaille von Unteroffizier ließ die Brücke zu früh in die Luft fliegen, das hat mich 18.000 Mann gekostet; aber selbst, wenn ich die Schlacht verloren hätte, was ist schon eine verlorene Schlacht?

Die Deutschen haben die Zähne gezeigt. Aber ich werde zurückkommen, ich werde sie verprügeln. Ich sähe es gern, wenn mir die Alliierten zwei oder drei von meinen guten Städten in Frankreich verbrennen würden, das würde mir eine Million Soldaten einbringen. Ich werde eine Schlacht liefern. Ich werde sie gewinnen, und ich werde sie mit klingendem Spiel bis an die Weichsel jagen. Ihr seid unruhig, weil der Fürst Poniatowski nicht mehr bei Euch ist, aber tröstet Euch, er ist nicht tot, er ist Gefangener der Schweden (Lüge!). Stanislaus Potocki wird kommen, Eure Minister ebenfalls, und ich werde mich um all das kümmern. Euer Finanzminister hat Dummheiten gemacht. Die Czartoryskis haben mich verstimmt. Euer Aufstand war schlecht gemacht. Ich habe Euch einen Abbé gesandt, einen Dummkopf, der meine Anweisungen nicht richtig befolgte.

Militärisch fallt Ihr jetzt kaum ins Gewicht, 2000 Mann, seid für mich also, wie tapfer auch immer, von keiner Bedeutung, aber ich rate Euch, in Eurem eigenen Interesse bei mir zu bleiben. Ich werde Euch ins Innere von Frankreich senden. Ich werde Euch alle auf Pferde setzen. Ihr werdet einige Monate in Ruhe verbringen; und was ist schlecht daran, sich sechs Monate in einem schönen Klima zu erholen, in einem schönen Land? Ihr werdet immer auf Kosten des Außenministers bezahlt werden.

Ich werde Krieg führen, solange mein Volk es will. Ich müßte schon sehr jung sterben, um meine Angelegenheiten nicht in Ordnung bringen zu können. Der Frieden wird nicht auf sich warten lassen, dann werde ich an Euch denken (Lüge!). Ich rechne mit dem Weiterbestehen des Herzogtums. Sollte ich aber gezwungen werden, darauf zu verzichten, werde ich mich einzeln um Euch kümmern. Ihr werdet dann mit Ehre zurückkehren oder Ihr bleibt bei mir, wie Ihr wollt. Wenn Ihr jetzt zurückgeht, setzt Ihr Euch Gefahren aus. Ihr werdet als Kriegsgefangene behandelt! Im Friedensvertrag wird ein besonderer Paragraph für Euch enthalten sein; Ihr kommt dann frei zurück, was glaubt Ihr? (Pause). Also gut, was glaubt Ihr? Ich rate Euch, mit mir zu gehen, aber ich wiederhole: einzeln werde ich jedem von Euch, der es will, die Erlaubnis zur Rückkehr geben. Was meint Ihr, meine Herren, habe ich nicht recht? ...« und der Kaiser hatte gewonnen. Der General Toliński sagte als erster: »Sire, wir werden Ihnen überallhin folgen«, mehrere Stimmen wiederholten es, der Ruf wurde allgemein, und schließlich riefen alle »es lebe der Kaiser!«

17. November 1813

Barometer des Tages:

England	gleichbleibend schönes Wetter
Kaiser	Sturm
Marschälle	wechselhaft
Volk und Staatskasse	sehr trocken
Mittel	null

Feindliche Armee	90
Französische Armee	über dem Gefrierpunkt
Staatsräte	regnerisch
Vizekönig	kochendes Öl
Senat	Tauwetter

1. Dezember 1813

Warum kann ich nicht diese arme Gabrielle lieben? Sie verdient es so sehr. Sie ist achtbar. Sie liebt mich. Arme Freundin, du bist unglücklich! Auch ich leide. Diejenige, welche meine Liebe verdient, kann ich nicht lieben, und diejenige, der ich meine Achtung und mein Vertrauen nicht schenken kann, liebe ich gegen meinen Willen. Die Welt ist verkehrt.

Der Kaiser ist gut und volkstümlich. Er gibt den Lastträgern Geld. Er klopft ihnen auf die Wangen. Er ist mild wie ein Lamm.

12. Dezember 1813

Hüte dich, allgemeine Regeln aufzustellen. Es gibt keine, und wenn es welche gibt, so sind sie den Menschen verborgen.

Gerade sprach ich mich gegen Prinzipien aus. Hier ist dennoch eines: Mißtraue Frauen, die keine Prinzipien haben!

»Jedesmal, wenn die Römer sich in Gefahr glaubten oder wenn sie einen Verlust auszugleichen hatten, nahmen sie dies stets zum Anlaß, die militärische Disziplin zu festigen« (Montesquieu). – Es würde dem Kaiser gut anstehen, ein Gleiches zu tun.

Nie war ein Schriftsteller so sehr Prophet wie Montesquieu. Die reinste Vernunft hat seine »Considérations sur les causes de la grandeur des Romains et de leur décadence« diktiert. Montesquieu müßte zum höchsten Gesetzgeber für Politik proklamiert werden und als solchem sollten ihm die Völker und die Könige folgen.*

Man spricht von *der* Tugend einer Frau und *den* Tugenden der Männer. Sagt man, eine Frau sei tugendhaft, so bedeutet das eine Jungfrau, die mit niemandem geschlafen hat, oder eine verheiratete Frau, die nur mit ihrem Mann schläft; eine andere Bedeutung hat es kaum. Die Bezeichnung »ein tugendhafter Mann« setzt einen mit tausend Tugenden begabten Mann voraus, dessen Benehmen und dessen Grundsätze in jeder Hinsicht ohne Tadel sind. Seine Tugenden tragen ihm die Liebe der Frauen ein, die ihn dafür aber nur belohnen können, indem sie die ihre opfern.

Als der Kaiser aus Rußland zurückkam, sagte man: »Toute l'armée a mérité la croix et l'Empereur la corde!« Solange sie ihre Witze machen dürfen, sind sie zufrieden.

Ich weiß nicht, wie Frankreich einem allgemeinen Umsturz entgehen soll. Ich sehe nur eine Möglichkeit: daß das, was als wahrscheinlich gilt, nicht eintrifft.

22. Dezember 1813

Der Kaiser versteht es, zu erobern und zu gründen, aber er untergräbt und zerstört es sogleich wieder. Er ist ein Bach, der anschwillt, zum Strom wird, die Deiche durchbricht, um die Zerstörung überallhin zu tragen. Bald fällt aber das Wasser. Unser großer Mann ließ Elend entstehen, wo ehemals Überfluß regierte; Tränen haben die Freude ersetzt; hinterlassen hat er nur Schlamm. Er ist wieder zum Bach geworden, aber zum Andenken an seine einstige Größe hat er den Völkern ewiges Unheil vermacht. – Welch ein Pathos! Was für hochtrabende Worte ich hier geschrieben habe!

28. Dezember 1813

Der Feind hat den Rheinübergang erzwungen. In einem Monat spätestens ist der Kaiser am Ende – wenn er nicht Frieden schließt.

Die Schweizer haben eine bewaffnete Neutralität erklärt und längs ihrer Grenze einen Kordon Truppen aufgestellt. Der Fürst Schwarzenberg sagte aber zu ihnen: »Schweizer (so ruft man in Paris den Hausmeister), ziehen Sie bitte die Schnur!« – und er zog durch.

30. Dezember 1813

Gestern hat sich der Senat zum ersten Mal aufsässig gezeigt. Es handelte sich um eine Denkschrift an den Kaiser. Man hat sie sechsmal umgearbeitet. Die Herren de Montesquiou und Ségur, die für den Kaiser sprechen wollten, zwang man zum Schweigen. Die gesetzgebende Kammer ärgert sich seit mehreren Tagen.

1814

2. Januar 1814

Die gesetzgebende Körperschaft hat vor einigen Tagen eine Denkschrift an den Kaiser gerichtet, die eine wirkliche Rüge darstellt. Jeder Satz enthält etwas, was ihn lebhaft verletzen muß. Man fordert von ihm, Frieden um jeden Preis zu schließen; man wirft ihm seine Fehler vor; man wendet sich in einer Sprache an ihn, die er nicht gewohnt ist. Er war wütend darüber. Eine Sitzung des Staatsrates wurde für den nächsten Tag um ein Uhr angeordnet. Bereits um zwölf war er da. Als gegen ein Uhr die ersten Staatsräte kamen, ließ er, ohne auf die andern zu warten, ein Dekret ausfertigen und unterschreiben, das, ich weiß nicht unter welchem Vorwand, die Sitzungen der gesetzgebenden Körperschaft aufhebt.

Die Gesetzgeber, die von dieser Maßnahme nicht unterrichtet worden waren, begaben sich am selben Tag wie gewohnt zu ihrem Versammlungsraum und erfuhren an der Tür, daß keine Sitzung stattfindet. Sie entfernten sich voller Zorn, der sich noch steigerte, als man ihnen das Dekret zur Kenntnis brachte. Es sind die reichsten und angesehensten Männer aus den verschiedenen Departements, und das Vorgehen des Kaisers wird nicht ohne Einfluß auf die öffentliche Meinung bleiben.

Gestern waren einige von ihnen an den Hof gegangen. Der Kaiser begann gegen sie zu wettern: »Ich habe den Thron von Frankreich mit der Spitze meines Degens erworben. Ich kann ohne die Franzosen auskommen, aber die Franzosen nicht ohne mich. Unter Ihnen gibt es Rebellen. Dieser Léné unterhält eine Korrespondenz mit dem Feind. Es hängt nur von mir ab, ihn der Strenge der Gesetze auszuliefern, aber ich werde mich damit begnügen, ihn zu überwachen. Eines Tages wird er bestraft werden. In drei Monaten werde ich tot sein oder aber glanzvolle Siege werden Frankreich vom Feind befreit haben. Das Glück hat mich niemals verblendet. Wenn ich nicht geglaubt hätte, Frankreich aus dieser Schlinge herausziehen zu können, hätte ich die Schlacht von Leipzig nicht überlebt. Was ist schon ein Thron? Es ist ein Stuhl aus Holz, der mit Samt überzogen ist. Ich lege nur Wert darauf, so lange der Ruhm untrennbar mit ihm verbunden ist.«

Inzwischen regen sich die Geister auf, und man sieht für die Zukunft Unruhe und Blut voraus.

13. Januar 1814

Es gibt einen gewissen Stillstand in der Politik. Der Feind rückt langsam vor. Der Herzog von Vicenza, Herr de Caulaincourt, ist abgereist, um zu verhandeln. Der Kaiser bewaffnet ganz Frankreich und scheint noch fest auf seinem Thron zu sitzen. Das Feuer glimmt unter der Asche.

17. Januar 1814

Ein Gedanke, der mich seit jeher begeistert hat, ist, eine große Heirat zu machen. Gestern sprach mir Maliszewski von der kleinen Praslin als von einem Mädchen, das man mir - dessen sei er sicher - nicht verweigern würde. Es ist mir sogleich zu Kopf gestiegen, und ich träume nur noch davon. Während ich es mir wünsche, während ich das als ein Glück ansehe, frage ich mich, ob meine Liebe zu Fanny mir nicht einen Streich spielen wird. Ich muß es ihr gestehen, muß ihr mein Ehrenwort geben, sonst könnte ich nicht mehr zu ihr. Ihretwegen würde ich auf etwas verzichten, was mir eine glänzende Existenz in diesem Land sichern könnte, ihretwegen, die mich so wenig liebt.

18. Januar 1814

Gestern war ich bei Praslin. Ich wurde wie immer empfangen. Die Angelegenheit scheint mir nicht realisierbar, aber ich empfinde darüber auch keinen Kummer, zumal ich nicht einmal weiß, ob ich die Kraft hätte, auf Fanny zu verzichten, um diese häßliche kleine Person zu nehmen.

20. Januar 1814

Unterhaltung des Kaisers mit Cambacérés beim Schlafengehen. Er nähert sich ihm mit schlechter Laune: »Nun gut, sie marschieren auf Paris.« Der Erzkanzler macht anstelle jeder Antwort eine ehrerbietige Verbeugung. Der Kaiser: »Man hat zwischen mir und den Bourbonen zu entscheiden.« Der Erzkanzler eine Verbeugung. Der Kaiser: »Sie werden uns vor ein Gericht stellen.« Der Erzkanzler eine Verbeugung. Der Kaiser: »Was mich betrifft, so werde ich mit der Waffe in der Hand sterben, aber Sie, mein Freund, Sie werden gehängt.« Der Kaiser ließ dem Erzkanzler kaum Zeit, noch eine Verbeugung zu machen; er drehte sich auf den Hacken um und ging schlafen.

Proklamationen kursieren in Paris. Die vereinten Mächte fordern, so sagt man, daß die Bourbonen Frankreich regieren. Die feindlichen Truppen benehmen sich vorbildlich. Sie gehen langsam vor, aber auf Nummer sicher. Vor Ablauf von zwei Wochen wird eine große Schlacht über das Schicksal dieses Mannes entscheiden.

23. Januar 1814

Ich bin dazu geschaffen unglücklich zu sein. Wenn ich keinen Anlaß zu Leiden habe, läßt mich mein Charakter einen solchen suchen, und wenn er keinen findet, erfindet er einen. Vor allem in der Liebe kann ich die Ruhe nicht ertragen. Mein Mißtrauen, meine Zweifel, meine Eifersucht verursachen mir ständig Kummer.

Alle, die sicher sein wollen, nicht Soldat werden zu müssen, lassen sich bei der Nationalgarde von Paris einschreiben. Die Weiber in den Markthallen sagen, der Kaiser habe sich an die Spitze der Nationalgarde gestellt, um auf alle Fälle in Paris bleiben zu können.

Die öffentliche Meinung steigt zu Gunsten von Napoleon: wenigstens sieht man in der Menge wieder Bereitschaft, seine Sache zu verteidigen. Es ist nicht unmöglich, daß er durchkommt. Es scheint, daß die feindlichen Kräfte, die den Rhein überschritten haben, nicht ausreichend sind, um entscheidende Schläge zu führen; sie haben 200.000 Mann an drei verschiedenen Stellen. Dem Kaiser ist es gelungen, eine große Zahl von Truppen zusammenzuziehen. Die Armee ist neu, aber am Tag der Schlacht sind alle Franzosen gleich: sie schlagen sich gut. Vielleicht gibt eine gewonnene Schlacht, so wenig Einfluß auf die feindlichen Bewegungen sie auch haben mag, Frankreich die blinde Ergebenheit in seinen Willen zurück, die bisher seine Stärke ausmachte.

27. Januar 1814

An diesem 23., einem Sonntag, ereignete sich ein Melodrama am Hof. Der Kaiser versammelte seine ganze Welt um sich herum: Offiziere der Nationalgarde, Offiziere der Garde, Senatoren, Staatsräte, seinen Hofstaat etc. Er nahm Abschied von ihnen, empfahl ihnen seine Gemahlin und seinen Sohn. Alle waren gerührt, viele weinten. Hulin und Regnault de Saint-Jean zerflossen in Tränen. Wären Lais, der Schauspieler, David, der Maler, und Vandamme, der General, die drei größten Komödianten, anwesend gewesen, besteht kein Zweifel, daß sie Krämpfe bekommen hätten. Vorgestern reiste er zur Armee ab. Vor seiner Abreise überschüttete er Herrn von Talleyrand noch einmal mit Dummheiten; unter anderem sagte er ihm: »Abtrünniger Priester, der Du Gott seit der Schule verleugnet hast, Ehemann einer Dirne«; er nennt ihn auch gern »alte Poularde«.

Die öffentliche Meinung erscheint mir so, wie Napoleon sie sich nicht besser wünschen kann. Hinzu kommt, daß das Benehmen der Alliierten alle Franzosen die Notwendigkeit empfinden läßt, zu den Waffen zu greifen. Hätte man versprochen, die gegenwärtige Ordnung, an der zwei Drittel der Bevölkerung interessiert sind, zu respektieren, hätte man Frieden und Handel versprochen, wäre ein wohlwollender Empfang von den Franzosen zu erreichen gewesen. Aber ihre Proklamationen besagen nichts: Sie sind vage und lassen deshalb nichts Gutes voraussehen. Ja, ich bin der Meinung, daß Frankreich gewinnen würde, wenn es den Kaiser behielte, und daß ohne ihn Frankreich durch den feindlichen Klüngel vollkommen ruiniert werden wird. Die Alliierten könnten gewinnen, wenn sie ihn behielten, denn hier besteht eine Ordnung, die zu etablieren sehr teuer war; nun sie aber etabliert ist, darf man annehmen, daß, auch aufgrund der vielen Unglücksschläge, Napoleon die Sucht der Schlachten verekelt ist.

Alles ist in der Schwebe, mein Gott! Welche Rolle werden diese zwei Wochen für das Geschick Europas spielen?

Die Wendigkeit der Franzosen hat sich dabei in vollem Glanz gezeigt: Vor vierzehn Tagen erwarteten sie geduldig das Eintreffen des Feindes, jetzt sind sie bereit, die Waffen zu ergreifen. Die Koalition hat eine schöne Gelegenheit verpaßt. Es wäre so leicht gewesen, die Franzosen von ihrer neuerlichen Bereitschaft abzuhalten.

Brifaut sagte, als er vom Elend und Unheil sprach, dem die Franzosen durch eine neue Revolution oder durch den Tod des

Kaisers ausgesetzt wären: »Nun gut, das große Unglück: Sie waren vergoldete Hampelmänner, sie würden Menschen in Lumpen sein.« Diese Art von Geist hat Aussicht, Mode zu werden. Sie ist maniriert und lächerlich. Das Wort entsteht vor dem Gedanken, und der Gedanke wird ihm dann angepaßt. Alle, die in den Salons glänzen, haben der Tiefgründigkeit abgeschworen, ich würde fast sagen, dem gesunden Menschenverstand. Es fehlt die Phantasie.

Hüte dich vor dem Patriotismus derjenigen, die nichts besitzen und die deshalb nichts zu verlieren und alles zu gewinnen haben.

10. Februar 1814

Das »Journal de l'Empire« von heute: »Wann werden wir Bescheidenheit im Glück und Stolz im Unglück sehen?« Die französischen Zeitungen atmeten bis jetzt nur Unverschämtheit, Verachtung für alle anderen Nationen; heute sind sie demütig, unterwürfig, stützen sich auf das Beispiel der Österreicher und der Preußen. Sie entschuldigen sich, daß die Franzosen wagen, Widerstand zu leisten.

11. Februar 1814

Heute hat das »Journal de l'Empire« seinen unverschämten Tonfall wieder aufgenommen, denn die Hoffnung, den Feind zu vertreiben, erwacht erneut.

Die Mitglieder der litauischen Regierung ebenso wie die des Herzogtums Warschau, d.h. die Auslese an Aristokratie, Geist und polnischem Patriotismus, lassen sich von der französischen Regierung Pensionen zahlen. Alle, die das Herzogtum Warschau wollen und die vor der feindlichen Armee geflohen sind (die Zurückgebliebenen können nur noch als russische Untertanen angesehen werden), alle Polen also, die übriggeblieben sind, lassen sich hier für ihre Ergebenheit in einer Sache, der sie ihre Erhöhung verdanken, bezahlen. So scheinen sie nur Werkzeuge der ehrgeizigen Pläne Napoleons zu sein. Der Gedanke der Vaterlandsliebe, ein edles Gefühl, ist kaum vereinbar mit einem solchen Verhalten.

Vorgestern war Senator de l'Espinasse in einer der Schulen, ich glaube in der Rechtsschule, um die für den Dienst in der Artillerie geeigneten jungen Leute auszuwählen. Er wurde mit

Steinwürfen empfangen; sein Anzug wurde zerrissen, sein Wagen umgeworfen. Es ist eine Manifestation, die Meuterei und Unordnung anzeigt.

Die Schüler beginnen Steine auf Napoleon zu werfen: die Großen werden es schlimmer treiben ... aber ich sehe keine Großen! Ich sehe graue Haare, Runzeln, von der Last des Alters gebeugte Menschen; ich sehe auch robuste Menschen auf der Höhe der Kraft: aber ich sehe weder Weisheit noch Energie. Ein Leichtfuß beklagt sich, und nach seinem Beispiel beklagt sich ganz Paris. Ein anderer ärgert sich, und Paris ärgert sich. Es folgt die Teilnahmslosigkeit, dann der Patriotismus: Man bewaffnet sich, man zieht aus, um zu kämpfen, man verliert den Mut, und am Ende hält man den Hals hin. Das ist das genaue Bild von Paris während der letzten zwei Monate. Vertraut der öffentlichen Meinung!

Der Feind ist zehn Meilen vor Paris.

Der Kaiser hat einen Erfolg über den Feind erzielt.

17. Februar 1814

Seine Majestät gibt kräftige Hiebe nach rechts und links. Es scheint, daß der Erzherzog die Alliierten nur mit Unlust unterstützt. Aber selbst wenn sie sich so schlagen lassen, werden sie sich wieder auf die Füße stellen, trotz ihres merkwürdigen Benehmens und trotz der Franzosen, die sich wenig Sorgen machen. Fast jeden Tag gibt es neue Erfolge: Die Alliierten lassen sich im kleinen schlagen. Arme Leute! Bewegt von der kleinlichsten, armseligsten, falschesten Ruhmsucht, versteifen sie sich darauf, Paris ihr Gesetz zu diktieren. Die lächerlichsten Leidenschaften versperren ihnen den Weg, und dieser Starrsinn hat ihrer Überlegenheit bereits geschadet. Zehn Meilen vor Paris hätten sie Frankreich die härtesten Bedingungen auferlegen können: Für sie aber dreht sich alles darum, zum Maskenball in die Oper zu gehen und die Säule der Place Vendôme und den Triumphbogen umzustürzen. Die Preußen haben es nötig, die Pariser mit ihrer schwerfälligen Prahlerei zu erniedrigen; die Russen haben es nötig, leichte und elegante Manieren mit nach Hause zurückzunehmen, und dafür muß man tausende von Menschen opfern und die schönsten Länder ruinieren. Die Franzosen, das ist wahr, verdienen durch die Mißachtung, die sie allen Nationen zeigten, daß man ihren Stolz etwas dämpft, aber ist man sicher, dies zu erreichen? Dabei stehen zweifellos die Interessen der Völker auf dem Spiel.

18. Februar 1814

Jeden Tag gibt es neue Erfolge! Zunächst war es Olsufieff, dann Blücher, später, ich weiß nicht mehr wer, und zum Schluß Schwarzenberg, die geschlagen wurden. Er bewegt sich mit einer erstaunlichen Schnelligkeit nach allen Seiten, greift an, schlägt die Alliierten unvorhergesehen und jeden einzeln. Wenn er weiter fortfährt, uns so viele Gefangene zu senden wie heute und gestern, könnte die so riesige feindliche Armee am Ende zusammenschmelzen.

Die Sonne sagte zu Phaeton, als sie ihm ihren Wagen anvertraute: »Steigst du zu hoch hinauf, wirst du die himmlische Wohnstätte verbrennen; steigst du zu tief hinab, wirst du die Erde in Asche verwandeln ... Halte dich zwischen beiden!« –

»Das Beispiel der Lombarden ist denkwürdig. Sie brauchten kein Bündnis. Sie bildeten eine einfache, schlecht organisierte Front, um das Joch des tapfersten und mächtigsten der Kaiser des Abendlandes abzuschütteln. So ist in kleinen Staaten, in denen das Gefühl für das Vaterland noch lebendig ist, die Vaterlandsliebe eine machtvolle Waffe gegen den Despotismus« (Simon de Sismondi). – Welch ein Vorwurf für die Polen!

26. Februar 1814

Wenn Seine Majestät den Kopf aus der Schinge zieht, so wäre es wirklich gegen die ganze Welt, und sie würde es nur sich selbst zu verdanken haben! Riesige Kräfte kamen, um ihn an den Toren von Paris zu bedrohen. Er aber hatte kaum mehr Truppen, und die Wünsche des ganzen Volkes richteten sich auf seinen Sturz und seinen Tod. Indes erreichte er große Erfolge gegenüber dem Feind, der sich in Hast zurückzieht. Seine Armee wächst, das Volk trägt dazu bei, die Feinde zu vertreiben und zu vernichten. Man wird ihn vielleicht noch mächtiger, noch despotischer erleben.

1. März 1814

Während der Kaiser dabei war, den Fürsten Schwarzenberg zu verfolgen, der sich auf Troyes zurückgezogen hat, erschien Blücher bei Meaux, zehn Meilen vor Paris. Paris ist in Aufruhr.

3. März 1814

Man ist immer noch in Ungewißheit über die Absichten der Koalition bezüglich der Bourbonen. Auch weiß niemand, ob Bernadotte bei der Armee ist. Das Volk ist verzweifelt über das Benehmen der feindlichen Truppen, das in vielem an Menschen voller Hinterlist denken läßt. Man sagt, ihre verrückte Dreistigkeit werde ihnen Schwierigkeiten bereiten; trotzdem sehe ich nicht, wie man sie aufhalten könnte, wenn sie mit Vorsicht vorgehen.

Es scheint sicher, daß die Alliierten sich nicht um die Interessen der Bourbonen kümmern. Dadurch zwingen sie die Franzosen, sich um den Kaiser zu scharen: Er allein dient seinem Volk als Sammelpunkt. So haben sie ihm einen großen Dienst geleistet, denn weder Stärke noch List hätten ihm je so viele Soldaten einbringen können, wie das wenig großzügige Benehmen der alliierten Mächte oder ihre Uneinigkeit. Nachdem sie von einem Teil des französischen Bodens, den sie besetzt hatten, vertrieben waren, erfuhr man, begierig, ihre Absichten kennenzulernen, nichts Erfreuliches über die Zukunft Frankreichs. Auch war geplündert und verwüstet worden.

7. März 1814

Äußerst strenge Dekrete fordern die ganze Bevölkerung Frankreichs auf, die Waffen zu ergreifen, und verpflichten die Behörden, mit äußerster Härte gegen die Bürgermeister vorzugehen, die Hindernisse in den Weg legen.

Die Österreicher zeigen mehr und mehr die Schlappheit ihrer Haltung; zugleich weiß man nichts über die Haltung Bernadottes.

Herr Regnault de Saint-Jean d'Angély ist ebenso geizig wie Madame Regnault leichtsinnig, und beide haben ihren Stolz. Sehen wir auf welche Weise. Die Frau Gräfin hatte das Verlangen nach einem sehr schönen Perlencollier, für das man 30.000 Franken forderte. Ihr Liebhaber, ein Lieferant, der ein großer Herr geworden war, wollte ihr eine Huldigung erweisen, was aber nicht möglich war, ohne den Anstand und das Zartgefühl des Grafen zu verletzen. Der Liebhaber ist ein Mann der Auswege: Er schlägt ihr vor, daß der Graf die Perlen kauft, aber nur die Hälfte bezahlt, und er selbst dann den Rest übernimmt.

Der Plan wird angenommen. Die Gräfin drängt den Grafen, der Graf gibt vor, erstaunt über den niedrigen Preis zu sein, und kauft die Perlen, um seiner Gattin zu gefallen. Er kauft beide Reihen, gibt ihr aber nur eine und verkauft die andere für 15.000 Franken weiter. Auf diese Weise hat die Gräfin das halbe Collier; der Graf hat seine 15.000 Franken behalten und seine Ehre; nur der Liebhaber wurde betrogen, aber er wollte es nicht anders.

10. März 1814

Ein Bürgermeister erstattet dem Kaiser Bericht. Er meldet, daß die Bauern sechs verwundete russische Gefangene in einen brennenden Ofen geworfen haben. Der Kaiser bezeugt seine Zufriedenheit. Dies berichtete mir Herr de Lavoistine; er behauptete, zugegen gewesen zu sein, als der Bericht dem Kaiser erstattet wurde.

Inmitten des Tobens der Parteien kommt man nicht dazu, die Wahrheit zu entdecken. Was mich betrifft, so glaube ich, daß sich der Kaiser nach einem langen Kampf retten und daß Frankreich in das größte Elend getaucht wird.

Am 7. trug der Kaiser einige Erfolge bei Craonne davon. Am 9. wurde er bei Laon geschlagen, und nach Angaben der Franzosen, die am Gefecht teilnahmen, hat er 45 Geschütze verloren. Am 13. nahm er bei Reims Geschütze und Gefangene. Die Österreicher fürchten allem Anschein nach, die Macht des Kaisers zu zerschlagen und gehen nur zögernd vor. Er hat die Österreicher nicht mehr zu fürchten. Vielleicht wird er mit den anderen fertig.

Ja, er wird sich aus der Schlinge ziehen, aber das Unglück, das Frankreich befallen hat, kann sich noch einige Zeit hinziehen. Welche Verwicklungen zeichnen sich für die Zukunft ab! Wie wird man sich darüber einigen können, was abgenommen, was zurückgegeben, was behalten werden muß? ... Sie werden sich herumstreiten, das kann nicht ausbleiben. Mein armes Land! Welches Los erwartet Polen?

Um Frankreich zu verteidigen, gibt es:
die Kohorten der Nationalgarden der Städte
die Nationalgarden der Departements
die aktiven Legionen der Departements

die Kohorten der Grenadiere
die städtischen Kohorten
die besonderen Kohorten
die Legionen der Arrondissements
die gemischten Kohorten.

Alle tragen das Zeugnis ihrer Liebe und Ergebenheit an den Fuß des Thrones Ihrer Majestät der Kaiserin und Regentin. Aber ich glaube nicht, daß all das zusammen soviel wert ist wie *ein* Bataillon der alten Garde.

Wie soll ich das Herz eines anderen kennen, wenn ich mein eigenes nicht kenne? – Ich habe jenen Mann gesehen, der so wenig dazu geschaffen ist, mit seinem Gesicht eines Negers und seinen fünfzig Jahren Liebe zu erwecken; der keinen anderen Vorzug hat als seine riesenhafte Größe, seine dicken Waden und den Ruf eines Herkules. Ich habe jenen Lima gesehen, ihren ehemaligen Liebhaber, und meine Wut ist von neuem entbrannt. Bis jetzt habe ich nur die Leiden der Liebe gekannt. Das Glück, den Gegenstand seiner Liebe zu schätzen, das habe ich bisher nicht gekannt.

19. März 1814

Heute ist der Namenstag von Josephine Czartoryska. Der Teufel möge sie holen!

24. März 1814

Der Kaiser verfolgt die Österreicher in der Gegend von Troyes, während das Korps von Blücher zum dritten Mal in Meaux erschienen ist. Seine Majestät ist in schlechterer Lage denn je, aber ich glaube noch immer, daß er sich herausziehen wird, vorausgesetzt, daß die Österreicher sich nicht zu entschlossenem Handeln entschließen. Der Kaiser hat mit ihrer Verfolgung in gewisser Weise bewiesen, daß er sich nicht auf sie verlassen kann. Vielleicht ist es eine Falle, vielleicht ist es verabredet. Es ist schwer, sich ein Urteil zu bilden.

26. März 1814

Das »Journal de l'Empire« von heute ist erstaunlich und erschreckend zugleich: Man spricht von der Verteidigung von Paris wie von einem festliegenden Plan. Es sieht so aus, als ob man nicht mehr daran glaube, sich retten zu können. – Hier das Gequatsche, das ich gerade in dieser Zeitung gelesen habe: »Die Bürger aller Klassen sind entschlossen, den Feind energisch zu bekämpfen und die regulären Truppen zu unterstützen, die sich im Falle eines Angriffs sofort zur Verteidigung von Paris vereinigen werden. Der größte Teil der Bewohner der Vorstädte setzt sich aus ehemaligen Soldaten aller Waffengattungen zusammen. Die Eroberung einer einzigen Vorstadt würde für die Armee, die sie unternehmen sollte, die Vernichtung ...« Es folgen Auszüge aus einer englischen Zeitung, zusammengestellt, um die Pariser zu erschrecken und sie mit Furcht vor dem Eintreffen des Feindes zu erfüllen.

Die verbündeten Monarchen vor Paris
Gemälde von Zippel

27. März 1814

Die ganze Nationalgarde versammelte sich heute auf der Place Vendôme. Die zwölf Legionen umfassen insgesamt 15.000 Mann. Ich habe mir die Mühe gemacht, die des Herrn Regnault Saint-Jean d'Angély zu zählen: sie ist 1500 Mann stark, die des Herzogs von Cadore erschien mir noch stärker, die dritte umfaßte dagegen nur 1100, eine weitere 800 Mann. Sie sehen gut aus, aber das will nicht viel sagen.

Man versteht von den Manövern des Kaisers nichts mehr. Er scheint Paris im Stich zu lassen, um nach Nancy zu marschieren. Es ist sicher ein kühnes Projekt, das er im Sinn hat. Er verläßt sich noch immer auf sein Glück, einen glücklichen Zufall.

29. März 1814

Die Kaiserin ist um halb 11 Uhr vormittags abgereist, ebenso die Kaiserin Josephine, die Königin von Holland, viele Senatoren, der Erzkanzler etc. Madame la Mère wurde von Schmährufen begleitet und man schrie: »Die Canaille geht weg.«

30. März 1814

10 Uhr vormittags: Man kämpft an den Toren von Paris; man hört die Kanonen sehr deutlich und selbst Gewehrschüsse. Ein Teil der Nationalgarde und eine kleine Reserve der Infanterie sind vor meinen Fenstern auf der Place Vendôme. Viele von ihnen sind besoffen und spielen die Helden. Das läßt nichts Gutes ahnen. Der Graf Regnault spielt den Tapferen. Das ist lächerlich und steht ihm schlecht an. Vorgestern wurde er mit dem Stock verprügelt.

Um 1 Uhr war ich mit dem General Pac und seinem Adjutanten auf den Höhen von Belleville, hinter dem Schutzwall. Der Feind griff mit voller Kraft zu unserer Linken an, stieß aber auf Widerstand. Eine Hundertschaft unserer polnischen Lanzenreiter der Garde ritt in die Ebene hinunter; sie griffen mit bewundernswertem Mut eine Schützeneinheit an und schlugen sie in die Flucht. Dann wurde unsere Höhe angegriffen; man bot kaum Widerstand. Pac, der zu Fuß war und überdies am Arm verwundet ist, hatte Mühe, den Truppen in ihrer Flucht zu folgen; wir waren entschieden die letzten, welche die Straße erreichten. Erst als wir in einer gewissen Entfernung waren, schoß man auf uns. Hätte man eher damit begonnen, wären wir wahrscheinlich getroffen worden, der eine wie der andere.

5 Uhr nachmittags: Auf meinem Platz macht man einen Höllenlärm. Man brüllt »Vive!«, ich weiß nicht wer und für wen.

Es sind Unterhändler.

Kurz vor Mitternacht ist alles ruhig in Paris.

Der Kaiser sprach letzthin mit jemandem, bei dem der Fürst

Schwarzenberg einquartiert war. Er sagte ihm: »wenn er noch von mir spricht, sagen Sie ihm, daß ich Krieg führe, weil es mir Spaß macht.«

31. März 1814

Paris ist trübselig: kein Wagen, kein Mensch zu Pferd. Nichts als Nationalgarde und Pöbel. Die Händler, die nicht warten konnten, bis der Feind da und eine andere Regierung proklamiert ist, haben ihre Schilder mit den Namen und Wappen des Kaisers oder eines verbündeten Königs oder Fürsten bereits weggeworfen. Wieviel Gemeinheit! – Ich weiß noch nichts über ihren Einzug, aber es scheint sicher, daß die Kapitulation angenommen wurde. Es gibt nicht einen Soldaten in der Stadt, nur russische Offiziere laufen durch die Straßen.

Um halb 1 Uhr begannen die Alliierten zu defilieren, es dauerte bis 4 Uhr. Es waren Russen, Preußen, wenig Österreicher und ein württembergisches Regiment. Der König von Preußen und der Kaiser von Rußland, begleitet von ihren Brüdern und einem zahlreichen Gefolge, kamen kurz hinter der Vorhut. Die Infanterie defilierte in halben Kompanien, die Kavallerie in Zehnerreihen. Es waren 50.000 Mann, die vorbeizogen, mir schienen es doppelt soviele. Die Franzosen zeigten viel Niedrigkeit des Charakters: Ich meine nicht die Ehemaligen, die in der Hoffnung, ihre alten Könige wiederzusehen, diejenigen mit Wohlwollen empfingen, die sie zurückführen sollen, sondern die anderen, die auf niedrige Weise ihren Besiegern zujubelten. Nur selten hörte man den Ruf »Es lebe der König«; alles rief »Es lebe der Kaiser Alexander, es leben die Alliierten!«

Fingerle übertraf alle anderen im Applaudieren, mit Kokarde, Taschentuch-in-der-Luft und Rufen. Von den Adligen sah ich die Herren de Talmon, Archambeau de Périgord, de Dolomieu mit weißen Kokarden. Man behauptet, daß der Baron de Montmorency und Herr de Choiseul (nicht Choiseul de Praslin) sie sich auch angesteckt hätten. Am erstaunlichsten ist, daß Herr von Talleyrand sie sich als einer der ersten ansteckte: Es ist sein erster weißer Fleck, sagt man. Ich hörte den Großfürsten Konstantin rufen »Es lebe der König!«

Um 5 Uhr, als ich nach Hause kam, fand ich an der Place de Vendôme eine riesige Menschenmenge damit beschäftigt, das

Standbild des Kaisers von der Spitze der Säule herunterzustürzen. Man hatte ihm einen Strick um den Hals gelegt, und nachdem sie ihn auf tausend Arten geschmäht hatten, machten sie sich daran, mit aller Kraft zu ziehen. Trotz des Stricks, der Hammerschläge und der Brecheisen hielt er stand. Die Nacht überraschte die so Beschäftigten, und sie mußten für heute von ihrem Werk ablassen. Wieder war es Fingerle, der den Pöbel anspornte.

7. April 1814

Ein Mitglied der Nationalgarde, gefolgt vom Pöbel, rennt durch die Straßen und brüllt »Es lebe Ludwig XVIII.!« Das Volk stimmt ein. Die Zahl derer, die weiße Kokarden tragen, ist jedoch nicht sehr groß.

Die Aufrufe lassen ahnen, daß die Bourbonen keinen Zweifel an ihrer Rückkehr haben; man spricht allerdings kaum in positiver Weise darüber. Man versichert, der Senat bliebe erhalten und werde damit beauftragt, eine provisorische Regierung zu organisieren. –

Marmont hatte nur 800 Mann vor Paris, Mortier annähernd 5000, und mit einem weiteren General, der sich mit ihnen vereinigt hatte, verfügten sie insgesamt über ungefähr 9000 Mann.

Am 15. hatte man Napoleon noch Frieden angeboten. Ermutigt durch seine kleinen Erfolge über Blücher lehnte er ab, indem er Caulincourt empfahl, die Verhandlungen in die Länge zu ziehen. Der Kaiser von Österreich, verdrossen über eine solche Verblendung, gab nun endlich auch seinerseits der Koalition die Zügel frei. Sein Sturz ist sein eigenes Werk, genauso wie seine Erhebung, der Ruhm der französischen Armee, ihre Schande und zuletzt der Haß der Völker.

Herr de Caulincourt war hier beim Kaiser Alexander, um ihm die gute Stadt Paris im Namen des Kaisers Napoleon zu empfehlen. Der Kaiser antwortete: »Möge Bonaparte nicht beunruhigt sein, Paris wird nichts Unerfreuliches zustoßen; ich übernehme dafür die Verantwortung.« Mir wäre es lieber gewesen, er hätte gesagt: »Bonaparte und Paris werden in Zukunft nichts mehr miteinander zu tun haben.«

Wenn Alexander den Franzosen ihre alten Grenzen und ihre alte Dynastie zurückgibt, wenn er Plünderung und Zerstörung verhindert, wenn er dieses unglückliche, bereits ruinierte

Land nicht mit neuen Abgaben belastet und eine neue Regierung gefestigt ist ... er wäre ein Halbgott, der die Liebe der Franzosen und die Bewunderung der ganzen Welt verdiente.

Es gibt einen Aufruf des Kaisers Alexander, auch im Namen der alliierten Mächte, der Berge von Wundern verspricht und ziemlich klar von den Bourbonen handelt, ohne allerdings ihren Namen zu nennen. Der Kaiser Napoleon wird Bonaparte genannt. Man lädt den Senat ein, sich zu versammeln, um eine provisorische Regierung zu bilden und Frankreich eine Verfassung zu geben.

Der Kaiser Alexander hat sich geweigert, in den Tuilerien zu wohnen, weil diese Wohung für jemand anderen bestimmt sei. Er hat sich bei Herrn von Talleyrand einquartiert. Dieser hat entschieden seine Weste umgekehrt.

Ein weiterer Aufruf, ebenfalls an die Mauern geklebt, aber nicht unterzeichnet, gibt vor, die Stimme der Pariser zu sein. Er fordert alle Franzosen auf, dem Beispiel von Bordeaux, Lyon etc. zu folgen und sich als Herrscher einen Nachkommen Heinrichs IV. zu geben.

Paris ist mit Aufrufen überschwemmt, die des Bürgermeisters von Paris und die des Bürgermeisters von Bordeaux, Lynch, sind die stärksten. – Es gibt auch einen des Königs und einen des Grafen von Artois.

In der letzten Nacht wurden fast alle Aufrufe abgerissen: Napoleon hat noch eifrige Anhänger in Paris. Ich hörte eine Reihe von Personen rufen »Es lebe der Kaiser!«, »Es lebe Marie Louise!« Aber ich sah auch viele, die ihm alles verdanken und die jetzt Wert darauf legen, als Anhänger der Bourbonen zu gelten. Ich will nicht sagen, daß sie nicht fortwährend gegen ihn geschrien hätten, dennoch, glaube ich, wäre es schöner gewesen, hätten sie ein wenig Gefühl gezeigt und ihn in seinem Unglück bedauert. Man muß zugeben, daß er viele französische »citoyens« verärgert hat. Behandelte er sie nicht wie Hunde?

»Die provisorische Regierung ist geregelt. Herr von Talleyrand Präsident, dazu Herr Jaucourt, der Herzog von Dalberg, der General Beurnonville, der Abbé de Montesquiou. – Ich liebe Dich und umarme Dich tausendmal. – Es ist der Kaiser von Rußland der diese fünf Persönlichkeiten forderte. – Die Wahl des Abbé de Montesquiou wurde allgemein gebilligt, aber was die anderen betrifft: Herr von Dalberg ist Ausländer, und die

Herren de Jaucourt und Beurnonville sind Männer der Revolution. Man weiß, was Herr von Talleyrand ist. – Fanny.«

Der Senat setzt sich wie folgt zusammen:

a unfähige Generäle: L'Espinasse, Vaubois

b Invaliden: die Marschälle Kellermann und Serrurié, der General Valence

c Persönlichkeiten der Revolution, von denen der Kaiser glaubte, sie schonen zu müssen: Cochon (Graf von Laparant), Garrat, Sicis, Roger Ducos, Grégoire, Lanjouiné, Pontécoulant, François de Neufchateau, Garant Coulon (der Vater von Madame Maliszewska)

d Gelehrte: Monge, Chaptal, Fontans, Berthelot, Laplace

e einige große Herren, um der Körperschaft Glanz zu verleihen: der Herzog von Arnberg, der Herzog von Dalberg, Schimmelpenninck, Mérode, Vaudedem, St. Marsan

f einige treu Ergebene, um den Ton zu bestimmen: Duroc, Montesquiou, Ségur

g einige Verwandte der Marschälle und Fürsten: Lajéas (der Vater von Mme. de Montebello), Sémonvilée.

Man rügt allgemein den Senat, der sich nur mit dem Einkommen der Senatoren beschäftigte, und immer nur mit den Einkommen. Der Senat flößt allen eine tiefe Verachtung ein. Die Männer der Revolution beginnen, ihre Stimmen zu erheben. In der heutigen Sitzung entglitten Grégoire Äußerungen, die seinen geringen Respekt vor der Monarchie bekunden. Warum beeilt man sich nicht, den König kommen zu lassen? Ich fürchte, daß daraus noch eine Revolution wird. Die Armeen der Alliierten tragen dazu bei, eine solche zu beschleunigen. Wenn die Gemüter sich noch mehr erhitzen, würde es ein Blutvergießen vergrößern. Ich zittere für dieses arme Frankreich. In Frankreich gibt es noch immer genügend Schurken, die sich während der eisernen Herrschaft von Napoleon bloß aus Angst zurückgehalten haben.

Napoleon ist immer noch in Fontainebleau. Die Kaiserin hat mit einem Dekret den Senat aufgelöst und außerhalb des Gesetzes gestellt. Herr de Montalivet, der Innenminister, leitete heute dieses Dokument dem Senat zu. Es ist höchste Zeit!

Man nennt die Senatoren »Pères manans«[42] und die Verfassung eine Verfassung der Renten.

Das »Journal de l'Empire« hat seinen alten Namen »Journal

des Débats« wieder angenommen. Seine ehemalige Majestät in Bronze wurde gestern von der Säule heruntergestürzt.

Pius VII. an Kardinal Maury, 5. November 1810: »Inzwischen werden wir nicht aufhören, an den guten Gott, an Gott den Allmächtigen inbrünstige Gebete zu richten, daß Er geruhe, die mit solcher Wut gegen das Schiff Petri entfesselten Stürme mit einem Wort zu beruhigen, und daß Er uns endlich an die so ersehnten Ufer bringe, wo wir uns frei den Aufgaben unseres Amtes werden widmen können.« Ich glaube, einen Inka, einen Brahma, einen Hohenpriester, einen großen Affen, eine Sibylle, einen Derwisch, einen Kapuziner zu sehen: mit einem Wort alles, was die Sekten an Lächerlichkeit hervorgebracht haben. Die Mode wird uns vielleicht bald heilig werden lassen, und man wird es für schlechten Geschmack halten, nicht an all die Possen unserer Religion zu glauben, so wie man vor sieben oder acht Jahren fand, das Gegenteil zeuge von schlechtem Geschmack.*

11. April 1814

Ich wäre höchst erstaunt, wenn Frankreich heil davonkommt. Im Senat sitzen viele Persönlichkeiten der Revolution oder aber durchweg unfähige Leute. Sie zittern, sich unter das Zepter beugen zu müssen, und noch mehr, wieder unter den alten Adel zu kommen. Der Adel wird sich beeilen, seine Vermögen, die durch tausend Hände gegangen sind, wiederzuerlangen, aber man wird sie nur mit viel Ungerechtigkeit und Gefahr den heutigen Besitzern abnehmen können. Nur wenige werden gemäßigt genug sein, um sich nicht in demütigender Weise an den weniger adligen, aber viel mächtigeren Emporkömmlingen zu rächen. Der König wird von Adligen umgeben sein; sie werden ihn beraten, und schwach, wie er sich in der letzten Revolution gezeigt hat, wird er ihre Ansichten teilen, ohne wirkliche Maßnahmen zur kraftvollen Stärkung seiner Partei zu ergreifen.

Die Armee ist demoralisiert und undiszipliniert. Die Marschälle werden nicht versäumen, diese Armee, die sie zu Sieg und Plünderei geführt haben, für sich zu gewinnen. Die Truppen sind gewöhnt, in ihrem Herrscher den Chef der Armee zu sehen, d.h. den im Kriegshandwerk Fähigsten. Weder angestammte legitime Rechte noch der alte Adel ihres Königs werden in den Augen dieser Soldaten, dieser Glücksritter, Gültigkeit haben, und es wird schwer möglich sein, ihrer Habsucht und ihrem Stolz Fesseln anzulegen, ohne ihre Unzufriedenheit und Auflehnung zu wecken.

Nicht oft habe ich richtig vorausgesehen. Warten wir ab, was aus dieser Prophezeiung wird!

Das Fest gestern war sehr schön, ein Tedeum der Russen. Die Herren Marschälle haben daran teilgenommen, um Gott zu danken, daß sie geschlagen wurden. Der Platz Ludwigs XIV. war voller Truppen. In der Mitte hatte man einen Altar ausgebaut, vor dem ein Bischof die Messe las. Die Zeremonie wurde mit Abfeuern von hundert Kanonenschüssen beendet.

Als Bonaparte Ludwig XVIII. vorschlug abzudanken, antwortete dieser folgendermaßen: »Ich verwechsele Herrn Bonaparte nicht mit denen, die ihm vorausgingen. Ich schätze seinen Mut, seine militärischen Talente. Ich bin ihm dankbar für einige administrative Leistungen, denn das Gute, das man für mein Volk tut, wird mir immer teuer sein. Aber er täuscht sich, wenn er glaubt, mich verpflichten zu können, auf meine Rechte zu verzichten ... Ich kenne nicht die Absichten Gottes für mich und mein Volk, aber ich kenne die Verpflichtungen, die Er mir auferlegt hat: als Christ werde ich die Pflichten bis zu meinem letzten Atemzug erfüllen; als Sohn des heiligen Ludwig werde ich wissen, mich ebenso wie dieser in Ehren zu halten, selbst in Fesseln; als Nachfolger Franz I. will ich mit diesem immer sagen können: Alles ist verloren, nur nicht die Ehre« (Mitau 1802). Welch edle Sprache, väterlich, fromm und erhaben zugleich!

12. April 1814

Der Graf von Artois, der Bruder des Königs, ist heute in Paris eingezogen. Man kann nicht besser empfangen werden.

Man brüllt »Zum Henker« gegen den Senat, und ich finde man hat recht. Die »ewigen Rüpel« haben es abgelehnt, den Bruder ihres Königs freundlich zu begrüßen. Sie glaubten, damit gegen ihre Ehre zu verstoßen – als ob sie eine hätten!

14. April 1814

Gestern in der Nacht ließ Herr von Talleyrand etwa fünfzehn besonders aufsässige Senatoren zu sich kommen. Er setzte ihnen den Kopf zurecht. In der Sitzung von heute war es nur noch Viletard, der zu widersprechen wagte. Danach begab sich der Senat geschlossen zu Monsieur[43], um diesem mitzuteilen, daß er einstimmig zum Präsidenten der provisorischen Regierung ernannt worden sei. Der Erzkanzler nahm als einfacher Senator teil, ebenso die Herren de Ségur, Fouché und Montesquiou. Sie sahen zufrieden aus, hielten sich aber abseits. Monsieur begrüßte sie mit unendlicher Güte. Herr de Ségur, geistlos zu allen Zeichen, murmelte zwischen den Zähnen: »Das ist die Sprache Heinrichs IV.« Darauf Monsieur, der es gehört hatte: »Es ist, weil sein Blut in meinen Adern fließt.« – Beim Verlassen der Tuilerien sagte jemand zu Herrn de Ségur: »Aber Herr de Ségur, ich glaubte, sie wären so eng mit der Familie der Bonaparte verbunden?« »Nein«, sagte er, »es ist dieses Haus, mit dem ich verbunden bin.«

15. April 1814

Der Kaiser von Österreich hielt heute seinen Einzug in Paris. Seine Rolle ist nicht gerade glänzend.

»Les Lys reparaissent en France
Le Sénat est leur jardinier,
S'ils ne prennent pas croissance
ce n'est pas faute de fumier!«

(Die Lilien erscheinen wieder in Frankreich, der Senat ist ihr Gärtner; wenn sie nicht wachsen, so ist es nicht aus Mangel an Mist.)

Der Graf von Artois ist gegen den Willen aller nach Paris gekommen. Die Engländer wollten ihn nicht aus England abreisen lassen. Zunächst verweigerten sie ihm eine Fregatte zur Überfahrt, dann eine Begleitung. Er fragte, ob man ihn als Gefangenen zurückhalte, und daraufhin ließ man ihn reisen. Kaum gelandet, stellten sich ihm neue Hindernisse entgegen: Man verweigerte ihm Postpferde; man verbot, weiße Kokarden anzulegen. Entmutigt rieten die Mitglieder seines Gefolges Monsieur, zurückzukehren: »Man will uns nicht, kehren wir dorthin zurück, woher wir kamen.« Der Graf von Artois blieb fest, und es gelang ihm, das ganze Gebiet Frankreichs, das von Österreichern besetzt war, zu durchqueren. Sobald er unter den Russen war, wurde er ganz anders behandelt, und in

Paris angekommen, wurde sein Mut durch die Art, wie er empfangen wurde, entschädigt.

Der Kaiser von Österreich wollte die Regentschaft seiner Tochter aufrechterhalten, und ohne den verrückten Eigensinn von Napoleon, der durch die Ablehnung dieser Vorschläge die Alliierten zum Handeln zwang, wäre es ihm gelungen. Geschickte Manöver täuschten Napoleon über die Bewegungen eines großen Teiles der alliierten Armeen auf Paris zu. Mit Napoleon im Rücken blieb dieser Armee nichts anderes als von Paris Besitz zu ergreifen, wenn sie sich nicht größeren Gefahren aussetzen wollte. Die alten Adligen, persönlich ermutigt von Alexander, dessen großmütiger Charakter ihn bewog, die Bourbonen wiedereinsetzen zu wollen, die Adligen also steckten die weiße Kokarde an, und die siegreichen Herrscher hielten ihren triumphalen Einzug. Die schandbare Fahnenflucht von Marmont (die man, wenn man will, auch Kapitulation nennen mag), die Ernennung der provisorischen Regierung, die vom Senat erklärte Absetzung Bonapartes: all diese Ereignisse folgten mit solcher Schnelligkeit aufeinander, daß weder der Kaiser von Österreich noch Napoleon Zeit hatten, eine Bremse anzulegen, Gegenmaßnahmen zu ergreifen, sich gegenseitig zu verständigen.

Die Marschälle und die Generäle zögerten nicht, sich gegen ihn zu stellen, und er sah sich gezwungen abzudanken, nicht einmal zugunsten seines Sohnes, wie er es zunächst wollte und wie er es vor der Einnahme von Paris oder gleich danach noch hätte tun können, sondern ohne Einschränkung und bedingungslos. Seither beschäftigte er sich nur noch damit, um seine Revenuen zu feilschen, um einen angenehmen Aufenthaltsort und weitere Bequemlichkeiten des Lebens, wobei er völlige Gleichgültigkeit über seine Zukunft und tatsächliche oder scheinbare Ruhe zeigte. Er erscheint wie ein Schauspieler, der seine kaiserlichen Gewänder wegwirft und damit von der Bühne abtritt.

Kommen wir zurück zum Marschall Marmont. Er trat in Verhandlungen mit dem Feind und teilte seinen Generälen die Absicht mit, die Fahnen Napoleons zu verlassen. Mittlerweile kamen die Marschälle Ney, Macdonald und Caulaincourt vor Paris an, vom Kaiser beauftragt, für ihn zu verhandeln. Marmont wollte an den Verhandlungen teilnehmen und verließ zu diesem Zweck sein Lager. Kurz darauf kam von Napoleon der Befehl an das Korps von Marmont, sich der Großen Armee anzuschließen. Die Generäle des Korps von Marmont, die Rückwirkungen auf den Entschluß ihres Chefs befürchteten, zogen stattdessen den Alliierten entgegen, um sich in deren Arme zu werfen. Bald von allen Seiten umgeben, war die Kapitulation natürlich das einzige, was ihnen blieb; sie wurde von Marmont angenommen und unterzeichnet.

Nach der Schlacht von Arcis am 20. und 21. März entschloß sich Napoleon, auf seine Festungen im Osten zu marschieren, um sowohl seine eigenen Kräfte zu vergrößern als auch die Bewegungen des Feindes zu erschweren. Er konnte sich nicht vorstellen, daß die Feinde es riskieren würden, Paris anzugreifen, solange seine Armee in ihrem Rücken stand. Es war ein kluger Plan, den er vorbereitet hatte. Winzingerode, der den Bewegungen Napoleons folgen sollte und der ein beachtliches Kavalleriekorps und einige tausend Mann Infanterie befehligte, machte Macdonald glauben, er habe die ganze feindliche Armee auf seinen Fersen. Napoleon teilte den Irrtum Macdonalds. Aber während der Kaiser Alexander, der König von Preußen und der Fürst Schwarzenberg ihn in Richtung St. Dizier laufen ließen, schlugen sie die entgegengesetzte Richtung ein und drangen in Eilmärschen auf Paris vor. Der Kaiser Alexander sah seinen Ruhm vor allem in einem triumphalen Einzug in Paris.

Kaum hatte Napoleon die Gefahr erkannt, welche die Hauptstadt bedrohte, ordnete er am 27. März einen Eilmarsch an, um sie zu entsetzen, aber die Spitze seiner Vorhut war noch nicht einmal vier Meilen vor Fontainebleau, als er die Nachricht von der Kapitulation von Paris erhielt. Er begab sich persönlich in ein Dorf ganz nahe bei Paris, aber die Truppen hatten bereits ihre Stellungen und die Stadt aufgegeben; als er sah, daß Paris für ihn verloren war, kehrte er nach Fontainebleau zurück. Er schien sehr niedergeschlagen, und die Truppen waren es nicht weniger. Die Grenadiere der Garde riefen zwar noch »Es lebe der Kaiser«, aber es war nur mit halber Stimme und mit gesenktem Haupt. Er hielt eine feierliche Ansprache, war aber nicht sehr beredt. Er sagte ihnen, daß sie in zwei Tagen Paris angreifen würden und daß noch nichts verloren sei. Die Generäle waren über diesen Plan empört, und

Drouot, General der Artillerie, einer der wenigen, welche die schwierige Kunst beherrschen, zu dienen, ohne in blinden Gehorsam zu fallen, sagte im Dienstraum laut, er werde nie eine Kanone auf Paris richten. Seither nahm der Kaiser wieder sein ruhiges und gleichgültiges Wesen an.

Er führte ein eigenartiges Gespräch mit Victor de Caraman, seinem Ordonnanzoffizier. Kurz nach der Kapitulation von Paris fragte er ihn: »Sind Sie mir ergeben, würden Sie alles tun, was ich Ihnen befehle?« Caraman, etwas verlegen: »Ja, wenn Eure Majestät mir nichts Böses befehlen. Ich habe Ihnen Treue geschworen, und ich werde meinen Eid bis zum letzten Augenblick halten.« »Glauben Sie also«, fragte er ihn, »ich würde den Befehl geben zu morden?« Damit endete das Gespräch.

Ein anderes Mal sagte er: »Man glaubt vielleicht, daß ich noch die Absicht habe, alles durcheinanderzubringen. Ich bin weit davon entfernt, Frankreich jemals Böses antun zu wollen, ganz im Gegenteil. Ich hätte Freude daran, ihm Gutes zu erweisen, selbst wenn ich Ludwig XVIII. dienen müßte. Dieser sollte sich von all den Spitzbuben trennen, die die ersten Plätze besetzen. Ich habe immer Menschen gebraucht, die zu allem fähig waren, aber für ihn ist das nichts.«

22. April 1814

Gestern aß ich bei der Herzogin von Montmorency mit einem Bürger der Vendée und verbrachte den Abend bei Madame de Vaubois mit Herrn Ferrans, dem Neffen des Autors und ebenfalls aus der Vendée. Beide stimmten überein, daß alles in der Vendée, im Poitou und in der Bretagne für eine Revolution vorbereitet war, die Bonaparte vom Thron stürzen und die Bourbonen wieder hätte einsetzen sollen. Seit langem zahlte bei ihnen niemand mehr eine Abgabe, und keiner leistete den Einberufungen Folge. Ihr bevorzugter Ruf blieb immer »Es lebe der König«, »Es lebe der Adel«. Ostermontag war der für den Ausbruch der Revolution bestimmte Tag: Man rechnete damit, 50.000 bewaffnete Männer vereinigen zu können. Man hätte auch drei Monate früher beginnen können, wenn die Vorsicht der Führer die Geister nicht zurückgeschreckt hätte. Sehr schade, daß die Franzosen diesen Wechsel jetzt nicht sich selbst zu verdanken haben, sondern der Großmut von Alexander. Ferrans sagte mir gestern, es sei zu wünschen, daß die

»Konstitution« von Bonaparte – er meinte dessen Gesundheit – nicht besser wäre als die des Senats, weil man sich dann bald von ihm befreit sähe.

Vorgestern ist er auf seine Insel Elba abgereist. In den Wagen steigend, hatte er Tränen in den Augen, und er bedeckte sein Gesicht mit den Händen. Vor der Abfahrt küßte er den Adler seiner Garde und sagte den Soldaten: »Dient Ludwig XVIII., wie Ihr mir gedient habt. Denkt daran, daß es das Vaterland ist, dem man dienen muß, nicht die Person des Herrschers.«

Man könnte von den Franzosen, die gegen Napoleon zetern, sagen, daß es Menschen sind, die in die Luft spucken und denen es auf die Nase zurückfällt. Man könnte es selbst von allen anderen Völkern sagen, denn gibt es ein einziges, das sich nicht unter seine Tyrannei gebeugt hat?

23. April 1814

Ich komme von einer Parade der Polen, die der Kaiser Alexander abnahm. Er hatte den Befehl dem Großfürsten Konstantin übertragen, der ihm Meldung machte. Es waren ungefähr 1000 Mann Infanterie und 1200 Reiter. Das ist alles, was von der polnischen Armee übriggeblieben ist. Nachdem die Truppen an ihm vorübergezogen waren, ließ er die Offiziere einen Kreis bilden. Folgendes habe ich von seiner Ansprache behalten: »Ich habe Sie auf dem Feld der Ehre schätzen gelernt. Unsere beiden Nationen sind dazu geschaffen, sich zu verbrüdern. Habt etwas Vertrauen zu mir, und ich werde mich bemühen, mich dessen würdig zu erweisen. Euer Glück wird jetzt meine erste Sorge sein.« Krukowiecki rief als erster: »Es lebe der Kaiser Alexander!« Einstimmig wurde der Ruf wiederholt. Wir sind wahrhafte Wetterfahnen: Ein Nichts macht uns scheu, ein Nichts beruhigt uns – wir können nicht zur Ruhe kommen. Im Grunde ist das ärgerlich. Das zweite Mal war es der Großfürst Konstantin, der zuerst rief, und der General Krasiński wiederholte seinen Ruf. Der Kaiser sagte ferner: »Die russischen und die polnischen Kommandos sind sich ähnlich. Die polnischen Generäle könnten sehr gut die russischen Truppen befehligen und die russischen die polnischen«.

27. April 1814

Krukowiecki, Sierakowski und Sokolnicki zeichnen sich unter allen Polen aus. Der erste, ein unheilbarer Schwätzer, behauptet, alles selbst getan zu haben, und spricht allen anderen jegliches Verdienst ab; er schreit, tobt, verleumdet. Der zweite spricht viel und schwatzt Unsinn. Sokolnicki schließlich lügt schamlos, behauptet, ein Armeekorps befehligt und auf eigene Kosten ganze Regimenter aufgestellt zu haben, was ihm die Dankbarkeit der Nation eingetragen habe. Der Kaiser Alexander muß sich das alles anhören. Der Prahlhans Krasiński ist mit jedem Tag weniger gut am Hof angesehen; Alexander widmete ihm nur am ersten Tag einige Höflichkeiten. Der schlaue Dąbrowski dagegen ist von einer Mäßigung, die durch nichts zu erschüttern ist. Ihm scheinen die Russen die größte Achtung zu erweisen. Ungeschickt im Auftreten, macht er die geschicktesten Bemerkungen.

Der Fürst Adam Czartoryski ist hier: Man behauptet, er kümmere sich um Polen. Der Kaiser behandelt ihn mit sehr viel Rücksicht, und die Polen antichambrieren bei ihm.

28. April 1814

Gern würde ich mich darüber mokieren, was andere von mir denken. Im Grunde lasse ich mich nicht allzu sehr beeinflussen, aber Mißbilligung reizt meine Nerven.

4. Mai 1814

Der König von Frankreich hielt gestern seinen Einzug in Paris. Es war sehr glanzvoll. Er hat Unrecht, die Verfassung zu vertagen: Er müßte sie innerhalb der nächsten acht Tage umarbeiten, sich krönen lassen, und das alles so schnell wie möglich; durch sein Zögern kann sich die Unruhe leicht ausbreiten. Der Fehlbetrag in der Staatskasse, die Abgaben (falls die alliierten Mächte wirklich entschlossen sind, sie zu erheben), der Geist der Aufsässigkeit, der in einem guten Teil der Armee und vor allem bei der Garde herrscht: all das ist nicht gerade dienlich, das Geschehen in Frankreich zu beruhigen. Die Franzosen stöhnen darüber, Ausländer auf ihrem Boden zu sehen. Diese Nation wird die Demütigung nicht so lange erdulden wie andere, denn die Franzosen lieben den Ruhm, und sie sehen ihn angeschwärzt. Ihr Mut rebelliert gegen die Beschränkungen, die man ihnen auferlegt. Überall sieht man Duelle, im Palais Royal, im Bois de Boulogne. Gestern in der Nacht schleppte sich ein russischer Soldat vor meine Tür; er war durch und durch von einem Bajonett durchbohrt. Man weiß nicht, wer sein Mörder war.

Das Feuerwerk war sehr schön, ebenso die Beleuchtung; das am 15. August letzten Jahres war allerdings noch schöner. Alles was Napoleon tat, alles was von ihm ausging, hatte Charakter – Größe würde ich nicht unbedingt sagen.

»Die Erfahrung kann das Einzelwesen bessern, bessert aber nie die Völker« Duclos.

Ich reiste am 12. Mai, Donnerstag, um 5 Uhr nachmittags aus Paris ab und kam am 14. um 8 Uhr morgens in Calais an; aus Calais am 15. um 8 Uhr morgens abgefahren, in Dover um die Mittagszeit das Schiff verlassen. Ich dachte auf der Überfahrt, ich würde meine Seele ausspeien. In Dover am 16. um 4 Uhr nachmittags abgefahren, in London am 17. um 8 Uhr morgens angekommen. Im Vorbeifahren sah ich die Kathedrale von Canterbury, die großartig ist.

London, 22. Mai 1814

Ich muß zu meiner Schande gestehen, daß ich in Fanny so verliebt bin, daß ich den Verstand verlieren könnte. Ich reiste mit dem festen Entschluß ab, nach Polen zu gehen: Ich habe nicht die Kraft dazu! Ich bin voller Unruhe und Ungeduld, was mein Blut zu Feuer werden läßt. Ich reise also zurück, um sie wiederzutreffen, denn ich kann ohne sie nicht existieren. Mit Freuden würde ich alles hergeben, was ich besitze, um in ihren Armen zu sein ... Sie ist vielleicht in denen eines anderen! Oh Qual! Wie wird sie geliebt, und wie wenig verdient sie es! Sie liebt mich so wenig. Mir nachlaufen, mir bis ans andere Ende der Welt folgen: das wäre, wie sie sich verhalten sollte ... In diesem Augenblick existieren für mich weder Besitz noch Freunde oder Verwandte: Ich sehe nur Fanny, meine Fanny!

In London gibt es Dinge von so gewaltigen Ausmaßen, daß man davon ganz betäubt ist; dazu gehört die Brauerei von Meaux (man spricht es Miuxe aus). Man stellt dort tausend Fässer Bier pro Tag her, was 50.000 Schilling in die Kasse des

Besitzers fließen läßt (es sind ungefähr genau soviel Franken). Es gibt Lagerräume, die 17.000 Fässer fassen. Die Maschinen werden mit Dampf betrieben und sind von einer Sauberkeit, die des Salons einer kleinen Mätresse würdig wäre. Alles ist aus Eisen. Fünfzig Pferde von enormer Größe sind nur damit beschäftigt, das Bier in die Stadt zu bringen; der Preis eines solchen Pferdes beläuft sich auf 70 Pfund Sterling. Sie haben einen prachtvollen Stall und werden mit großer Reinlichkeit gehalten.

Auch der Hafen für Handelsschiffe und die Lagerhäuser sind unendlich groß. Das Arsenal enthält so viel, daß man damit 200.000 Mann bewaffnen könnte. Die Waffen sind mit viel Geschmack geordnet.

Beim letzten Pferderennen verlor ein Mylord 25.000 Pfund Sterling. Er jagte sich dann allerdings auch eine Kugel in den Kopf.

Paris, 26. Mai 1814

Ich fuhr um 9 Uhr abends in London ab und kam um 11 Uhr vormittags in Dover an. Das Wetter war schlecht, das Meer sehr stürmisch, aber meine Ungeduld erlaubte mir nicht, meine Reise auf einen anderen Tag zu verschieben. Ich schiffte mich sofort ein. Der Passagierdampfer war klein und die Wellen überspülten das Schiff in Höhe unserer Köpfe. Wir waren bis auf die Knochen durchnäßt. Die Kälte war empfindlich. Denkt euch das Erbrechen hinzu, und ihr werdet euch einen Begriff machen, wie ich gelitten habe. Nach dreieinhalb Stunden äußerst beschwerlicher Seefahrt landete ich in Calais, mit grenzenloser Freude, mich endlich auf einem Boden zu befinden, der sich nicht bewegte. Am 25. fuhr ich um halb 4 Uhr morgens von Calais ab und kam heute um halb 5 Uhr nachmittags in Paris an.

27. Mai 1814

Damas ist ein guter Schauspieler, allerdings legt er so viel Eifer in sein Spiel, daß ihm an den Stellen, die das meiste abverlangen, als letzte Reserven nur noch Brüllen, krampfhafte Bewegungen und Grimassen übrig bleiben, die eher peinlich wirken. Heute im »Dissipateur« war er so verzweifelt über den Verlust seines Vermögens, daß es ihm unmöglich war, eine noch lebhaftere Trauer anzudeuten, als sein Diener ihm den Untergang des Schiffes meldete; und als Fräulein Mars, das unvergleichliche Fräulein Mars kam, um ihm zu sagen, daß sie ihm treu geblieben und sein Vermögen gerettet sei, hatte er überhaupt keinen Atem mehr, um sich zu freuen.

28. Mai 1814

Die Polen haben einen neuen Schwindelanfall. Alexander spricht mit ihnen, streichelt sie, tanzt mit den polnischen Damen, machte vage Hoffnungen über ein Polen ... man weiß nicht welches, und schon erhebt man ihn in die Wolken als den Erneuerer der Ehre und des Glückes des Vaterlandes. Der Kaiser und der Großfürst Konstantin sind die Idole der Nation. Am meisten besessen sind die Fürstin Jabłonowska, Madame Abramowicz und einige polnische Militärs, die sich hier befinden.

Was für eine Gemeinheit! Vor drei Monaten bat man um die Pensionen und empfing sie – vom Kaiser Napoleon. Die Fürstin Jabłonowska erhielt für die Kinder ihrer Schwester 300 Franken im Monat. Die junge Fürstin Gedroic war Hofdame der Kaiserin Josephine und konnte es nicht ertragen, wenn jemand in seiner Bewunderung für Napoleon, in seiner Abneigung gegen die Russen gedämpft war; man mußte sich wie sie gebärden oder war ein Verräter. Abramowicz wurde durch den Herzog von Bassano besonders begünstigt und erhielt Wohltaten von Napoleon. *Heute* kennt die Fürstin Jabłonowska keine Grenzen in ihrem Lob für den Kaiser Alexander und für den Großfürsten; sie gebärdet sich wie eine Verrückte. Aber verzeihen wir ihr: es ist nicht Niedrigkeit, es ist Leichtsinn. Madame Abramowicz und die kleine Gedroic treiben es schlimmer; die eine hat ihren Mann sogar die Uniform eines russischen Kammerherrn anziehen lassen. Die Fürstin Jabłonowska gibt Bälle, sie, die nichts zum Leben hat. Sie sind zu Ehren des Großfürsten und des Kaisers Alexander, die geruhen zu kommen. Welch gesinnungslose Menschen! Der Stolz kann sich nicht gegen Vorteile und Selbstgefälligkeit behaupten.

Nein, ich werde nie unterwürfig sein. Ich werde mich nur von der Regierung Polens bezahlen lassen, von einem unabhängigen Polen und einer Regierung, deren Zusammensetzung für Polen nicht ehrlos sein darf. Wäre ich vernünftig, würde ich mich nicht einmal von einer solchen Regierung bezahlen lassen, sondern fern von jedem Hof die Güter, die der Himmel mir gegeben hat, genießen.*

In einem Brief, den ich an Eduard schrieb, fand ich das Folgende über die Polen, was mir nicht so dumm erscheint, und so will ich es abschreiben: »Die Köpfe haben sich vollkommen gewendet. Das Glück, die Größe erwarten wir jetzt vom Kaiser von Rußland. Wir werden ein neuerliches Ungeheuer entstehen sehen, dessen Namen und Gestalt ich noch nicht kenne, aber man kündigt es uns als ein Meisterwerk der Weisheit und der Gunst an. Wir werden dafür bezahlt, um an solche Versprechungen zu glauben, ebenso wie diejenigen, die sie uns machen. Kein Mensch wünscht sich die Ruhe mehr als ich; es wird mir leicht fallen, mich mit aller Resignation dem zu unterwerfen, was das Schicksal uns bereitet, warum aber immer die Fassung verlieren? Übertreibungen, die, wenn nicht verachtenswert, so doch lächerlich sind, nachgeben? Du kannst Dir keine Vorstellung machen von all der Freude, all dem Glück der hiesigen Polen.«

Unterhaltung des Kaisers Napoleon mit Herrn de Monbreton, bevor er sich nach der Insel Elba einschiffte (er trug Zivil und das Kreuz Maria Theresias). Der Kaiser: »Es ist viel geschehen, seit wir uns nicht mehr gesehen haben« (Pause); »Waren Sie nicht erstaunt, mich so zu sehen?« (auf seinen Anzug hinweisend). Herr de M.: »Ich würde Sie lieber in Ihrer alten Uniform sehen.« Der Kaiser: »Man wollte mich ermorden ... Um ein Haar wäre ich ermordet worden. – Ich beging drei Hauptfehler: Bei Prag keinen Frieden geschlossen, diesen Abstecher nach St. Dizier gemacht und mich auf die Generäle und auf die Armee verlassen zu haben. Ohne diesen Lumpen von Marmont wäre es anders gelaufen. Hätte er ausgehalten, wäre ich der feindlichen Armee in den Rücken gefallen. Es hätte in Paris eine Bewegung zu meinen Gunsten gegeben, und nicht ein einziger wäre entkommen. Das hätte mich vielleicht nicht gerettet, aber es wäre ein schöner Schlag gewesen.« Herr de M.: »Paris hätte aber in dieser Schlacht verbrannt werden können.« Der Kaiser: »Das will ich nicht bestreiten ... Wissen Sie, ein Halunke wollte mich ermorden? Diese Provinzler! ... Ich werde es nicht so schlecht auf Elba haben. Ich habe viele Bücher. Nein, ich werde es sehr gut haben. Kommen Sie mit auf die Insel Elba?« Herr de M.: »Nein, Sire, ich bleibe in Frankreich.« Der Kaiser: »Alles ist gut, so wie es gekommen ist. Ich war es leid. Mir wird es sehr gut gehen.«

5. Juni 1814

Die Armee schreit und ärgert sich; man wird bald seine liebe Mühe haben, es allen recht zu machen.

Die Kaiserin Josephine ist am 28. Mai gestorben. Sie wird allgemein betrauert.

Heute hat der König die Verfassung verkündigt, und zwar vor denjenigen der alten Senatoren, die es ihm einzuberufen beliebt hat, und denen er sechs Marschälle, alle alten Herzöge und Pairs und viele erbliche Herzöge hinzufügte. Die Versammlung hat den Namen »Chambre des Pairs« angenommen. Die Senatoren, die seinerzeit für den Tod des Königs gestimmt hatten, und zusätzlich Caulaincourt, Monge, Chaptal, Viletard und einige andere wurden ausgeschlossen; die Zahl der Ausgeschlossenen beläuft sich auf über zwanzig, ohne die Ausländer.

Die Szene spielte sich in der gesetzgebenden Körperschaft ab und machte, so sagt man, Aufsehen; der Enthusiasmus war auf dem Höhepunkt. Die einen mißbilligen die Verfassung, die anderen heißen sie gut; die einen sind begeistert, daß sie vom König gemacht und erlassen wurde, die anderen hätten gewünscht, daß das Volk beteiligt worden wäre; wieder andere glauben, es wäre gut gewesen, wenn man zumindest den Anschein gewahrt hätte. Was mich betrifft, so glaube ich, daß, was immer man getan hätte, so oder so ein Durcheinander entstehen wird, denn ich sehe, daß ihr Charakter die Franzosen zur Unruhe treibt. Nur eine stete Festigkeit von seiten der Regierung könnte den Aufruhr beschwichtigen; dazu benötigt man aber wirkliche Stärke und viel Geschick.

Der Fürst von Poix wollte die gesetzgebende Körperschaft betreten und wurde von einem Nationalgardisten aufgehalten, der ihm den Weg versperrte. Der Fürst glaubte, mit seinem Namen imponieren zu können, und sagte: »Ich bin der Fürst von Poix.« »Eh! und wenn Sie der König der Bohnen wären!«[45]

»Die Beredsamkeit macht mutiger, der Mut läßt beredter werden« (Madame de Stael, »De l'Allemagne«). Was für ein Widerspruch! Mut und Beredsamkeit haben nichts miteinander zu tun. Die Erfahrung lehrt jeden Tag, daß die Beredsamkeit ohne Mut auskommt, ebenso wie der Mut ohne Beredsamkeit. Die Herren Regnault de Saint-Jean d'Angély und Stanislaus Potocki auf der einen, Bonaparte, Blücher, alle französischen Marschälle auf der anderen Seite beweisen nur zu deutlich, daß Mme. de Stael Unrecht hat. Cicero hat sich nicht weniger getäuscht, als er sagte, das wichtigste für einen Redner sei die Tugend; er selbst hat das Gegenteil bewiesen.

Es ist mir angenehm, bei Mme. de Stael Gedanken zu finden, die auch ich hatte: Meine Eigenliebe fühlt sich dadurch geschmeichelt. Das folgende ist in etwa dasselbe, was ich selbst mehrmals in diesem Buch sagte: »Ich kannte einen Mann, den Lob derart erregte, daß er, wenn man ihn lobte, das, was er gerade gesagt hatte, übertrieb, und derart bemüht, seinen Erfolgen immer noch etwas hinzuzufügen, erreichte er nichts anderes, als daß sie verloren gingen.«

Alexander ist abgereist. Sein Verhalten war stets gemäßigt, edel und großzügig. Ich finde, man würdigt seine seelische Größe nicht genug. Dieses Verhalten scheint ihm angeboren und seinem Charakter zu entsprechen. Leider muß man ihm vorwerfen, daß er die Mörder seines Vaters nicht bestraft hat. Sie umgeben ihn und stehen in seinen Gunsten.* Wie läßt sich die Revolution, die ihn auf den Thron brachte, mit soviel Edelmut vereinbaren? Und dennoch: alles, was er seit einem Jahr getan hat, läßt ihn würdig erscheinen, den Titel des Großmütigen zu tragen, und wenn große Gesinnungen ausreichend sind, großes Ansehen zu begründen, verdient er den Titel des Großen: Als Soldat hat er zweimal die schönste und großartigste Armee, die es je gegeben hat, vernichtet; als Politiker ist es ihm gelungen, alle freiwilligen und unfreiwilligen Verbündeten und Hilfskräfte von Frankreich zu trennen. Er hat das großartigste Bündnis geschaffen und bis zum Ende zusammengehalten; ihm verdankt man es, daß Österreich gegen seinen Willen dazu beigetragen hat, der Macht Napoleons den Gnadenstoß zu versetzen; schließlich hat er es verstanden, als Mensch der Fortuna zu widerstehen, nicht einen Augenblick war er von ihrer Gunst geblendet.

Er hat die ganze Welt mit wohlwollenden Handlungen überhäuft. Er hat die Wünsche Frankreichs erfüllt, indem er ihm seinen rechtmäßigen König wiedergab. Seither hat er sich nicht mehr in die Angelegenheiten Frankreichs eingemischt und hat verhindert, daß die anderen Mächte sich der Reorganisation des Landes widersetzten. Sein eigenes Land war in großen Teilen durch den Krieg verwüstet, den die Franzosen bis über Moskau hinaus getragen hatten; patriotischer Eifer und letzte Verzweiflung haben die alte Hauptstadt der Zaren dazu gebracht, sich durch die eigenen Bewohner in Flammen stekken zu lassen.

Paris ist durch die Anwesenheit seiner Feinde bereichert worden; die strengste Disziplin hat jede Demütigung von seiten der Eroberer verhindert, und die »Barbaren aus der Wüste« (Formulierung des ehemaligen »Journal de l'Empire«) haben Hochachtung gezeigt, ja sie haben der großen Nation sogar Lob gespendet. So viele schöne Erfolge verdankt man diesem edlen Russen. Wenn man Caesar, Alexander, Napoleon, Ludwig XIV. groß nennt, welchen Titel soll man dann Alexander geben? Ich kenne niemanden, der ausdrücken könnte, was die Welt ihm an Dankbarkeit und Bewunderung schuldet. – Als Pole erwarte ich nichts von ihm. Er wird die Schande meines Volkes festigen und verewigen.

12. Juni 1814

Fronleichnam: Nach 25 Jahren Inkognito ist heute der liebe Gott mit Gepränge durch die Straßen von Paris gezogen. Er war von Priestern begleitet in jeglicher Art Kleidung: Rüpel in Chormänteln, Rüpel in Chorhemden, Rüpel in Schwarz, Rüpel in Weiß, die gemeinsten, die widerlichsten, die schmutzigsten Gestalten. Sie leiteten das Fest. Dazu Knaben aller Größen, schlecht gekleidet, jeder in seiner Rolle: Die einen beweihräucherten die Priester, die anderen trugen Kerzen, die einen veranstalteten mit Klingeln in der Hand einen Höllenlärm, andere trugen Weihwasser. Am wenigsten begünstigt waren zwei Reihen weißgekleideter Gassenjungen, die im Takt gingen und umsonst alles aufboten, um nicht zu lachen. Kleine Mädchen, die meisten von ihnen häßlich wie Läuse, bildeten den unschuldigen Teil der ganzen Gesellschaft: weiß gekleidet mit Schleiern auf dem Kopf und Blumensträußen in den Händen.

All das zog langsam dahin, nur den lieben Gott lobend, den man unter einem Baldachin mit goldenen Fransen trug. Vor hundert Jahren wäre das sehr eindrucksvoll gewesen; vor 13 oder 14 Jahren war ich von einem solchen Schauspiel in Zaniemyśl bei Posen begeistert. Es war genau so schön wie hier: der Erzpriester Kuroński mit seiner roten Nase, die größer war als der Rest seines Gesichts, paßte wunderbar zu allem.

21. Juni 1814

Man schreibt heute in Frankreich fast nur noch Bücher über Bücher. Es gibt ein deutsches Buch mit dem Titel: »Über die Gefahr ausgeplaudert zu werden«.

Carnot, von Talleyrand sprechend, sagte: »Das ist in Seide gekleidete Scheiße.«[46] Mme. de Stael sagte von ihm: »Er ist ein so gewandter Diplomat, daß er, wenn man ihm in den Hintern tritt, vorne lacht.« Eines Tages sagte man zu Talleyrand: »Müssen Sie sich am Hof von St. Cloud nicht fehl am Platze fühlen?« »Ja, das ist wahr«, antwortete er, »wenn ich unter all diesen neuen Herzögen und Fürsten bin, habe ich häufig den Eindruck, daß ich wie ein Parvenü aussehe.«

25. Juni 1814

Die Herzogin von Bassano sagte mir heute, daß von Winzingerode, Gesandter von Württemberg, von der französischen Polizei bezahlt worden sei. Sie erfuhr es folgendermaßen: Eines Tages, als sie ungehalten über die Äußerungen, die jener über den Kaiser machte, mit ihrem Mann darüber sprach, sagte ihr dieser: »Wüßtest Du, welches Gewerbe er betreibt, würdest Du ihn noch viel mehr verachten!« Nach dem Sturz Napoleons erfuhr sie von ihrem Mann, daß ihm der Kaiser über Winzingerode gesagt hatte: »Lassen Sie ihn; er verständigt sich mit Savary. Er wird dafür bezahlt.«

Sie sagte mir auch, sie wisse mit Bestimmtheit, daß die Prinzessin de Vaudemont 56.000 Franken erhalten habe, um dieses Gewerbe zu betreiben. Eine Reihe von Personen des Faubourg St. Germain werde derselben Infamie verdächtigt. Über Herrn von Winzingerode kann ich nicht zweifeln; was die Prinzessin betrifft, so weiß ich nicht, was ich davon halten soll. Folgende Tatsache scheint diese Anschuldigung zu bestätigen. Jemand, der mit Cabre sehr befreundet ist, sagte diesem, er habe einem Vertrauten von Fouché wichtige Dienste erwiesen und als Gegenleistung seien ihm die Personen genannt worden, denen man nicht trauen dürfe, weil sie von der Polizei bezahlt werden, und darunter sei auch der Name der Prinzessin de Vaudemont gewesen. Schließlich muß man beachten, daß sie acht Tage, nachdem Fouché in Ungnade gefallen war, aufhörte, ihre großen Soireen zu geben. Auch das habe ich von Cabre.

26. Juni 1814

Die Prinzessin Josephine hat Alfred geheiratet. Das ärgert mich. Ich hätte ihr von ganzem Herzen gewünscht sitzenzubleiben.

Ich habe ganz entschieden einen schlechten Charakter, mit dem es schwer zu leben ist. Unheil für die Frau, die ich heiraten werde, wenn ich je heiraten sollte, wonach es kaum aussieht. – Manchmal bin ich ganz erstaunt, ein Mensch wie jeder andere zu sein. Oft vermute ich, daß ich ein Esel bin.

Ich verzeihe Bonaparte viel eher das Böse, das er angerichtet hat, als das Gute nicht getan zu haben, das er hätte tun können. Als er den Thron bestieg, hatte er die öffentliche Meinung für sich. Er hielt die Macht in Händen, und wenn er gewollt hätte, wäre die Welt heute glücklich, und er für alle Zeiten groß: weise Institutionen – die wahre Freiheit der Völker* – die Ausgewogenheit der politischen Kräfte – ein allgemeiner Frieden. Damit hätte er sich die Dankbarkeit der Völker erwerben können. Stattdessen hat er Schlachten gewonnen, einen Hof begründet, den er vergoldete, und Europa ausgeplündert, ohne Frankreich zu bereichern.

Die Ansichten der Franzosen sind wankelmütiger denn je. Es ist recht schwer zu sagen, welches die vorherrschenden Meinungen sind. Vorgestern aß ich mit mehreren jungen Leuten in einem Restaurant. Einer war Herzog und Pair, Victor de Broglie; ein anderer ehemals Privatsekretär von Napoleon, Leiter der Bittschriftenkommission und jetzt ein Nichts mit dem Namen Lelorgne; dann ein ehemaliger Beisitzer des Staatsrates aus einer sehr bekannten Juristenfamilie, Brévanne, und andere junge Leute, die in der Diplomatie gedient haben, Roumigny, Panat und Marsieux. Die drei ersteren fingen an zu diskutieren: Ihre Unterhaltung führte schnell zu den gegensätzlichsten und auch eigenartigsten Äußerungen und Ansichten.

Der Herzog und Pair, der offensichtlich bestrebt ist, eine Rolle zu spielen, wetterte in gleicher Weise gegen Bonaparte wie gegen das Verhalten Ludwigs XVIII. Er möchte, daß man das Volk über die Gesetze befragt; er erwartet keinen neuen Umsturz der Regierung und keine neuen Unglücke für Frankreich; er will, daß man den aufgeklärtesten Teil der Nation befragt und dessen Meinung folgt; er mokiert sich über die Herzöge und Pairs und meint, selbst wenn man den ältesten Familien Einnahmen von 500.000 Franken sichern würde, könnte man aus ihnen nicht wieder große Herren machen. Diese Begriffe sind, so sagt er, aus dem Gedächtnis der Menschen ausgelöscht, und man werde sie nicht wiederbeleben können. – Brévanne, ein eifriger Royalist, ist einfach froh, einen Bourbonen auf dem Thron und Bonaparte fort zu wissen. Lelorgne verheimlichte seine Liebe für Bonaparte, versteckte sie aber schlecht. Schwach durch die Schwäche desjenigen, dessen Partei er vertrat, wurde er immer wieder überstimmt und schwieg schließlich.

Die anderen Herren gehörten mehr oder weniger zu einer dieser drei Parteien. So sieht Frankreich heute aus: Die Royalisten sind mit geringen Ausnahmen die, welche Gnaden erhalten oder zumindest fordern. Die Konstitutionellen sind wirkliche Franzosen, die nicht wissen, was sie wollen, und diese Partei scheut sich nicht vor Unterwürfigkeit, falls sie einträglich ist. Die Bonapartisten sind das Heer.

12. Juli 1814

»Non sibi sed patriae vicit nec plus vicit quam illa voluit.« Ein schönes Lob für einen General. Nur die, auf welche dieses Lob zutrifft, verdienen die Dankbarkeit der Völker. Jeder andere General, selbst der fähigste, ist eher eine Geißel als eine Wohltat.

7. August 1814

Ach, diese braven Engländer! Es gibt bei ihnen kaum eine Zeitung, die nicht Reden vor dem Unterhaus zitiert, in denen es über Polen geht, über das Unrecht der Teilungen und über die Schande, die auf die Völker zurückfällt, welche die Teilungen geduldet haben und sich jetzt nicht mit seiner Wiederherstellung befassen.

Hier, was der Abgeordnete Mackintosh im »Morning Chronicle« schreibt: »... Der Augenblick ist gekommen, in dem

England Stellung beziehen muß. Wir würden wünschen, es hätte niemals in irgendeinem formellen Akt die Teilung, noch weniger die Vernichtung Polens anerkannt. Für uns besteht Polen immer noch dem Gesetz nach. Wir haben nie anerkannt, daß irgendein Teil des polnischen Territoriums einem fremden Herrn untertan ist. Frankreich und England haben sich durch eine Vernachlässigung ihrer Pflicht als Wächter Europas bei der ersten Teilung indirekt schuldig gemacht. Aber keine dieser beiden großen Mächte hat sich durch aktive Beteiligung oder durch Anerkennung der Gesetzmäßigkeit dieser Raubhandlungen mit Schande bedeckt: Ihre Hände sind immer noch ungebunden, und sie sollten jetzt eine Wiedergutmachung ihrer ursprünglichen Nachlässigkeit durch die Unterstützung der Gerechtigkeit anstreben ... Wir haben jetzt zu entscheiden, ob der Name von England durch die Beteiligung an diesen Ereignissen entehrt und das Siegel Europas unter das schreiende Unrecht gesetzt werden soll ... Polen, das nach seiner Ausdehnung und Bevölkerung der vierte Staat der Christenheit ist ...« (In der Übersetzung dieses Artikels in der »Gazette de Paris« findet sich ein netter Irrtum, dort heißt es: »Polen, das hinsichtlich seiner Ausdehnung, seiner Bevölkerung und der *Tapferkeit* seiner Einwohner die vierte Macht der Christenheit ist.« Ist es nicht erfreulich zu sehen, in welchem Maße Polen durch seine Tapferkeit bekannt ist?)

14. August 1814

Man sagt von den neuen Herren, die ihre Vermögen unter der Revolution machten, sie seien, dem Rad ausweichend, von hinten in den Wagen eingestiegen.

15. August 1814

Heute sah ich zum ersten Mal Fräulein Petit. Sie bereitete mir mehr Freude als jede andere Schauspielerin und jeder tragische Schauspieler. Es war das vierte Mal, daß sie auf der Bühne auftrat. Ihr wurde sehr viel Beifall gespendet, drei- oder viermal und mit solcher Begeisterung, wie allein Talma sie manchmal hervorruft.

Es gäbe, glaube ich, ein Mittel, die Ruhe in Frankreich zu sichern: Man müßte die Vorzimmer erweitern, so daß ganz Frankreich eintreten könnte; diese ganz der Ehre und ganz der

Liebe zugewandten Franzosen, sie warten in Scharen an den Türen des Palais, bis sie an die Reihe kommen, ihren Kratzfuß zu machen. Fast hätte ich heute einen dieser Helden überfahren. Er trug die unerläßlichen Insignien: die Lilie, das Kreuz des heiligen Ludwig, das der Ehrenlegion und das von Malta. Er wanderte vor der Tür des Kriegsministeriums mit gekreuzten Armen und gesenktem Kopf auf und ab, inmitten eines großen Gedränges von Wagen und Menschen, die wie er warteten. Ich stieß fast mit ihm zusammen, schrie mit aller Kraft »Vorsicht«, aber obwohl der gute Mann eine der Deichseln im Rücken hatte, war er wie taub. Diese Haltung ist allgemein: so scheint der Geist der Nation zu sein.

26. August 1814

Alle befassen sich jetzt mit der Freiheit der Presse. Der König hatte sie mit der Verfassung zugesichert, aber es scheint, daß man ihn inzwischen davon überzeugt hat, beim gegenwärtigen Stand der Dinge wäre sie schädlich. Er schlug also ein Gesetz vor, daß den Mißbrauch verhüten soll. Zum großen Erstaunen aller hat die gesetzgebende Körperschaft dieses mit überwältigender Mehrheit angenommen, aber das Oberhaus wird es, so sagt man, ablehnen. Mehrere der alten Herzöge und Pairs begeistern sich ganz besonders für die Pressefreiheit: die Herzöge von Broglie, von Castre, von Rohan, von Levis und mehrere ehemalige Senatoren. Morgen wird es sich entscheiden.

29. August 1814

Die Entscheidung fällt erst morgen.

Die Stadt Paris gab heute ein Fest für den König; es war großartig. Ganz Paris war auf den Straßen. Man verteilte Lebensmittel an das Volk, das sich zerdrücken ließ, um fressen zu können und sich mit Wein vollaufen zu lassen. Es gab Spiele auf dem Wasser zwischen dem Pont Royal und der Brücke Ludwigs XVI. Drei Stunden defilierten die Truppen auf beiden Quais. Das Wetter war herrlich. Um fünf Uhr gab es im Rathaus ein Diner mit 1500 Gedecken. Am Abend waren die Champs-Elysées beleuchtet, an jedem Baum hing ein Lampion, und die große Allee, die zum Etoile führt, ebenso die Kreuzungen, waren von ein oder zwei Reihen Lampions und grünem Laub eingerahmt: ein reines Märchenbild. Das Feuerwerk auf der Brücke Ludwigs XVI. war prachtvoll. Alle waren einig, daß man noch nie ein so schönes Fest in Paris gesehen habe, und noch nie erlebte man bei einer solchen Gelegenheit soviel Freude und soviel Ordnung. Der Tag und die Nacht waren herrlich. Aber viele Leute schrien gegen den König. Man nennt die Prinzen Idioten, Schlingel und Dummköpfe.

Die Güte scheint den Bourbonen eigen zu sein; warum kann man sich dann nicht überzeugen, daß selbst die Mittelmäßigkeit eines Bourbonen mehr wert ist als das Genie eines Korsen oder mehrerer Sansculotten-Könige[47], die ihre Untertanen in Schlachten hinschlachten lassen und sich nur in der Methode voneinander unterscheiden. Die große Nation hat keinen gesunden Menschenverstand, und das ist schade, denn sie hat Geist.

Bei Sismondi finde ich ganz dasselbe, was Madame de Stael gesagt hat. Man müßte wissen, wer von beiden der Dieb ist.

10. September 1814

Heute Abend sah ich »Nicomède«. In dieser Tragödie ist nur die Rolle des Nicomède schön, sie aber ist wirklich großartig.

Mit Kummer sehe ich, daß viele Polen ein mit Rußland vereinigtes Polen ohne Sorge annehmen würden, unter der Voraussetzung, daß es ungeteilt wäre, seine eigenen Gesetze, seine Verfassung hätte, den Namen Polen trüge und für Rußland etwas ähnliches darstellte, wie Ungarn für Österreich. Was mich angeht, so wäre ich nur glücklich, wenn ich ein unabhängiges Polen sehen könnte; dann aber wäre es mir gleichgültig, ob ein Pole, ein Chinese oder ein Russe seinen Thron besteigt, und selbst wenn es der Bruder Alexanders wäre. Immerhin tröste ich mich mit dem Gedanken, daß es, sollten sich die Polen mit einem solchen Schattenbild von Unabhängigkeit begnügen, nicht für lange wäre, denn ich glaube, daß es den Polen bestimmt ist, eine Nation zu bilden; ich halte sie dessen würdig.

25. September 1814

Seit man das Königtum wieder errichtet hat, befaßt man sich auf der einen Seite damit, seine Macht zu verringern, auf der anderen, sie zu festigen und zu vergrößern. Vor allem die Freiheit der Presse ist Gegenstand dieses Kampfes. Seit das vom König vorgeschlagene Gesetz, das diese Freiheit einschränkt, mit einigen Abänderungen von beiden Kammern angenommen wurde, kommt eine periodisch erscheinende Broschüre unter dem Titel »Der Zensor« heraus, welche durch die Art und Weise, wie sie die Pressefreiheit verteidigt, zugleich deren Gefahr aufzeigt. Diese Schrift ist geistreich und ansteckend. Sie trägt dazu bei, die Macht des Herrschers zu zersetzen, und bemüht sich um den Beweis, daß es nicht nur möglich, sondern auch nützlich sei, dem Gesetz Widerstand zu leisten. Das von den Vertretern des Volkes bestätigte Gesetz wird vom Verfasser der Broschüre für ungesetzmäßig erklärt! Warum schreitet man nicht gegen eine solche Veröffentlichung ein? Ist es aus Schwäche, so ist es unbegreiflich; geschieht es aus politischen Gründen, so ist man, fürchte ich, überklug.

Es wäre schön, könnte man das Volk befragen. Gibt man ihm aber erst einmal die Macht, wird man ihm dann noch das Bestreben nehmen können, diese zu mißbrauchen? Die Welt scheint mir immer noch voller Zündstoff: Die Grenzen der Macht sind nicht gut festgelegt; sie können es auch nicht sein, solange die Macht geteilt ist. Alle Parteien bleiben dem uralten Brauch treu, mit ihren politischen Bemühungen eigene Interessen zu verbinden. Es sind immer nur wenige, die bei Veränderungen wirklich etwas gewinnen, sehr viele aber, die sich Hoffnungen machen. Unter den Ehrgeizigen bilden die Unzufriedenen überall die Mehrheit; zufrieden sind die jeweiligen Führer der Parteien, und dies auch nur, solange sie ihren Rivalen deutlich überlegen sind.

Man hat heute die Sucht, alles in Systeme einzuordnen. Ich höre die einen sagen, die Arbeit sei die Seele der Gesellschaft, es gäbe kein Heil ohne Arbeit. Andere sagen: der Besitz ist das Fundament der Regierung. So ist die Mode. Jeder hat seine bevorzugte Meinung, und jeder ist um jeden Preis bestrebt, auf diese seine Lieblingsmeinung zurückzukommen.

Man hat auch Lieblingsworte und -sätze. Zur Zeit ist »Rout« sehr elegant: Ich war beim »Rout« der Lady Hamilton!

13. Oktober 1814

Ich komme vom Ball des Herzogs von Wellington. Es ist das erste Mal, daß ich ihn gesehen habe. Ich ließ mich ihm vorstellen.

14. Oktober 1814

Wie ist doch Montesquieu groß! Überall sieht man Ereignisse, welche die von ihm aufgestellten Grundsätze zu bestätigen scheinen. Irgendwo sagt er: »Es gibt zwei Arten von Tyrannei: eine wirkliche, die in der Gewalttätigkeit der Regierung besteht, und eine der Meinung, die erst spürbar wird, wenn diejenigen, die regieren, Dinge einführen, welche die Denkweise eines Volkes vor den Kopf stoßen.«

28. Oktober 1814

Nichts Gewisses über den Kongreß.

Montesquieu sagt einmal, daß Revolutionen jeden an seinen Platz stellten. Ich glaube, er will damit sagen, daß die großen Tugenden und der wahre Verdienst bei einer Revolution besser zur Geltung kämen. Er hätte sagen sollen, glaube ich, und die Erfahrung hat es uns gelehrt, daß die großen Laster, der Hochmut, die Tollkühnheit, der Betrug in Revolutionen dieselben Chancen haben wie große Tugenden. Die Revolutionen bereiten von ihrem Wesen her den Weg zur Entfaltung großer Tugenden *und* großer Laster. Die Laster aber haben einen unendlichen Vorsprung, da ihnen jedes Mittel recht ist; allerdings enden sie glücklicherweise selbst in dem Bösen, das sie angerichtet haben, und die Gesellschaft kommt nach einem langen Fieber zu ihrem Ausgangspunkt zurück.

5. November 1814

Wer im Unglück groß ist, wird im Erfolg klein (der Papst). Und wer im Glück groß ist, ist klein im Unglück (Bonaparte). Am zahlreichsten sind die, welche im Glück und im Unglück klein sind.

Ich glaube, daß man mehr Festigkeit und Eifer in die Pläne legt, von denen man niemandem etwas sagt, als in jene, über die man viel spricht.

Früher gab es einen Hauptmann der Windhunde. Man nannte es ein Amt des königlichen Kabinetts. Es war ein Hofamt.

1814 wurde das Herzogtum Warschau wieder preußisch; damit ist der Dienst von A. R. in der sächsischen Diplomatie faktisch been-

Königstein

det. Er bleibt zunächst in Paris, wohl wegen Fanny, und reist am 21. November auf Drängen seiner Großeltern, die ihn unbedingt verheiraten wollen, nach Breslau.

Breslau, 1. Dezember 1814

Während der Reise war ich ziemlich ruhig, aber heute erlebe ich ein Martyrium. Der Brief, den ich eben an meine liebe Fanny schrieb, zeichnet gut den Zustand meiner Seele, ohne ein Wort der Übertreibung: »Wie unglücklich bin ich, meine liebe Fanny, ich werde mein Möglichstes tun, um dieses Unheil von mir abzuwenden. Die Zukunft bedeutet mir nichts: Ich würde gern den Rest meiner Tage dem Unglück opfern, könnte ich mich noch einige Zeit meiner Fanny erfreuen, aber ich habe nicht den Mut, meinen Eltern[48] Kummer zu bereiten, sie sind so alt. Zweifle nicht, liebe Fanny: sollte ich auch die Lächerlichkeit einer Absage auf mich nehmen müssen, ich werde diese verfluchte Heirat umgehen und zu Dir, meine sehr Geliebte, zurückkommen. Fanny, mein Herz ist tief betrübt ... Wenn Du nur ein Viertel meiner Leiden fühlen könntest, Deine Gesundheit würde es nicht aushalten, Du würdest zusammenbrechen ... Geh so bald wie möglich aufs Land. Wappnen wir uns mit

Ausdauer und Geduld, und die Liebe wird mich in Deine Arme zurückführen. Sei aufrichtig und sag mir, was Du machst ... Ich bin sicherer denn je, nach Paris zurückzukommen, aber ich werde mich zunächst verstellen, so als ob ich ihren Wünschen folgte. Es sind zwei Schwestern, alle beide häßlich, und das Opfer wird umso leichter sein. Laß mich nur machen, sie werden mich nicht wollen. Oh Fanny, ich muß Dich behalten, Du mußt meine Frau bleiben; immer meine Frau. Wenn ich ohne Dich leben könnte, meinetwegen, dann würde ich dieses Opfer bringen, aber nein, ich kann nicht, ganz entschieden, ich kann es nicht. Oh meine Fanny, ich habe Dein geliebtes Bild vor meinen Augen, ich sehe Dich ... Mein geliebter Engel, Fanny, meine Vielgeliebte, bleibe mir treu. Sei nicht so verachtenswert, Deinen armen Athanas zu betrügen. Er würde zusammenbrechen, wenn er Dich in den Armen eines anderen wüßte. Obgleich ich so mißtrauisch bin, sträubt sich alles in mir zu spionieren: Niemand überwacht Dich! Du könntest mich betrügen, ohne daß ich etwas davon erführe. Aber tu es nicht.

Ich wäre verlockt, mich meinem Großvater zu Füßen zu werfen. Aber Greise verstehen nicht die Liebe. Er würde mir nicht erlauben zurückzufahren, er würde den wahren Grund meiner Rückkehr vermuten. Sag mir, was Du mir rätst. Such in den geheimen Winkeln Deines Herzens einige Gefühle, die mir in meinem Unglück etwas Trost bringen könnten. Sag mir, bist Du in ähnlichen Zuständen wie ich? ... Heute ist Donnerstag. Dieser Brief geht erst am Sonntag ab. Was für eine Qual! «

Die Interessen der Mächte in bezug auf Polen sind derart verwirrt und gegensätzlich, daß ich glaube, es kann gar nicht anders enden, als mit einer erneuten Teilung. Alexander hätte die Russen zu fürchten, wenn er auch nur auf die geringste Provinz verzichten würde, die er vor dem Krieg besaß. Kann man übrigens so viel Mäßigung von seiner Seite erwarten? Die anderen Mächte können nicht einwilligen, daß ganz Polen unter russisches Zepter gerät, wie auch immer dies umschrieben würde. Man kann sich also nur auf eine Teilung einigen, es sei denn, daß eine Revolution vor der Tür steht ...

3. Dezember 1814

Ich habe in meinem Leben zwei entsetzliche Schweinereien begangen, die ich in diesem Buch bisher nicht gebeichtet habe.

Ich öffnete einen Brief, den mir Franz Potocki gegeben hatte, um mich dem Fürsten von Ligne zu empfehlen. Mein mißtrauischer Charakter ließ mich vermuten, dieser Brief enthielte etwas Ungünstiges über mich, und ich wollte mich dessen vergewissern. - Ein anderes Mal habe ich einen Brief von Joseph Lubomirski an Eduard geöffnet; und dies, soweit ich mich erinnere, einfach aus Neugier. Durch eine Lüge zog ich mich aus der Affäre, indem ich sagte, ich hätte geglaubt, der Brief wäre an mich gerichtet; ich hätte aber, sobald ich den Irrtum bemerkte, sofort aufgehört zu lesen und wisse nicht, was er enthalte. - Habe ich danach ein Recht zu behaupten, daß ich ehrenhaft bin? Es bedurfte der völligen Erschlaffung, in die mich die Trennung von der so geliebten Frau fallen ließ, um dieses Bekenntnis frei und ohne Gewissensbisse abzulegen. Ich bin unglücklich. Ich bin schlecht, und ich weiß es. Ich habe einen Charakter, mit dem es schwer zu leben ist. Ein Thema für mich selbst und für die anderen.

Aus Breslau am 13. Dezember um 10 Uhr morgens abgefahren, am 14. um 3 Uhr nachmittags in Rogalin angekommen. Aus Rogalin am 18. abends aufgebrochen, in Warschau am 22. um 6 Uhr abends angekommen.

1815

Am 26. Januar um 5 Uhr abends aus Warschau abgefahren; am 29. spät am Abend in Rogalin angekommen. Am 24. Februar um 5 Uhr abends in Rogalin abgefahren; am 5. März um 7 Uhr morgens in Metz angekommen.

Schloß Rogalin

Er wird nie zugeben, eine Frau besessen zu haben, die sehr leicht zu haben ist; schreibe ihm aber die glänzende Eroberung einer Frau zu, die ihm nie auch nur die leiseste Gunst erwiesen hat, so wird er sich nicht dagegen wehren. Er beglückwünscht sich, eine Reihe von Eroberungen vermuten zu lassen, die er nie machte, und andere, von denen die ganze Welt weiß, zu leugnen. Diese Art von Diskretion verdiente, daß man sich eingehender damit befaßt, denn sie ist für ihn sehr charakteristisch. Im übrigen muß man zugeben, daß er wenig Taktgefühl besitzt: Er hat es aber gern, wenn man es von ihm annimmt. Es bereitet ihm ein stilles Vergnügen, andere zu täuschen, und weil nur wenige ihn wirklich kennen und noch weniger solche Täuschungen erwarten, gelingt es ihm recht oft. Seltsam sind seine Launen: Wenn du glaubst, ihn gut zu verstehen, entwischt er dir, man weiß nicht warum. Ich muß gestehen, daß ich diese Neigung erst allmählich durch ganz nebensächliche Dinge entdeckt habe. Dabei glaube ich, daß Furcht vor Gewissensbissen ihn schon oft gerettet hat.

Er liebt die Tugend, vor allem aber will er tugendhaft erscheinen. Hat er sich selbst oder haben andere ihn davon überzeugt, daß es ehrenhaft, daß es seine Pflicht sei, dies oder jenes zu tun, so tut er es. Von sich aus hat er nur selten das Gefühl für das Gute; meist läßt er sich von außen bestimmen. Gern schreibt er seinen Handlungen großzügige Beweggründe zu, während sie oft nur die Folge einer Laune oder der Eigenliebe sind. Auch liebt er es, einen einzigen Verzicht gegen mehrere Personen gleichzeitig auszuspielen. Er ist voller Einfälle: sind sie gut, teilt er sie mit, sind sie schlecht, behält er sie für sich, glaubt aber trotzdem, es sei gut, sie zu haben. So würde er z.B. nicht leugnen, daß man sich ruhig eine schlechte Handlung erlauben darf, wenn man sicher ist, daß sie niemandem schadet (dies im Hinblick auf sich selbst). Er liebt alle, denen gegenüber er es als Pflicht empfindet, und ist ihnen ergeben. Ich finde, daß er mehr Geist hat als er selbst vermutet; auch hat er geistreiche Einfälle, ohne sich einzubilden, geistreich zu sein.

Er hat viel Phantasie und ein sehr gutes Gedächtnis, was ihn in die Lage versetzt, alles zu erfassen, was keine dauernde Konzentration erfordert: dazu ist er unfähig; man wird ihm z.B. nie Algebra beibringen können. Er behauptet, keine Eigenliebe zu haben, und er glaubt es wirklich. Dabei kenne ich wenig Menschen, die sich so lieben wie er.

Fismes, 6. März 1815

Seit mehreren Stunden bin ich hier und warte auf die Nacht, um nach Courcelles[49] zu fahren. Ich bin in einer mörderischen Laune. Ich weiß zwar nicht, was ich befürchte, aber von welcher Seite man meinen Wahnsinn auch ansehen mag, es ist nichts Gutes daran. Und dennoch: könnte ich von neuem beginnen, ich würde nicht anders handeln, denn das Unglück will, daß ich den Kopf verloren habe. Ein solcher Leichtsinn! Eine solche Feigheit! Lohnt es sich denn, sich zusammenzunehmen? Wird es überhaupt noch eine Zukunft für mich geben? Ich lasse mein Herz verkümmern! Werde ich noch ein Herz brauchen? Weiß ich überhaupt, ob nicht mein Ende nahe ist?

Dann ist es gleichgültig, daß das Tier mit einer Verrücktheit mehr auf dem Gewissen stirbt. Aber auch die Zeit bedeutet mir nichts: Ich bin weich und werde niemals etwas Großes erreichen. Wer einer Liebe, von der er weiß, daß sie seiner nicht wert ist, nicht widerstehen kann, wird niemals etwas Großes tun können, weder für sein Land noch für seinen Namen! Ich verachte mich! Stunden wie diese scheinen endlos zu sein.

7. März 1815

Ich habe sie wiedergesehen, aber ich bin nicht glücklich. Ich werde es nie sein, solange ich in diese Frau verliebt bin.

Braine, 8. März 1815

Napoleon erhebt sein Haupt. Er war nur betäubt; mit der Waffe in der Hand ist er im Departement Var eingedrungen. Ein vom König gezeichnetes Dekret vom 6. März befiehlt, ihn und seine Parteigänger zu verfolgen und vor ein Militärgericht zu stellen. –

Schon zwei Nächte verbringe ich in Courcelles. Ich langweile mich dort nicht, habe aber eine entsetzliche Angst überrascht zu werden. Ich bin entschieden wahnsinnig wegen dieser Frau: Ich opfere eine unermeßlich reiche Heirat, die so gut wie sicher ist, verliere meine Zeit und mache mich schrecklich lächerlich. Gestern kam ich um 4 Uhr morgens ganz allein hierher zurück. Es ist eine halbe Meile. Es war schwarz wie in einem Sack. Vorgestern bin ich im Gehrock auf einem Bauernwagen weggefahren, nachdem ich eine Viertelstunde im Dorf nach einer Fahrgelegenheit gesucht hatte. Ich brauchte zwei Stunden, um nach Fismes zu kommen. Während der ganzen Fahrt zitterte ich elendiglich vor Kälte und mußte mir die Unterhaltung meines freundlichen Kutschers anhören. Auf der ganzen Reise hierher habe ich nicht ein einziges Mal geschlafen, und im Bett meiner Gefährtin hatte ich anderes zu tun.

9. März 1815

Um 5 Uhr morgens: Eben komme ich zurück. Ich war zu Fuß, es regnete und stürmte entsetzlich. Es war stockdunkel. Auf dem Weg fand ich einen umgestürzten Baum. Immer wieder wurde ich durch die Gewalt des Sturmes gezwungen, stehen zu bleiben. Ich mußte meinen Körper beugen, um vorwärts zu kommen. Meine Füße rutschten jeden Augenblick aus. Diese halbe Meile erschien mir sehr lang.

»Oft tröstet man sich, ist man unglücklich, durch ein gewisses Vergnügen, das man darin findet, so zu erscheinen« (La Rochefoucauld).

Auf dem Weg von Soisson nach Paris,
13. März 1815

Napoleon macht erschreckende Fortschritte. Er zwingt die Fürsten in Lyon, sich aus dem Staub zu machen.

Paris, 16. März 1815

Man sagt, alles stehe zum Besten. Ich will es gerne glauben, sehe es aber nicht recht. – Die Schüler der Rechtsschule, die um Waffen baten, wurden auf den nächsten Tag vertröstet. Hinter dieser Verzögerung vermute ich die Absicht, Bonaparte entgegenzukommen.

17. März 1815

Der König wird in unwürdiger Weise verraten: daran kann ich nicht mehr zweifeln. An die Spitze der Truppen stellt man Männer, die Napoleon alles verdanken und ihm ganz ergeben sind: Rapp, Letellier und ich weiß nicht welche Generäle. Burgund ist in Aufruhr. Der »Moniteur« berichtet darüber. Wenn nicht etwas Außerordentliches geschieht, sind die Bourbonen am Boden; ob er selbst aber lange bleiben wird, das ist eine andere Frage.

Am 26. Februar war Napoleon noch auf der Insel Elba; erst an diesem Tag ordnete er die Vorbereitungen zur Abfahrt an; alle glaubten, es sei, um nach Neapel zu fahren. Man schiffte sich um 4 Uhr nachmittags ein; aufgrund von Nachrichten, die ein Oberst vom Festland gebracht hatte, war alles etwas überstürzt. Am 27. sahen sie mehrere Kriegsschiffe, aber niemand sagte etwas: alle Segel waren gesetzt. Man landete am 1. März um 2 Uhr nachmittags im Golf von Juan.

Eben angekommene Kaufleute aus Lyon behaupten, mit ihm gesprochen zu haben. Die Nationalgarde trägt wieder die dreifarbige Kokarde. Der Bürgermeister, der am Vormittag eine Proklamation für den König veröffentlicht hatte, gab am Abend eine für Napoleon ab. Man nimmt an, daß er am 31. in

Paris sein wird. Er sagt, er würde alle, die schlecht über die Bourbonen sprechen, mit dem Tode bestrafen.

19. März 1815

Was die Zeitung von heute enthält: Der Kaiser Alexander verspricht 600.000 Mann, falls es nötig sei; der Kaiser Franz läßt seine Truppen nach Frankreich und Italien marschieren; die Preußen und die Engländer konzentrieren sich an den Grenzen Frankreichs. Der Herzog von Wellington ist zum Generalissimus der europäischen Truppen ernannt worden, und man erwartet ihn in Brüssel.

Was ich von der Situation halte: Alexander mag 600.000 Mann versprochen haben, aber es kostet ihn nichts, etwas zu versprechen, was er nicht zu halten braucht. Franz läßt vielleicht Truppen marschieren, aber es sollte mich nicht wundern, wenn es für Napoleon und nicht gegen ihn wäre. Ich glaube gern, daß die Preußen und die Engländer ihre Truppen zusammenziehen, denn jetzt oder nie müssen sie wachsam sein; ob sie aber handeln, das ist die Frage. Was Bayern und Württemberg betrifft, werde ich mir nicht die Mühe machen, ihre Absichten zu erraten, denn sie zählen kaum; außerdem, warum sollten sie sich nicht bereithalten? Was den Oberbefehl über die Truppen Europas angeht, so ist es ein großes Wort, das dem Kaiser Alexander entsprungen ist. Ich müßte mich aber irren: Wellington wird keine anderen Europäer befehligen als ausschließlich Engländer, die friedlich zusehen werden, wie Frankreich sich auflöst in Bürgerkrieg, Anarchie oder Despotismus.

Diese gemeinen Franzosen! Dieser gute König ist nicht, was sie brauchen. Ich hätte fast Vergnügen daran, die Geißel zum zweiten Mal über ihnen zu sehen, damit sie lernen, die legitime Autorität, die freiheitlichen Gefühle ihres Königs und die Segnungen des Friedens zu respektieren.

Alle Abteilungen der Garde marschieren.

Fouché wäre fast verhaftet worden. Als die Männer der Polizei kamen, verlangte er, man sollte die Nationalgarde bringen, damit er ganz sicher sein könne, nicht beschimpft zu werden. Man schenkte ihm Glauben, und während man die Garde holen ging, entfloh Herr Fouché, der zwei Türen in seinem Haus hat.

Ein Kaufmann aus Lyon wurde zum König gerufen. Es war der König selbst, der ihn über die Ereignisse befragte.

Der König: »Nun, mein Herr, wie hat sich das alles abgespielt?«

Der Kaufmann: »Aber Sire, als der Kaiser ...«

Der König unterbrach ihn, indem er ihm sanft auf die Schulter klopfte: »Sagen Sie nicht der Kaiser.«

Der Kaufmann: »Bonaparte wurde gut empfangen.«

Der König: »Es war der Pöbel?«

Der Kaufmann: »Nein, Sire, mit Ausnahme des Adels waren alle froh, ihn wiederzusehen, alle Häuser waren beleuchtet, nur nicht die auf der Place Belle Cour, wo man die Scheiben eingeschlagen hatte.«

Der König: »Was habe ich den Lyonern getan, daß sie mich nicht lieben?«

Der Kaufmann: »Der Adel und die Priester sind dafür verantwortlich.«

Der König sagte nichts mehr. Er legte die Hände zusammen, zog die Schultern hoch, und die Unterredung war beendet.

20. März 1815

Man sagt, er sei in Fontainebleau. - Der König ist heute nacht abgereist.

Um 5 Uhr: Eine Abteilung Napoleons ist gegen 2 Uhr eingerückt. Die weißen Kokarden werden immer seltener. Gerade hat man auf der Säule der Place Vendôme die Trikolore gehißt. Proklamationen Napoleons werden angeschlagen. Er spricht davon, allen zu vergeben, nennt aber diejenigen, auf die er am meisten erbost ist: Augéreau und Marmont.

22. März 1815

Hier die Ernennungen von gestern:

Davoût, Kriegsminister
Fouché, Polizei
Savary, an der Spitze der Gendarmerie
Bassano, Staatssekretär
Carnot, Inneres
Der Außenminister ist noch nicht ernannt. Es wäre lustig, sollte es Talleyrand werden.
Caulaincourt wurde Außenminister.

Fouché, Carnot, Merlin und Cambacérès sind die Führer der Jakobiner, die man nun wieder Patrioten nennt; alle vier haben für den Tod des Königs gestimmt. Man behauptet, es sei ihre Partei, die Napoleon habe wiederkommen lassen.

Ich glaube, daß er fest wie nur je auf dem Thron bleiben wird, falls er den Schwiegervater auf seiner Seite hat. Sollte das nicht der Fall sein, wird er herabstürzen.

Der Verrat von Ney hat an sich nichts Überraschendes, aber die näheren Umstände lassen diesen Verrat schauderhaft und geradezu unglaublich erscheinen. Er ging zum König und sagte: »Sire, in einem so wichtigen Augenblick kann ich Ihnen meine Ergebenheit beweisen! Verweigern Sie mir nicht den Auftrag, um den ich Sie bitte.« »Ja, General«, sagte ihm der König, »ich vertraue Ihnen ganz. Im übrigen handelt es sich nicht um mich; es sind das Glück und die Ruhe Frankreichs, die auf dem Spiel stehen.« Der Held brach in Tränen aus, küßte die Hände des Königs und sagte: »Ich schwöre Ihnen, daß ich ihn Ihnen in einem Käfig herbringen werde.«

Zwei Tage danach sagte er zu seinem Adjutanten, Herrn de Bourgoing, von dem ich dies erfuhr: »Mein Lieber, man küßt die Hände derer, die an der Macht sind, und wenn das Wohl des Staates es erfordert, verrät man sie.«

Bis heute ist Ney der einzige Marschall, der Verrat geübt hat, aber im Heer ist der Verrat an der Tagesordnung: die Generäle, die höheren Offiziere, die Regimenter, alle laufen der Reihe nach über. Der König sagte bei seiner Abfahrt: »Ich bin für das Unglück geschaffen. Meine Seele ist dadurch nicht niedergeschlagen, aber was mein Herz tief betrübt, ist, daß die Ehre aus dem französischen Heer verbannt ist.«

Sie brauchen den Krieg um jeden Preis, denn sie brauchen das Plündern und die Beförderung.

Als Napoleon ankam, warf er sich an den Hals von Carnot, und sagte mit Tränen in den Augen: »Was muß man tun? Raten Sie mir.« »Fangen Sie an, sich lieben zu lassen«, antwortete Carnot. Napoleon: »Was muß man dafür tun?« Carnot: »Zuallererst muß man die Pressefreiheit wiederherstellen.« Napoleon: »Nichts ist mir lieber. Sie werden ja nichts Schlechteres über mich sagen, als sie bereits gesagt haben.«

Heute wurde die Pressefreiheit in allen Zeitungen verkündet.

Die Sansculotten bilden sich nicht nur ein, ihn zu tragen, sondern glauben auch, sich von ihm befreien zu können, sobald sie es wollen: Sie sehen in ihm ein Werkzeug. Ich glaube das Gegenteil: *Er* ist es, der im Augenblick die Sansculotten braucht, aber er wird sich ihrer zu entledigen wissen, sobald er mehr Sicherheit hat. Noch sieht es aus, als sei er unsicher, aber es wird nicht lange dauern. Er ist unternehmungslustig, ja waghalsig und hat einen eisernen Willen. Auch hat er die Armee auf seiner Seite, oder besser gesagt, er ist ihr Idol. So gehört nicht viel dazu, jene zu unterdrücken, die sich durch Freiheit und Gleichheit die höchste Macht aneignen wollen und die ihm weder in ihren Mitteln noch in ihren Zielen gefallen. Es scheint zwar, als ob der Despotismus und die Anarchie Hand in Hand marschieren und dasselbe Ziel anstreben, aber der, welcher zuerst ankommt, wird den anderen zu Boden werfen. Wie das Rennen auch ausgeht: Das Schicksal der Nation wird in schönen Händen liegen, und man kann nur hoffen, daß etwas Außerordentliches geschieht. –

Mit Vergnügen lese ich etwas bei Madame de Stael, was sich in bewundernswerter Weise von dem unterscheidet, was meine letzten Seiten füllt: »Ludwig von Bayern übergab, als er zur Armee ging, die Verwaltung seines Landes seinem Gegenspieler, Friedrich dem Schönen, den er damals gefangen hielt, und er war mit diesem Vertrauen gut bedient, was zu jener Zeit niemanden erstaunte.«

Liberale Gedanken: Nur das führt man im Mund. Ich würde es Jakobinismus nennen. Diese Grundsätze werden, wenn sie allgemein werden, die Throne umstürzen und die Gesellschaft zerstören.

30. März 1815

General Clarke ist dem König gefolgt. Falls er nicht schon für den Fall, daß der König zurückkehrt, eine Verschwörung anzettelt, ist er wirklich eine bewundernswerte Gestalt. Reihen wir ihn in die Zahl der ehrlichen Männer ein – oder sollte er für Napoleon verhandeln?

Macdonald ist ebenfalls dem König gefolgt. Von Oudinot hört man nichts; Gerüchten zufolge hat er sich aufs Land zurückgezogen. Was Augéreau betrifft, so ist er seiner Vergangenheit treu geblieben: In den Proklamationen Napoleons des

Verrates beschuldigt, hat er nichtsdestotrotz eine untertänige Eingabe gewagt, die ihn aber nicht weiter brachte, denn er erhielt den Befehl, sich auf seine Besitzungen zu begeben.

3. April 1815

Es sieht so aus, als sei Napoleon ganz in den Klauen der Jakobiner. Es wäre erfreulich, wenn er es fertigbrächte, über alle, über die ausländischen Mächte, die Sansculotten und die Royalisten zu triumphieren.

Wenn man Napoleon die Sorge um die Freiheit der Völker und ihre Gesetze anvertraut, so ist das in meinen Augen, als würde man einem Wolf eine Herde zur Hut überlassen. Seiner Veranlagung, seinem Wesen nach muß er sie verschlingen. Ein eiserner Wille hilft Napoleon in seinen ehrgeizigen Bestrebungen; seine Verwegenheit läßt ihn blind werden gegenüber allen Gefahren; seine Erfolge sind Lichtschimmer - aber es wird nicht lange dauern.

8. April 1815

Die Marseillaise hat die Rufe »Es lebe Heinrich IV.« ersetzt. Verbannungen, Ausweisungen regnen auf uns herab. Man verheimlicht nicht mehr, daß der Krieg mit den ausländischen Mächten unvermeidlich ist.

Betrachtet man die Namen der wichtigsten Persönlichkeiten in der Regierung, dann kann man sagen: es sind allesamt Menschen, die selbst im Paradies gefährlich wären.

Es ist schön dumm von mir, hier zu bleiben!

16. April 1815

Die Alternativen für Frankreich sind erschreckend. Gelingt es Napoleon, die Alliierten und die Jakobiner zu besiegen, dann wird er eine eiserne Herrschaft aufrichten und neue Versuche wagen, die Europa verwüsten; wird er geschlagen, dann wird Frankreich von den Ausländern zerstört werden; oder aber die Jakobiner gewinnen die Oberhand, und ihre Herrschaft wird ein größeres Unheil sein als alles andere. Ein leichter Sieg und ein sehr gemäßigtes und sehr großzügiges Verhalten der Alliierten könnte das Allgemeinwohl retten.

23. April 1815

Man gibt ihm nur sehr wenig Zeit zu bleiben, wo er ist, und man hat recht damit.

24. April 1815

Die liberalen Ideen: Was bedeuten sie? Man will die Pressefreiheit, die Verantwortlichkeit der Minister, die persönliche Sicherheit. Die ganz Eifrigen sagen, man müsse mit dem Jahrhundert gehen; die Herrscher hätten sich die Völker untereinander aufgeteilt wie Herden. Man verurteilt die alten Ideen, niemand wagt sie mehr auszusprechen, und ohne die neuen kein Heil. Das Endergebnis ist wohl unvermeidbar: Krieg und Revolution! Es sei denn, Napoleon schlägt die Alliierten, denn dann wird er die Tyrannei wiederherstellen, die den Franzosen vielleicht nicht gefallen wird, die aber das ist, was sie in ihrem gegenwärtigen moralischen Zustand nötig haben.

8. Mai 1815

Was Maliszewski[50] mir gestern sagte, charakterisiert ihn gut. Wenn er, wie er glaubt, dazu bestimmt ist, Minister bei uns zu werden, so hätten wir einen gefährlichen Mann in den Staatsgeschäften.

Er meinte, wie leicht es sei, eine Geheimgesellschaft zu organisieren, die der Staatsgewalt nachhaltige Schläge versetzen könnte. »Nur das Haupt hätte den Schlüssel für die Verschwörung, die Agenten würden ihre Komplizen nicht kennen oder doch nur ein paar. Sollte ein Minister oder ein General sich dem Staat und den liberalen Ideen gegenüber schuldig machen, müßte man ihn umbringen. Eine Verschwörung kommt mit halben Maßnahmen nicht zum Ziel. Diejenigen, die sich Euch auf Eurem Weg entgegenstellen, laßt beiseite schaffen: Es ist das sicherste Mittel, ihnen nicht mehr zu begegnen.« Das sind Grundsätze, die der Anwärter auf das Ministerium bekennt. Man kann nur hoffen, daß die Macht weniger leidenschaftlichen Menschen als diesem Teufel von Maliszewski anvertraut wird. Er bekennt sich zu den Ansichten des reinsten Terrorismus, ist lüstern nach Ansehen, Macht und Geld, entbehrt aber nicht einer gewissen Größe. Ich stehe mich gut mit ihm, obwohl ich finde, daß er ein äußerst gefährlicher Mann ist.

26. Mai 1815

Man hat versucht herauszufinden, ob es die Worte sind, die Gedanken entstehen lassen, oder ob es die Gedanken sind, welche die Worte entstehen lassen. Es sind die Gedanken, die helfen, Worte zu finden; es sind die Worte, die helfen, neue Gedanken zu finden. Der Geist bedient sich nacheinander des einen wie des anderen, um sich auszudehnen. Es ist genauso wie wenn man gehen will: man stützt sich auf das eine Bein, um mit dem anderen einen Schritt vorwärts zu machen.

Wenn man sich einer Tugend rühmt, so ist man sehr nahe daran, sie zu verlieren - oder man hat sie bereits verloren.

28. Mai 1815

Schlägt er die Alliierten, so wird er sie damit wahrscheinlich untereinander entzweien. Ich glaube zwar nicht, daß sie noch dieselbe Einigkeit verbindet wie im letzten Krieg, aber von einer ersten Niederlage werden sie sich kaum entmutigen lassen. Napoleon muß also viele Schlachten schlagen. Wenn er dagegen eine erste große Schlacht verliert, wird seine Macht wie ein riesiger Schneehaufen bei 24 Grad zusammenschmelzen. Sollten die Alliierten ihn besiegen, so dürften sie allerdings nur bis vor die Tore von Paris vorrücken; dann müßten sie von den Franzosen verlangen, daß in freier Wahl gewählte Abgeordnete innerhalb von zwei Wochen zusammentreten, um in weiteren zwei Wochen über einen Herrscher und eine Verfassung zu beraten. Die Grenzen Frankreichs dürften nicht weiter beschnitten und die Regierungsform, die sich die Franzosen geben, müßte garantiert werden, vorausgesetzt, daß sie den anderen Mächten genügend Sicherheiten bietet.

5. Juni 1815

Napoleon steht an der Spitze von 400.000 Mann. Es herrscht Begeisterung bei der Truppe. Die Soldaten und die ärmsten Klassen sind für ihn, mit Ausnahme des Südens; der Norden und der Westen sind ihm vollkommen ergeben. Ganz Europa hat sich gegen ihn zusammengeschlossen. In der Bretagne ist der Bürgerkrieg ausgebrochen.

Fouché hat in den letzten Tagen Fräulein de Castellane geheiratet, was die Leute sagen läßt, die Castellane wollten sich mit dem Blut ihrer Könige nähren. Allerdings hat Fouché mehrere 100.000 Franken Rente; sicher hat er sie nicht von seinem Vater.

Die hassenswerten Seiten dieser Revolution: Der allerchristlichste König hat drei abtrünnige Priester in seinem Ministerium - Talleyrand, Fouché und Louis. Clarke wurde aus dem Ministerium entfernt. Er hatte das Portefeuille übernommen, als es kaum noch Chancen für den König gab. Dann folgte er ihm ins Exil auf die Gefahr hin, Frankreich niemals wiederzusehen. Unter Bonaparte hatte er zur Genüge bewiesen, daß er ein fähiger Kriegsminister ist. Was also hat die Herren Minister dazu bewegen können, dem König zur Entlassung des Herzogs von Feltre zu raten, wenn nicht die Furcht, unter sich einen Ehrenmann sitzen zu haben.

16. August 1815

Ich nahm dieser Tage an einem öffentlichen Vortrag von Herrn Hany und einem anderen von Herrn Cuvier teil. Der erste ist berühmt durch eine neue Systematik der Mineralogie. Er ist sehr alt, und man hat Schwierigkeiten, ihn zu verstehen, aber es scheint mir, daß er sich mit Eleganz ausdrückt. Herr Cuvier überblickt die ganze Naturgeschichte; der Tierkunde indessen gelten seine wichtigsten Forschungen. Er ist zweifellos der größte Naturwissenschaftler, den es gibt, und seine Darlegung ist von einer bewundernswerten Klarheit und Reinheit. Am meisten erstaunt hat mich, daß er die ungeheuren Fortschritte, die die Wissenschaften am Ende des 18. Jahrhunderts gemacht haben, Aristoteles zuschreibt.

Heute abend sah ich Herrn de Caraman, den Gesandten Frankreichs beim König von Preußen. Er kommt gerade aus Berlin: »Preußen«, sagt er, »steht am Vorabend einer Revolution. Justus Grüner und der General Gneisenau, Chef des Generalstabs von Blücher, sind die furchterregendsten unter den Männern, die im politischen Leben eine Rolle spielen. Indem sie den Truppen Freizügigkeit versprechen, bemühen sie sich, alles in den Griff zu bekommen. So mächtig die Armee schon ist, sie wird es noch mehr in den Händen solcher Personen, die Freiheit und Sansculottismus predigen. Der König hat sie nicht mehr in der Hand und kann die Bestrebungen nicht aufhalten. Blücher ist einfältig und unfähig, einen Feldzugsplan aufzustellen. Er weiß das und unternimmt nie etwas ohne die Hilfe von Gneisenau. – Der Plan des letzten Feldzuges war aber das alleinige Werk Wellingtons. Am ersten Tag waren die Preußen überrascht und geschlagen worden; der zweite war ihnen auch nicht günstiger. Als der Angriff schließlich auf Wellington gerichtet wurde, leistete dieser den wütenden Franzosen den ganzen Tag Widerstand und hat keinen Zoll Boden verloren. Ohne das Eintreffen Bülows an den Flanken des Feindes wäre er am nächsten Tag zum Rückzug gezwungen worden.«

Diese Einhelheiten können keinem Zweifel unterliegen; darüberhinaus stimmen sie völlig mit allen Bulletins und dem maßvollen Bericht Lord Wellingtons überein. Ehre sei diesem Helden, der die Qualitäten einer schönen Seele mit höchster Klugheit vereint!

20. August 1815

Ich habe bisher noch nichts über Potier gesagt, und das ist ein Verbrechen, denn Potier ist einer der großen Männer des Jahrhunderts. Er ist Schauspieler beim »Théatre des Variétés« und hat sich dort sein eigenes Genre geschaffen, das von niemandem nachgeahmt werden kann. Potier ist aber auch das komischste Wesen, das es gibt: Sein trockenes Gesicht, langgezo-

Der Pförtner des »Théatre des Variétés«

gen und beweglich bis in die jämmerlichsten Züge, seine Stimme, heiser und weinerlich, sein wie ein Streichholz dünner Körper – all das zusammen mit einer erstaunlichen Naturbegabung bildet ein köstliches Ganzes. Ich verdanke ihm tausend angenehme Eindrücke, und mein Zwerchfell schüttelt sich noch in der Erinnerung.

23. August 1815

Ney wurde vor neun Tagen bei einem Verwandten in der Auvergne verhaftet. Er ritt sehr viel, um die Gegend nach eventuellen Fluchtmöglichkeiten zu erkunden, und bei diesen Ritten trug er Zivil mit Orden. Dies zusammen mit der Unbedachtheit seiner Verwandten, die sich nicht der Prahlerei enthalten konnten, ihren Vetter, den Marschall auf Besuch zu haben, führte zu seiner Entdeckung durch die Behörden. Eine Abteilung Gendarmerie erhielt den Befehl, ihn zu verhaften, und das Haus wurde umstellt. Ney ließ die Gendarme hereinkommen und leistete keinen Widerstand. Aber er fuhr den Offizier mit groben Worten an: »Wie? Ein Lump wie Sie wagt es, einen Marschall von Frankreich zu verhaften, einen, der mit so viel Ruhm für die Ehre der Nation gekämpft hat? Hätten Sie mich nicht unter der Hand warnen lassen können?«

Schließlich wurde er abgeführt. Auf dem Weg überschüttete ihn das Volk mit Beleidigungen. Sein Tonfall wurde immer leiser, je näher man an Paris kam, und als er von der Verurteilung Labédoyères hörte, wurde er sogar nachdenklich. Der Offizier der Gendarmerie, der, Pistolen am Gurt, ständig mit ihm im Wagen saß, hatte ihn gewarnt, daß er ihm eine Kugel in den Kopf jagen würde, falls er versuchen sollte zu fliehen. Von Zeit zu Zeit bekam Ney Wutanfälle, in denen er den Gendarmerie-Offizier am Kragen packte und durchschüttelte: »Wie wagt es ein Lump wie Du, einen Marschall von Frankreich, einen Fürsten zu verhaften?«, und dann zählte er seine Titel auf, seine Ruhmestaten und die Frankreich geleisteten Dienste. Wenn er sich wieder beruhigt hatte, sprach er von seinen Feldzügen. Er behauptete auch, Briefe von Napoleon zu haben, die ihm bei seiner Verteidigung helfen würden. Die Frau von Ney kam ihm drei Meilen vor Paris entgegen und fuhr mit ihm in die Stadt.

Ich habe diese Einzelheiten von jemandem, der es wiederum von dem Gendarmerie-Offizier hat; der Offizier ist der

Bruder von einem Pächter dieser Person. – Dieser Schuft flößt mir bisher keinerlei Mitleid ein; vielleicht kommt es noch, denn wenn ich an Labédoyère denke, empfinde ich Kummer. Oberst de Labédoyère ging als erster mit seinem Regiment zu Bonaparte über; er wurde am 19. August erschossen und starb mit Mut.

26. August 1815

Willst du einen angenehmen Tag verleben, dann mache es so wie ich gestern. Ich frühstückte mit Fanny; man servierte uns Wachteln, Austern und guten Bordeaux. Dann waren wir zärtlich im Bett und machten Dummheiten. Danach war ich in der Schwimmschule; nachher habe ich mich hingelegt und geschlummert. Um fünf Uhr stand ich auf und aß Pfirsiche aus Montreuil. Wir trafen uns wieder, um in den »Jardin des Plantes« zu gehen. Als wir im Boot zurückfuhren, ging die Sonne unter. Paris sieht um diese Stunde entzückend aus, vor allem wenn man es vom Wasser aus betrachtet. Allmählich wurde es Nacht; die Gebäude strahlten in einem Kranz von Lichtern, der immer heller wurde, je weiter wir vorwärts kamen. Fröhliche Rufe »Es lebe der König« bezeugten die schöne Hoffnung, nicht mehr den Sansculottismus regieren zu sehen. Wir stiegen bei den Tuilerien aus; es war schon spät, trotzdem war der Garten voller Menschen, die von wirklicher Heiterkeit erfüllt waren. Ich weiß nicht, wie lange das weitergegangen wäre, hätten die unerbittlichen Nationalgarden die Menge nicht gezwungen, den Garten zu verlassen. Alle waren voll Kummer, daß der Tag des heiligen Ludwig schon zu Ende ging. Paris zeigte ein Gesicht, wie ich es unter Bonaparte nie gesehen habe. Dennoch klärt sich der Horizont nicht auf. Die Revolution dauert an. Alles wird zusammenbrechen, darüber besteht kein Zweifel, aber was wird folgen? Eine Frage, die man nicht beantworten kann.

Ich bin entschlossen, am 11. September abzureisen. Werde ich Kraft haben, nicht zurückzukommen?

Ich reiste aus Paris am 13. September um ein Uhr morgens ab. Fontainebleau: von außen macht das Schloß keinen sehr günstigen Eindruck. Es liegt mitten in einem Wald, dessen Vegetation nicht sehr schön ist; der Boden ist sandig. Ziemlich weit um Fontainebleau herum sieht man Felsspitzen aus der Erde herausragen. Das gibt der Gegend einen wilden, aber keineswegs angenehmen Anblick.

Montargis ist eine üble kleine Stadt, in der der Platzkommandant, ein Bayer, seine Tyrannei ausübt. Wenn man über einen seiner Soldaten Klage führt - die sich im allgemeinen schlecht benehmen - ist man immer im Unrecht; wenn ein Reisender durch den Ort kommt, stellt er ihm fünfzig Fragen, bevor er ihm erlaubt, Pferde zu nehmen. Das ist alles, was ich von diesem kleinen Tyrannen weiß; aber so klein er auch ist, dieser kleine Angestellte, es reicht doch, die Menschen zu ärgern.

Ich bin durch die Gegend von Brie gefahren, und alles, was ich von dieser Gegend gesehen habe, ist mit Ausnahme einiger Stellen an den Ufern der Seine ziemlich langweilig. Die Ausdehnung der Felder läßt darauf schließen, daß es hier große Besitzungen gibt. Ich bin jetzt in der Gegend von Orléans. - Gołkowski, mein alter Reisebegleiter, ist traurig, seine Wirtin verlassen zu haben; ich ertrage mutig die Trennung, fürchte aber, daß sich die »Sehnsucht« noch bemerkbar machen wird.

Nevers, 14. September 1815

Nevers liegt in einer schönen Landschaft an der Seine. Im Augenblick ziehen hier sehr viele Soldaten durch aus der Armee des Marschalls Suchet und aus der Loire-Armee. Diese Soldaten kehren ohne Waffen nach Hause zurück; sie sind im allgemeinen sehr schlechter Stimmung und benehmen sich den ausländischen Soldaten gegenüber häufig recht hochmütig. Diese Franzosen haben schon ein gewisses Ehrgefühl! Schade, daß die Revolution und Napoleon ihnen so schlechte Neigungen eingeflößt haben, die der Ruhe der Welt nur schaden. Einwohner, die wohl recht vermögend sind, sagten mir, in ihrem Departement gäbe es sehr viele Bonapartisten, aber wie überall wären es die armen Leute oder Leute schlechten Lebenswandels, die um jeden Preis reich werden wollten. Die Zahl dieser Leute sei groß, und am Ende hätten sie sich recht draufgängerisch und aktiv gezeigt; wären die ausländischen Truppen später gekommen, hätte es Hunderte von Niedergemetzelten und Guillotinierten gegeben. Die Menschen, die ich sprach, lobten den Bürgermeister, den guten Geist der Nationalgarde und die ausgezeichnete Wahl der Volksvertreter, die zwar Royalisten seien, aber weder Reaktion noch Rache suchten. – Ein Hinweis für die Statistik: Nirgends habe ich so viele Puten gesehen.

Das Bourbonnais: Vor mir sehe ich ein weit gedehntes Tal, rechts von einer Hügelkette, links von weiten Feldern begrenzt. Auf grünen Wiesen weiden die schönsten Kühe; Ochsengespanne von erstaunlicher Größe pflügen die Erde. Der Bauer führt sie an einer langen Stange, mit der er sie in die Richtung lenkt, die sie einschlagen sollen.

Roanne an der Loire ist die größte Stadt, die ich gesehen habe, seit ich Paris verließ; sie hat nichts Sehenswertes. Dort traf ich Offiziere der jungen Garde, eingefleischte Bonapartisten, die nur ihren lieben Kaiser im Kopf haben. Trotzdem hörte ich sie sagen, wenn der König im vergangenen Jahr niemandem habe vertrauen können, so habe er jetzt ein Drittel der Armee für sich. Das aus dem Munde von Menschen, die mir vernünftig erschienen, ist von großem Gewicht und läßt an die Möglichkeit glauben, die Armee reorganisieren und viele altgediente Soldaten behalten zu können, auch wenn man bei der Auswahl nicht vorsichtig genug sein kann. Davoût scheint unter den Generälen derjenige zu sein, den die royalistische Regierung am meisten fürchten muß. Er besitzt die Liebe der Soldaten, und sein Haß auf die Bourbonen ist unbezweifelbar. Auf der anderen Seite ist der Herzog von Berry derjenige, den die Armee am meisten haßt. Viele hoffen noch immer, daß Bonaparte zurückkommt, aber diese Meinung ist nicht mehr allgemein.

Tarare ist eine recht hübsche Stadt in einem tiefen Tal. Man erreicht sie über einen langen, steil abfallenden Weg. Hier gibt es Fabriken für Nesseltuch und Stickereien. Je näher man Lyon kommt, desto heiterer und reicher wird die Landschaft.

Lyon, 16. September 1815

Ist man von einer Sache ganz in Anspruch genommen, so erscheint einem alles andere fade. Mein Kummer beginnt aufzuleben. Es ist ein rechtes Unglück. Wird es für den Rest meiner Tage so sein?

Ich kam gestern abend in Lyon an. Die Stadt ist bemerkenswert gelegen am Zusammenfluß der Soane und der Rhone.

Heute besuchte ich das Museum, das viele römische Altertümer und auch einige schöne Bilder besitzt. Das bemerkenswerteste ist ein Perugino - oder ein angeblicher.

Am 25. September wird der Kaiser Franz erwartet; Kaiser Alexander wird ihn bis hierher begleiten. Diesen Herrschern erscheint Europa nicht größer als ein Haus: Die einen leben bei den anderen, als seien es nur Wände, die sie trennen; sie begleiten sich über hunderte von Meilen, als ob man jemanden ins Vorzimmer oder an die Treppe geleitet. Kommt ein Eindringling in eines der Zimmer, so versammelt sich die Kompanie und wirft ihn hinaus. Gibt es ein Fest, eine Novene, eine Krönung, eine Abdankung am anderen Ende der Welt, dann kommt man von allen Seiten gelaufen, so wie man zum Fenster geht, um einen Affen tanzen zu sehen. Es würde vielleicht weniger komisch auf mich wirken, wenn ich sehen könnte, daß es zu irgend etwas führt; stattdessen scheint der Jakobinismus, dessen einziger Schauplatz bisher Frankreich war, jetzt den Rest Europas zu überschwemmen. Die Herrscher sind zu Fabrikanten von roten Mützen geworden; der Kaiser Alexander und Ludwig XVIII. sind die Häupter dieser Manufaktur.

Genf, 19. September 1815

Gestern mittag kam ich hier an. Ich sehe den See und den Mont Blanc. Hier wurde Rousseau geboren. Das also ist die Landschaft, die diesen so wahren, feinfühlenden, ergreifenden Mann inspirierte.

Ich hoffte, Madame de Stael zu sehen, aber sie ist nach Mailand abgereist. Dagegen traf ich hier einen Bekannten aus Paris, Herrn Sismondi, einen auf dem Gebiet der Geschichte sehr gelehrten Mann, der höfliche Umgangsformen hat, viel Weltläufigkeit und zugleich viel Unbeholfenheit in seinem Auftreten. Er ist zurückhaltend, bescheiden, beflissen, voller Schmeicheleien; er scheint Angst zu haben, seine Augen auf einen zu richten, und ist doch gleichzeitig voller Leidenschaft. Die Unterhaltung mit ihm ist anstrengend, denn er ist weitschweifig. Sismondi ist eine der Säulen der liberalen Ideen, und er hat eine große Verehrung für Bonaparte: Was für ein Widerspruch! Obwohl ich glaube, daß er dabei aufrichtig ist; nur hat er vermutlich eine schwache Urteilskraft. Es ist auch möglich, daß sein Landsmann Benjamin Constant, der arglistigste und zugleich gewandteste Redner dieses Jahrhunderts, ihn in dieser Richtung beeinflußt hat. Bonaparte hat sich lange mit Sismondi unterhalten und hat vor ihm Tränen vergossen: Diese Szene wird dazu beigetragen haben, daß er sich eine so hohe Meinung von dem großen Mann bildete.

Die Uhrenfabrik ist merkwürdig. Man macht goldene Uhren zum Aufziehen für vier Louis und Uhren, die nur die Stunden anzeigen, für 24 Louis. Das erklärt den unerhörten Preis, den Breguet für seine fordert.

Hier gibt es einen Landschaftsmaler namens Töpfer; ich habe eine sehr schöne Zeichnung von ihm gekauft. – Morgen fahre ich ab, um den Mont Blanc zu sehen.

Der Charakter der Berge ist unendlich vielfältig. In dem Maße, wie das Gebirge ansteigt, wird es karger. Die Tanne klammert sich mit ihren Wurzeln an Felsen, die kaum noch Erde tragen; daneben noch trauriger eine Birke, die aus einem Felsspalt herauswächst; nur die Ziege weidet an diesen für andere Tiere unzugänglichen Stellen. Der Weg steigt an, und es bietet sich ein weiter Ausblick; die Natur ändert sich mit jedem Schritt: Hier ist sie heiter, dort düster, dann wieder großartig – der Blick bleibt am strahlenden Gipfel des Mont Blanc hängen. Die Sonne fällt mit ihren goldenen Strahlen auf diese gewaltige Natur, und so entstehen tausend verschiedene Wirkungen.

Ich übernachtete in St. Martin; die Herberge ist gut und der Wirt ein ehrlicher Mann. Am nächsten Morgen nahm ich Maultiere nach Chamonix, wo ich um vier Uhr nachmittags ankam. Ich machte einen kleinen Umweg, um den Wasserfall von Chède zu sehen. – Ein paar Engländer hatten sich zu uns gesellt: ein schottischer Baronet, Major eines jener schottischen Regimenter, die keine Hosen tragen, zwei irische Gentlemen und ein Zeichner – alles ausgezeichnete Menschen, sehr höflich und voll guter Laune. Einer von ihnen, der gut Französisch sprach und mir gebildet schien, erzählte mit Begeisterung von unserem polnischen Helden Kościuszko. Wir aßen zusammen eine gute Forelle und die erbärmlichsten Koteletts, die je ein Hammel lieferte. Wir verzehrten die Forelle, die Koteletts setzten wir in Verse, und so verging das Mahl in größter Fröhlichkeit. Es wurde beschlossen, am nächsten Morgen in aller Frühe den Mont Anvers zu besteigen.

Mit großen eisenbeschlagenen Stöcken, im Gänsemarsch einer hinter dem anderen, machten wir uns von Chamonix aus an den Aufstieg. Die Führer leiteten uns und halfen uns, die schwierigsten Stellen zu überwinden. Es war unendlich ermüdend. Schließlich befanden wir uns mehr als 400 Klafter über Chamonix. Von hier aus sieht man den Mont Blanc nicht; er ist hinter Felsen versteckt. Wer seinen Gipfel besteigen will, muß dem Gletscher folgen. Frau von Saussure war die erste, die hinaufkam, vor etwa hundert Jahren; einige andere sind ihrem Beispiel gefolgt, aber seit Jahren gab es niemanden, dem es gelungen ist; das Wetter war ihnen ungünstig.

Nach einer Ruhepause machten wir uns an den noch steileren Abstieg. Unter uns lag das stille Tal von Chamonix, der wunderlichste Gegensatz zu den wilden Bergen ringsumher. Das Eismeer ist eines der erstaunlichsten Phänomene: Es berührt die heiteren Hänge des Tales von Chamonix, ohne daß die kalten Massen etwas von ihrem Schrecken verlieren, aber auch ohne den geringsten Einfluß auf die Vegetation. Eisblökke erheben sich zu unglaublicher Höhe, und daneben steht schon die Tanne, die heute oder morgen von diesen Blöcken erdrückt werden wird.

Ein anderes Wunder kann mit diesem verglichen werden: Eine nur in der Einbildung bestehende Linie trennt Frankreich von Savoyen, ohne daß der tugendhafte Savoyarde von der Verderbtheit des Franzosen angesteckt worden wäre, ohne daß der Franzose vom Savoyarden die Tugenden übernommen hätte.

Auf dem Rückweg zur Herberge von Chamonix hoffte ich den Albino zu sehen, der eine der Merkwürdigkeiten dieser Gegend ist und der sich gewöhnlich am Weg aufhält, den die Reisenden nehmen. Eine Krankheit fesselte ihn ans Bett, und man hätte einen Umweg machen müssen, um ihn zu sehen, aber dazu war ich zu müde. Der Führer erzählte mir, daß die Eltern keinerlei Zeichen von Albinos aufwiesen, daß aber zwei von fünf Kindern weiß waren. Derjenige, der noch am Leben ist, hat selbst Kinder mit sehr braunen Haaren und Haut und Augen von gewöhnlicher Farbe. Der Albino ist recht intelligent, hat aber eine schwache Gesundheit.

Auf diesem Ausflug habe ich mich viel mit den Einwohnern der Gegend unterhalten, um ihre Sitten und den Stand ihrer

Bildung kennenzulernen. Sie scheinen mir einfach, gutmütig, von gesundem Menschenverstand. Hier, wie auch sonst, freut sich die Mehrzahl der rechtschaffenen Leute über den Sturz von Bonaparte. Der König von Sardinien, dessen Untertanen sie nun sind, hat die drückenden Gesetze des ehemals großen Mannes größtenteils geändert. Während der ersten Monate der Restauration hatten sich die Priester viele Befugnisse angemaßt, die ihnen aber zur großen Zufriedenheit der Savoyarden wieder abgenommen wurden. Sie scheinen mir in ihren religiösen Gefühlen stark erschüttert. Die Revolution hat dieses arme Volk der Tröstungen durch den Glauben beraubt; die Sitten hingegen sind rein geblieben. Die Frauen hier wissen nichts von Liederlichkeit!

Das Maultier, das ich ritt, hieß die Marquise. Man kann viel über diese Marquise erzählen. Sie hatte vor einem Jahr die Ehre, auf ihrem Rücken eine wertvolle Bürde des österreichischen Kaiserreiches zu tragen: Marie Louise, Erzherzogin, Kaiserin und Frau des großen Mannes. Mein Führer, der die Fürstin geleitet hatte, erzählte mir Einzelheiten von diesem denkwürdigen Tag: Sie wurden von einem schrecklichen Gewitter überrascht; der Blitz schlug auf allen Seiten ein; es regnete in Strömen; die Bäche waren angeschwollen; es ging nur langsam voran. So war es Nacht geworden, bevor man in Chamonix ankam, und man mußte Fackeln anzünden. Die Erzherzogin war nicht erschreckt, was bei einer Prinzessin, die genügend Mut hat, Bonaparte zu heiraten, nicht verwundern darf. Diese Marquise hatte ein anderes Abenteuer, das ihr fast zum Verhängnis geworden wäre: Sie war mit zwei Fässern Wein mehr als 20 Fuß hinuntergestürzt, ohne daß ihr oder den Fässern etwas passiert wäre. Diese Marquise ritt ich, und ich kann nur ihre Beine und ihre gleichmäßige Laune loben, obwohl diese, etwas melancholisch und träumerisch, mich oft in die Notwendigkeit versetzte, meine Reitpeitsche zu gebrauchen, um zu verhindern, daß sie einschläft.

Am 23. September kam ich zurück nach Genf; am Sonntag fuhr ich ab zum Simplon. Die ersten zwölf Meilen gehen fast ständig am Ufer des Genfer Sees entlang: Welch schönes Schauspiel, diese riesige glatte, vollkommen durchsichtige Wasserfläche, umgeben von hohen Bergen! Der Genfer See ist der schönste See Europas: durch seine Ausdehnung, die Reinheit seines Wassers, die reiche Vegetation seiner Ufer, die eindrucksvollen Berge, die Nähe des Mont Blanc, dessen silberne Gipfel die weite Landschaft beherrschen. – Am zweiten Tag kamen wir nach Brig. Dieser Teil des Wallis ist ebenso fruchtbar und kultiviert wie der Rest des Landes. Ein einziger Umstand stimmt einen traurig: der größte Teil der Bevölkerung ist von abstoßender Häßlichkeit. Man sieht Kinder mit großen, aufgeblähten Gesichtern, die aussehen wie Greise; überall schiefe Gesichter, zahnlose Münder, herabhängende Lippen, triefende und schielende Augen, riesige Bäuche und verwachsene Glieder. Von Geburt an Taube, Stumme und Blinde sind häufig; die Natur hat bei ihnen auch mit dem Verstand gegeizt, fast alle tragen auf ihren Gesichtern Zeichen der Dummheit. Es ist eine Menschenrasse, deren Denkfähigkeit gleich Null ist, so daß sie manchmal nicht einmal die Nahrung zum Mund zu führen wissen, sich nicht selbst anziehen können. Man preist es als eine Segnung des Himmels, ein solches Wesen im Haus zu haben! Ich weiß nicht, wer ihnen diesen seltsamen Glauben gegeben hat, aber er ist im Wallis allgemein verbreitet.

Zum Simplon steigt man auf einem sanften Hang empor. Die Landschaft ist arm, Häuser sind selten; sie sind schmutzig und klein. Man muß sechs Poststationen hinaufsteigen, bevor man in den Ort kommt, der bereits einige Meilen jenseits des Gipfels liegt. Bis dahin ist man erstaunt über den Ruf, den diese Straße genießt; sobald man aber wieder herabsteigt, erkennt man, welche Wunder die Natur hier vor uns ausgebreitet hat. Auch die Kunstfertigkeit des Menschen hat hier Wunderwerke vollbracht; der Wille Bonapartes hat hier Schwierigkeiten bewältigt, die man für unüberwindbar gehalten hätte. Die über die Abgründe langsam und gleichmäßig hinwegführende Simplon-Straße ist zweifelsohne das schönste Denkmal, das Bonaparte den Menschen hinterlassen hat. Er verstand es, Steine aufzutürmen. Seine Triumphbögen sind mehr wert als die Siege; seine Brücken, Straßen, Kanäle mehr als all seine Eroberungen!

Je weiter man auf der Straße vorankommt, desto eindrucksvoller wird auch die Natur: Welcher Pinsel wäre in der Lage, diese imposanten Schönheiten festzuhalten! Tiefe Ergriffenheit erfaßte mich. Man ist an einem Ort, an dem die Natur uns zugleich mit all ihrer Kraft zurückzustoßen scheint. Ein unerklärliches Gefühl läßt einen fast wünschen, sich in den Abgrund zu stürzen, wo das Wasser brodelt und schäumt. Wie armselig ist doch das Leben des Menschen! Was wird vor der Großartigkeit der Natur aus kleinen Nichtigkeiten, aus unseren Wünschen und selbst aus ehrgeizigen Plänen? Die großen Bilder der Natur lassen alle Gefühle in uns verstummen, nur nicht die der Liebe und des Schmerzes. Ich fühlte mich hier allein mit meinem Leid, mit meiner eitlen Trauer. Mein Herz war beklommen, meine Phantasie trunken. Mit Inbrunst wünschte ich mir, was keine Macht mir geben kann - in diesem Augenblick bei ihr zu sein!

In wenigen Stunden gelangt man vom Simplon zum Lago Maggiore. Der Weg gleicht einem Garten. Überall klammern sich Weinreben an die Bäume, man sieht Girlanden voll schöner Trauben, Bäume voller Früchte. In der Mitte des Lago Maggiore erheben sich die Borromäischen Inseln. Auf der Isola Bella liegt das Schloß des Grafen Borromeo. Schloß und Garten gewinnen nicht, wenn man sie von nahem sieht; der Garten ist in einem seltsam gekünstelten Stil angelegt, das Schloß von wenig bemerkenswerter Architektur, aber vom See aus bietet alles einen heiteren und anmutigen Anblick. Das Wasser war ruhig und spiegelte jenen wunderbaren blauen Himmel, der einen so prächtigen Rahmen für die Landschaften Italiens abgibt.

In Mailand kam ich am 27. September sehr spät abends an. Auf der kurzen Strecke von zehn Poststationen, die ich in Italien hinter mich brachte, hatte ich reichlich Muße, die Aufdringlichkeit der Armen und die Scherereien mit den Postmeistern kennenzulernen, die einem bald mehr Pferde aufdrängen wollen, als man braucht, bald weniger geben, als man bezahlt hat. Die Herbergswirte, die um jeden Preis möchten, daß man bei ihnen einkehrt, schicken einem zu diesem Zweck Abordnungen von Wirtshausdienern entgegen. Die Postkutscher sind ebenfalls sehr quälend und mit ihren Trinkgeldern nie zufrieden.

Mailand ist eher traurig, wenn man dort niemanden kennt. Der Dom ist allerdings großartig. Da es hier noch Steine einzusetzen gab, ließ sich Bonaparte diese Gelegenheit nicht entgehen. Das Ganze macht einen sehr reichen, etwas verwirrenden Eindruck. Der Dom ist ganz aus weißem Marmor, sowohl innen wie außen. Unzählige kleine Türme erheben sich über dem Dom, und jeder trägt auf seiner Spitze eine Statue, insgesamt sind es 800. Am überraschendsten an der Fassade ist, daß der untere Teil moderner ist als der obere, und je höher der Blick hinaufwandert, desto mehr zeigen die Verzierungen gotische Formen, so daß es aussieht, als hätte man den Bau des Gebäudes von oben her begonnen. Das Innere der Kirche ist ganz aus einem Wurf, und der Eindruck ist großartig. Ich glaube, daß es auf der Welt kein zweites Gebäude von dieser Bedeutung gibt, das in seiner Ausschmückung so kostbar ist.

Ich war schon im Begriff, aus Mailand abzureisen, als ich von der Ankunft von Madame de Stael erfuhr. Ich hatte von Madame de Dolomieu und Herrn Sismondi Empfehlungsschreiben, von denen ich wußte, daß sie große Lobreden auf mich enthielten. So konnte ich einen wohlwollenden Empfang erwarten, und diese Gelegenheit wollte ich mir nicht entgehen lassen. Da sie gerade erst angekommen war, war sie noch nicht von jenem Schwarm von Bewunderern umgeben, den sie überall, wohin sie kommt, um sich versammelt. Bei ihr waren nur ihre Tochter, Herr Schlegel, ihr magerer Verehrer Herr Rocca und einige Italiener. Sie trug ein Kleid, das man notfalls für weiß halten konnte, aber in jedem Fall ein schmutziges Weiß. Ihre Arme waren entblößt und die Hände nicht sauber; eine Haube versteckte nur schlecht ihre unordentlichen Haare. Sie empfing mich mit den üblichen Komplimenten, fand aber bald den Weg, über liberale Ideen zu sprechen. Gleich bei ihren ersten Worten hatte ich den Mut, meine Abneigung gegen diesen revolutionären Wahn zu bezeugen. »Wie«, sagte sie, »ein junger Mann, der die liberalen Ideen nicht liebt? Wie begründet er das?« Ich sagte, daß sie mir Angst machten, und vermied es, dieses Thema auszuspinnen, denn es hätte zu einer förmlichen Auseinandersetzung geführt; überdies imponierte sie mir und brachte mich dadurch in Verlegenheit.

Sie warf oft zärtliche Blicke auf Herrn Rocca. Sie macht sich Gewissensbisse über seinen Zustand; man nimmt allgemein an, er habe sich seine Krankheit in Rußland zugezogen, als er sie dorthin begleitete, vielleicht auch zu viel Liebe ... aber glauben wir lieber, daß es die Kälte war. Es ist ein schöner junger Mann mit einem interessanten Gesicht. Man sagt, er sei geistreich; er hat publiziert. Wegen seiner Gesundheit hat sich Madame de Stael entschlossen, den Winter in Italien zu verbringen.

Ich knüpfte ein Gespräch mit der Tochter an, die mir natürlich und geistreich erschien. Ich unterbrach die Unterhaltung nur, um der Mutter hin und wieder ein Kompliment zu machen, was ihr nicht zu mißfallen schien. Herr Sismondi hatte mich über die Komplimente belehrt: Wenn man bei ihr gut angesehen sein will, könne man nicht genügend davon machen; im allgemeinen hinterlasse es zwar keinen großen Eindruck, da sie so viele empfange; sollte sie aber einige Zeit gar keine erhalten, fehle ihr etwas. Dem ist sie wohl nur selten ausgesetzt.

Ich fand, man könne anstandshalber einen ersten Besuch nicht länger ausdehnen, und entfernte mich. Beim Weggehen forderte sie mich auf, so oft wie mögich zu kommen, solange ich in Mailand sei. Wenn ich auch nur kurze Zeit bei Madame de Stael verbrachte, so hatte ich doch Gelegenheit zu bemerken, daß sie größten Wert auf die Bekanntschaft mit bedeutenden Persönlichkeiten, berühmten Zeitgenossen und Leuten mit Titeln legt. Sie prahlt mit dieser Art von Bekanntschaften in einer Weise, die mich erstaunte. Warum schützt ein von anderen so unabhängiger Ruhm nicht vor so kleinen Eitelkeiten? Ich habe schon öfter festgestellt, daß gerade die Wortführer der liberalen Ideen diejenigen sind, die von großen Namen am meisten geblendet werden.

Am nächsten Tag sah ich sie zu früher Stunde wieder. Sie nahm mich mit zu einer Preisverteilung. Es war sehr langweilig. Von dort gingen wir ins Museum. Ich reichte der Mutter den Arm. Ihre Konversation entzückte mich. Ich sollte am Abend Abschied nehmen, aber meine Faulheit war stärker als ich; ich ging nicht hin, und so sah ich sie nicht mehr, denn am nächsten Morgen reiste ich aus Mailand ab.

In Brescia mußte ich übernachten, weil alle Postpferde für die Equipagen des Kaisers Franz bestimmt waren. Um die Zeit totzuschlagen, ging ich ins Theater. Der Saal ist fast so schön wie der in Mailand - ich sage fast, weil alle fast sagen; ich selbst finde ihn schöner und habe nie einen schöneren gesehen mit Ausnahme vielleicht des Londoner Theatersaals. Ich weiß nicht recht, was man spielte - es glich einer Schmierenkomödie, und der Schauspieler, der den meisten Beifall fand, war besonders scheußlich -, aber ich amüsierte mich sehr gut, weil ich ein kleines Liebesspiel anfing. Ich entdeckte in einer der Logen des Erdgeschosses ein junges hübsches Fräulein, das von seinen Eltern begleitet war. Der Vater war mit dem Stück beschäftigt, die Mutter kehrte mir den Rücken zu, und so konnte ich mir das junge Mädchen betrachten, ohne aufzufallen. Das Fräulein fand daran Vergnügen, ihre großen Augen waren ständig auf mich gerichtet. Schließlich machte sie mir ein Zeichen, am Ausgang zu warten; so weit waren wir also gekommen. Mein Platzanweiser sagte mir, es sei ein hiesiger Rechtsanwalt mit Frau und Tochter. Das Fräulein schien eine Indiskretion zu vermuten: Szene der Entrüstung und des Zornes! Zärtliche Entschuldigungen meinerseits. Ich riß ein Blatt aus meinem Notizbuch, kritzelte etwas darauf - ich weiß nicht mehr was - und deutete ihr mit Zeichen an, daß ich ihr beim Herausgehen diesen zärtlichen Zettel zustecken würde. Alles ist verabredet; endlich geht es hinaus. Aber, oh weh! Ich finde, daß ihr Hinterteil zu dick ist, die Beine zu kurz. Aus bloßer Neugier folge ich ihr bis zu ihrem Haus, ihre Augen suchen mich mit sichtlicher Unruhe. Statt vor dem Haus zu warten, statt zu versuchen, hinein zu gelangen, kehre ich schließlich ruhig zurück, entzückt über meinen Abend, denn eine erfolgreiche Spielerei macht mir mehr Vergnügen als der Besitz der schönsten Frau, in die ich nicht verliebt bin.

Am Morgen ging ich noch einmal hin, in der Hoffnung sie am Fenster zu sehen - aber ohne Erfolg. So fuhr ich am 6. Oktober nach Verona weiter, ohne der Sache nachgegangen zu sein, was ich sehr bedauerte, denn das Gesicht dieses Mädchens beschäftigte mich noch mehrere Tage.

Am 8. in Venedig; am 11. in Venedig abgefahren, abends in Padua angekommen. Am 12. abgefahren, in Klagenfurt übernachtet; am 17. Oktober in Wien um acht Uhr abends angekommen.

Wien, 18. Oktober 1815

Stolz ist ein Gefühl, das nichts einbringt. Er hat weder ein Ziel noch eine Ursache. Auch ist er unabhängig von der Stellung. Eitelkeit dagegen beruht auf einem gesellschaftlichen Vorteil, auf einer bestimmten Situation, und sei sie nur eingebildet. Vom Ehrgeiz läßt sich sagen, daß er immer ein Ziel hat, ohne je an eine Grenze zu stoßen.

Es gibt eine Art von Höflichkeit und Wohlwollen, die sehr unangenehm ist: Wenn man dir zu verstehen geben will, daß es an ein Wunder grenzt, sich mit dir zu befassen. Fürsten und Fürstinnen haben selten das Talent, eine solche Einstellung nicht spüren zu lassen.

Heute war ich in Schönbrunn. Die Treibhäuser sind großartig. Ich hätte gern den kleinen Bonaparte gesehen, aber es war kalt: das hat ihn wohl daran gehindert, herauszugehen.

13. November 1815

Seit dem ersten diesen Monats bin ich sehr krank. Ich habe eine Gelbsucht. Jetzt geht es besser.

15. November 1815

Das Nachdenken ist der größte Feind unserer inneren Ruhe. Wenn du freilich ein rechtes Herz hast, führt es dich zum Guten. Das Nachdenken macht dich dann besser, aber nicht glücklicher.

Eine alte Regierung hält sich durch die öffentliche Meinung an der Macht; eine neue kann sich nur durch Stärke demonstrieren. Das allein bedeutet, daß man bei einem Regierungswechsel immer Gefahr läuft, noch größerer Tyrannei ausgesetzt zu werden.

Am 30. November um acht Uhr morgens in Wien abgefahren, nachdem ich mit einem Nervenfieber im Hause der Fürstin Marschallin Lubomirska mehrere Wochen mit mütterlicher Güte gepflegt worden war.

Breslau, 15. Dezember 1815

Mit unendlichem Vergnügen habe ich mich davon überzeugt, daß ich aufgrund von Überlegungen, nicht aber vom Charakter her mißtrauisch bin. Ich behaupte, daß ich niemandem vertraue, und dennoch kann ich mich nicht dazu zwingen, zu lauschen oder mich vor jemandem in acht zu nehmen. Vielleicht ist es nur Nachlässigkeit.

Aus Breslau am 15. Dezember abgefahren; am 26. aus Rogalin abgefahren. Am 28. in Warschau angekommen.

1816

Warschau, 18. Januar 1816

Vorgestern aß ich mit Carnot bei Madame Jan Potocka. Er spricht viel und gern über die Ereignisse zu Beginn der Revolution und mit lächerlichen Vorurteilen über die letzte Zeit. Seine Verblendung geht so weit, daß er z. B. behauptet, der Papst liebe Bonaparte mehr als den König, in der Schlacht vom Mont-Saint-Jean seien 80.000 Franzosen umgekommen und ähnliches mehr. Seine Urteilskraft ist sichtlich schwächer geworden, nur seine Erinnerungen an die Zeit vor Bonaparte sind wahr. Kommt er auf die Revolution von 1793 zu sprechen, erwacht sein Geist. Er war ein Verbrecher aus Überzeugung, und wie falsch diese Überzeugung auch gewesen sein mag, wenigstens war sie stark. Er war grausam, weil er mitgerissen wurde, aus Begeisterung sozusagen; aber jetzt ist seine Haltung verbrecherisch aus Beharrlichkeit. Seine moralischen Fähigkeiten sind durch dauernde seelische Unruhe mit der Zeit verbraucht und abgestumpft. Es scheint, daß ihm die ersten Tage der Revolution ständig vor Augen stehen, denn er sagte: »Ich liebe es nicht, mich an diese Augenblicke zu erinnern«, aber im gleichen Moment verfiel er in Nachdenklichkeit. Er versichert, daß er es gewesen sei, und nicht Barras, der Bonaparte zum Oberbefehlshaber in Italien ernennen ließ. Es habe keine Verschwörung gegeben, um Bonaparte von Elba zurückzurufen. Bonaparte habe selbst gesagt, es wäre unmöglich gewesen, ihn dort festzuhalten, denn beim geringsten Wind wäre die englische Flotte durcheinander geraten, und dann hätte ihn nichts daran hindern können, auszulaufen. Bei seiner Rückkehr von Elba ließ er Carnot nicht rufen; dieser ging hin, so wie alle hingingen. Bonaparte bereitete ihm einen zärtlichen Empfang und vergoß Tränen. Carnot hält Bonaparte für einen erledigten Mann.

Rousseau sagt in seiner »Emile«: »Ich halte es für unmöglich, daß die großen Monarchien Europas noch ein langes Leben vor sich haben; sie alle haben Glanz entfaltet, und alles, was glänzt, steht vor dem Verfall.« – Ich teile diese Ansicht.

Der historisch-politische Aufsatz Chateaubriands über die Revolutionen ist schlecht gemacht, zeigt aber viel Phantasie und erweckt häufig den Anschein von Tiefe. Es ist nur ein Essay, und doch ist man bestürzt zu sehen, wie oft der Verfasser vom Thema abweicht, wie wenig er alles geordnet hat.

22. Januar 1816

Ratschläge, um die niemand gebeten hat, werden stets schlecht angenommen.

11. Februar 1816

Aus einem Brief an meinem Bruder: »Dank Dir, mein lieber Eduard, daß Du mich bei Dir haben willst. Du sagst, ohne Groll! Ja, ohne Groll! Und mir liegt noch viel mehr daran, dies zu sagen. Denn ich bin es, mit dem schwer zusammenzuleben ist, und nicht Du, der mir stets das zärtlichste Interesse gezeigt hat. Auch ich liebe Dich, mein lieber Eduard; wen haben wir beide schon auf der Welt, der dem einen den anderen ersetzen könnte? Sich lieben zu können, ist das Beste, was die Natur in uns gelegt hat. Es setzt viel voraus und ist das, was uns über die Tiere erhebt ...«

An meine Großmutter: »Therese sehe ich jeden Tag, wie eine Schwester liebe ich sie und schätze sie, so wie Sie, meine Mutter. Sie ist ein engelhaftes Wesen. Solange ich weiß, daß sie glücklich ist, werde ich immer einen Trost darin finden, welches Leid mich auch treffen mag!«

Zwei Beispiele von Gemeinheit: Madame Wielhorska nimmt von Madame Rzewuska 600 Gulden und verpflichtet sich, dafür zu sorgen, daß die Regierung das Haus dieser Dame kauft.

Die Fürstin Radziwiłł aus Nieborów nimmt eine Einladung des Großfürsten an, gemeinsam bei seiner Mätresse zu essen, einer Modehändlerin aus St. Petersburg.

Rogalin, 21. März 1816

Von allen Lügen ist am hassenswertesten die, durch die man besser scheinen will, als man ist.

Aus einem Brief der Fürstin Marschallin Lubomirska an meinen Großvater, Wien, 1. April 1816: »Ich fand Herrn Athanas während der ganzen Zeit, die er in Wien war, würdig, Ihr

Großsohn zu sein. Er ist liebenswürdig, feinfühlend, und ich bin überzeugt, daß er sich immer Ihrer wert erweisen wird.«

Breslau, 21. April 1816

Der Plan einer Ehe mit Mademoiselle Branicka beschäftigt mich sehr; er weckt tausend Befürchtungen, tausend lästige Gefühle. Sollte die Angelegenheit von der jungen Dame positiv aufgenommen werden, so sehe ich noch nicht, wie ich entscheiden werde. Der Gedanke läßt mich zittern. Ich liebe Fanny zwar nicht mehr so wie einst, aber ich weiß nicht, wie ich die Kraft finden soll, ganz zu verzichten.

Krzemieniec, 23. Mai 1816

Arthur Potocki hat viele Frauen erobert. Viele Schöne haben sich ihm an den Hals geworfen, nicht wenige hat er verführt. Kurz, Arthur ist ein Liebhaber, der in ganz Polen nicht seinesgleichen findet. Er ist groß, schön, geistreich, unverschämt und freigebig. Er mokiert sich über alles und jeden. Meist gehen seine geistreichen Salon-Bemerkungen auf Kosten anderer, gegen die er stets mit viel Kunst und größtem Erfolg die Waffe der Lächerlichkeit richtet.

Nach fünfzig Intrigen, falschen und eingebildeten, mehr oder weniger skandalösen, richtete der schöne Arthur seine leichtfertigen Wünsche eines Tages an die Fürstin Dominik Radziwiłł, die Frau des größten Herrn und nachsichtigsten Ehemannes in Polen. Sie ist jung, schön, originell, und unter einem etwas naiven, unbeholfenen Aussehen versteckt sie eine ausschweifende Phantasie und extravagante Einfälle. Mit ihrer Bildung freilich ist es nicht weit her, und Prinzipien hat sie so gut wie keine. Sie bewunderte Arthur seit dem Tag, an dem sie ihn zum ersten Mal sah: Es war Liebe auf den ersten Blick! Kräche, Skandale, Zänkereien, Versöhnungen folgten in schneller Folge aufeinander, und man hätte glauben können, sie habe noch nie geliebt, so heftig war ihre Liebe. Bei Arthur waren es nicht die gleichen Symptome. Zunächst nahm er sie, um zu genießen, aber dann war auch er von ihrer Liebe ergriffen. Er sah, daß es mehr war als eine Laune – sie erlangte sehr schnell Macht über ihn – und bald hatte der kaltherzige Arthur den Kopf verloren. Nachdem ihr Mann gestorben war,[51] machte man sich daran, die Leidenschaft zu verewigen. Seit langem lebte man schon zusammen, wie es in Warschau üblich ist. Man hatte Kinder gezeugt. Es fehlte nur noch die Eheschließung.

Unterdessen kommt der große Chef der Koalition Europas nach Warschau. Man hat ein Vermögen zurückzufordern, man hat um Gnaden zu bitten. Der Kaiser Alexander ist galant. Er verspricht alles, mehr sogar als man fordert. Er ist ein schöner Mann, vor allem für einen Kaiser. Er unterhält sich mit der Fürstin erst über Politik, dann über Gefühle. Eine Art von Intimität entsteht zwischen dem Herrscher und der Schönen, aber Arthur sieht in der Beflissenheit des Kaisers nichts mehr als allgemeine Galanterie, in dem Entgegenkommen der Fürstin nur den Wunsch, ihr Vermögen wiederzuerlangen und das Wohl ihrer Kinder zu sichern. Arthur kann sich einfach nicht vorstellen, daß man ihm untreu sein könnte.

Die Geschäfte verlangen, daß die Fürstin nach Petersburg reist, um den Verlauf ihres großen Prozesses zu überwachen. Arthur wird zum Adjutanten des Kaisers ernannt; er soll der Fürstin folgen. Zwei bis drei Wochen vergehen. Dann reist er auf den Flügeln der Liebe, beeilt sich sehr, kommt in Petersburg an – dort aber erwartet ihn ein kleiner Kummer. Tschernischeff macht der Fürstin den Hof! Arthur ist eifersüchtig; der Horizont bedeckt sich mit Wolken. Der Kaiser, der Freund beider Verliebten, bemüht sich um eine Aussöhnung. Eines Abends kommt er zur Fürstin; Arthur ist bei ihr. Der Kaiser spricht, plädiert, überzeugt, und der Frieden ist wieder hergestellt. Arthur, von seinem Zorn erlöst, froh und wie neugeboren, verabschiedet sich von der Fürstin und läßt, ohne das Geringste zu vermuten, den Vermittler allein bei ihr zurück. Welches Erstaunen, als er zu Hause den Befehl vorfindet, sofort nach Wolynien zu reisen! Der Wagen wartet bereits vor der Tür, und Arthur ist gezwungen einzusteigen. In Żytomir angekommen, überträgt man ihm eine Zollangelegenheit; er soll die Juden kontrollieren. Die Erklärung des Rätsels? Tschernischeff diente als Vorwand, und der große Friedensstifter war der lachende Dritte …

Berdiczew, 16. Juni 1816

Die Antwort von Madame Branicka ist gekommen. Sie sagt, daß ihre Töchter sich jetzt noch nicht verheiraten wollen. Ich

empfinde keinen Kummer, abgelehnt zu werden. Im ersten Augenblick war zwar meine Eigenliebe etwas verletzt, aber es wäre für mich viel peinlicher gewesen, nach Białacerkiew zu fahren, wo ich niemanden kenne. Hinzu kommt, daß ein solcher Schritt nicht im Einklang mit meinen Neigungen gestanden hätte, die mich trotz allem immer wieder nach Frankreich hinziehen. Von heute ab gerechnet werde ich in 14 Tagen wieder französischen Boden unter den Füßen haben! Und eine Woche später werde ich wieder ganz meinen Pariser Gewohnheiten nachgehen.

Berdiczew ist, wie alle Städte dieses Landes, ein erbärmliches Nest, wo es nur Juden gibt. Die Häuser sind aus Holz und windschief, aber es gibt Handel. Was Pelze und türkische Waren betrifft, findet man sogar recht wertvolle Dinge.

18. Juni 1816

Es ist nicht einfach zuzugeben, daß man unrecht hat, wenn man sicher ist, recht zu haben.

Man kann sagen, was man will, es gibt Dinge, über die alle fast dasselbe denken. So ist es wirklich ein Vorteil, den man seinen Kindern sichert, wenn man durch Vermögen und gute Allianzen die Achtung ihres Namens steigert. Ich sage Vermögen und Allianzen, denn es ist selten, daß man Ansehen tatsächlicher Größe verdankt! Wie viele große Familien sind aufgestiegen und gefallen, ohne daß es einen wirklich bemerkenswerten Menschen zu erwähnen gibt? Wie viele andere wären groß geworden, wenn der Ruhm oder die Tugenden einer Generation durch gute Allianzen und Vermögen für spätere Zeiten gesichert worden wären?

Nur wenige Menschen hätten etwas dagegen, wenn ihre Vorfahren in der Geschichte wegen Verbrechen genannt würden; dies wäre jedenfalls besser als überhaupt nicht erwähnt zu sein, vorausgesetzt, die Untaten sind vor langer Zeit und unter großem Aufsehen verübt worden.

Brief von Fanny,
Paris, 4. August 1816

»Du fragst, was ich über Dich denke, weil Du nicht zurückkommst. Ich glaube, daß Du mich wenig liebst, wenn Du mich überhaupt noch liebst; ich glaube, daß Du Dich über mich lustig machst und daß es das größte Unglück meines Lebens ist, Dich geliebt zu haben. Du wirst mich noch eine Zeitlang an der Nase herumführen und mir dann mitteilen, daß Du nicht zurückkommen kannst. Wie konnte ich ein solches Verhalten erwarten? Ich wünsche Dir, daß Du Dein Glück darin findest, die, welche Dich lieben, so leichtfertig zu behandeln. Du hast mein Herz zerstört. Niemals wirst Du mir soviel Glück geben können, wie Du mir Schmerzen verursacht hast. Was für ein Brief! Phrasen, ohne ein zärtliches Gefühl! Es scheint, Du weißt selbst nicht, ob Du mich noch liebst oder nicht. Es fällt mir schwer, Athanas in solchen Phrasen wiederzuerkennen. Das also ist das Ergebnis von zehn Monaten voller Schmerz. Adieu! Du hast mich zur Verzweiflung gebracht. Dies ist mein letzter Brief.«

Warschau, 23. August 1816

So stellt man es an, um Bankrott zu machen: Man veranlaßt eine Gütertrennung mit seiner Frau, einen fingierten Kaufvertrag mit seinen Eltern, Schenkungen an seine Kinder. Dann läßt man sich für zahlungsunfähig erklären und überläßt, was übrig bleibt, den Gläubigern. So jedenfalls machte es Alexander Potocki, der Sohn von Stanislaus.

30. August 1816

Dieser Tag ist nicht der uninteressanteste in meinem Leben: Ich sagte Annette Radziwiłł, daß ich sie liebe, und sie hat meinen Antrag gut aufgenommen. Ich kann nicht glauben, daß die Mutter ablehnt, dazu behandelt sie mich zu gut; auch scheint sie es von sich aus zu wünschen. Meine Eltern werden glücklich sein über diese Nachricht. Sie ist sehr schön, 23 Jahre alt, und sie hat Leidenschaft in mir erweckt.

Das Glück ist wie ein Fieber, fast ein Leiden. Ich kann nachts nicht schlafen: Um zwei Uhr löschte ich das Licht, seit fünf Uhr schlafe ich nicht mehr. Ich bin erstaunt, gewissermaßen verlobt zu sein. All das dauerte nicht lange. Ich bin noch nicht drei Wochen hier. In den letzten 14 Tagen ermöglichte es mir die Mutter, sie täglich zu sehen und mit ihr sprechen zu können. Es war lustig, wie sich Brostowski an mich hängte, sich mir in den Weg stellte, mich mit diesen Damen überallhin begleitete, sich aufdrängte, wenn ich leise mit ihr sprechen wollte; selbst gestern, als man mich aufforderte, den Abend mit ihnen zu verbringen, konnte man nicht umhin, auch ihn einzuladen. Nur einmal, als ich am Flügel saß, hatte ich Gelegenheit, ihr ein paar Worte zu sagen, ohne daß er gleich dabei war. Ich verlor meine Zeit nicht; ich sagte ihr, daß ich sie liebe. Sie hörte mir zu und meinte schließlich, ich müsse mit ihrer Mutter sprechen; ihre Mutter, fügte sie hinzu, sei mir gut gesonnen. Von da ab sprachen wir darüber wie über eine beschlossene Sache.

21. Oktober 1816

Ich hoffe, in zehn Tagen verheiratet zu sein. Dem Kaiser habe ich eine Denkschrift über den Prozeß der Damen mit ihrem Onkel übergeben lassen.[52] Das Unrecht ist schreiend. Der Kaiser sagte: »Ich nehme diese Damen unter meinen Schutz und wünsche, daß man in diesem Sinne handelt.« Es wäre erfreulich, wenn ich mehr erreichen könnte als die mächtigen Gegner, die so viel Geld und so viel Kredit haben.

Die Mätresse des Großfürsten, Madame Fréderiez, hat den

Annette Radziwiłł

Titel einer Gräfin von Alexandrow erhalten und wird in die Gesellschaft aufgenommen.

Bald werde ich verheiratet sein; ich fahre am 3. November nach Rogalin.

1. November 1816

Heute um acht Uhr abends wurde ich mit Annette Radziwiłł in ziviler Ehe getraut. Sie ist 23 Jahre alt. Ich bin glücklich. Ich liebe sie von ganzem Herzen und kann kaum die Zeremonie in der Kirche erwarten, die übermorgen früh stattfinden und mich in die Rechte eines Ehemannes versetzen wird.

Brief von Fanny,
Paris, 12. November 1816

»Es wird Dich trösten, daß Du Dich mir gegenüber schlecht benommen hast; meinem Kummer wird das weder etwas hinzufügen, noch wird es ihn verhindern. Ich habe nie geglaubt, daß

Du mir Deine Existenz und Dein Vermögen opfern würdest. Ich war auch weit davon entfernt, Dich darum zu bitten; was ich aber nicht geglaubt hätte, daß Du mir so viel Falschheit zeigst. Als Du Dich rühmtest, daß Dich Deine Gefühle für Deinen Großvater hielten, war ich dumm genug, es zu glauben. Nach drei Jahren ist das also das Ergebnis Deiner so ungestümen Liebe. Ich habe vielleicht nicht dieselbe Leidenschaft empfunden, dafür aber hat sich mein Herz nicht so schnell gewandelt. Ich liebe Dich, Athanas, und Dein Andenken ist mir so wertvoll wie am ersten Tag... Adieu also, Athanas, adieu, für den Rest meines Lebens! «[53]

Rogalin, 12. November 1816

Am 3. um acht Uhr morgens wurde ich in der Kirche des Belvedere am Tor von Mokotow getraut. Danach aß ich bei der Mutter und reiste am selben Tag um vier Uhr nachmittags nach Rogalin ab. Ich übernachtete in Błonie, um dort mit der Zeugung einer neuen Generation der Raczyńskis zu beginnen. Ich bin über allen Ausdruck hinaus glücklich!*

23. November 1816

Ich bin erst seit zwanzig Tagen verheiratet, und schon habe ich Befürchtungen über meine Zukunft. Sie ist von einem Müßiggang, der befürchten läßt, daß sie sich langweilt. Ganze Tage verbringt sie damit, ihre Nägel zu pflegen und sich zu parfümieren. Sie ist unendlich verschlossen. Ich halte sie für sehr ... Ich war mir dessen schon bewußt, als ich sie heiratete. Vor allem hat sie eine übertriebene Lust zu gefallen. Sie hat die schönsten Eigenschaften, eine galante Frau zu sein. Ich liebe sie leidenschaftlich, mein Glück liegt in ihren Händen; doch fürchte ich, daß sie daraus ihr Spielzeug macht und es zerbricht.

Morgen fahren wir in die elegante Stadt, die Hauptstadt Großpolens! Der Statthalter des Königs, Fürst Anton Radziwiłł, Gatte der Prinzessin Louise von Preußen und Vetter meiner Frau, hat uns zum Diner eingeladen.[54] Die Verwandschaft ist ehrenvoll, aber unangenehm, denn ich bin überzeugt, daß er mir unterstellt, ich wolle daraus Nutzen ziehen. Es wird sicher das einzige Mal sein, daß ich hingehe. Wenn der Herr Statthalter des Königs wüßte, wie wenig mir an seiner Verwandschaft liegt! Er könnte überzeugt sein, daß ich ihn nie in die unangenehme Lage bringen werde, seine Höflichkeiten, Gunstbezeugungen, Würden etc. abzuwägen. Ich würde viel darum geben, wenn der morgige Tag schon hinter mir läge und ich diesen ersten und letzten Besuch bei Seiner Hoheit zur Vergangenheit rechnen könnte!

25. November 1816

Die Prinzessin Louise bereitete uns einen Empfang, bei dem ihr Wohlwollen viel mehr in Erscheinung trat als das des Fürsten. Anschließend gaben sie einen Ball für eine Dame, zu dem wir aber, zum großen Aufsehen der eifersüchtigen Posener, nicht blieben. Um nicht Gefahr zu laufen, von der Prinzessin doch noch eingeladen zu werden, was man schlecht hätte ablehnen können, sagte ich dem Fürsten gleich nach dem Diner, leider nichts von dem Ball gewußt zu haben. Ich möchte keiner Vermutung Platz lassen, die meinen Stolz verletzen könnte. Ich möchte nicht, daß man glaubt, ich wolle mich bei irgendjemandem einschmeicheln, auch nicht bei Seiner Hoheit dem Statthalter.

10. Dezember 1816

Vielleicht ist es nur ein Anfall von Zorn, aber es geht schon seit einer Stunde ... Mein Bruder fühlt sich von meinem Glück verletzt. Als ich Annette heute abend am Flügel begleitete, wurde ich ungeduldig. Er machte mir deshalb heftige Vorwürfe. Madame genierte sich über die beiden Kampfhähne. Ich war in miserabler Laune, und da ich Angst hatte zu platzen, ging ich weg, denn diese Art, sich in die Gunst eines anderen einzuschleichen, und dann noch bei der Frau des eigenen Bruders, kann ich nicht ertragen. Unterdessen wurde die Stimme des lieben Mannes, meines Bruders, von Lied zu Lied heller, und das Tête-à-tête dauerte bis zehn Uhr. Die gute Annette sah meine schlechte Laune und kam von Zeit zu Zeit zu mir. Sie ließ auch die Tür offen, aber ging doch immer wieder zu ihm zurück, sei es aus Höflichkeit, sei es, weil ihr das Zusammensein mit ihm gefiel. Schließlich blieb sie bei mir. Mein Bruder kam mit seiner Gitarre hinterher, aber als er sah, daß Annette mehr mit meiner finsteren Laune als mit seiner Melodie beschäftigt war, verzichtete er und ging.

14. Dezember 1816

Ich habe allen Anlaß zu glauben, daß meine Frau ein Kind erwartet. Ich bin, man glaube es mir, überglücklich. Alles geht nach meinen Wünschen!

1817

Breslau, 11. Januar 1817

Wenn deine Kinder das Alter der Vernunft erreichen, dann erinnere dich stets daran, daß deine Erfahrungen nicht dazu dienen können, sie zu leiten. Jede Erfahrung, die du machst, ist für alle anderen verloren.

Grodno, 8. April 1817

Herr Karl wurde aller Wahrscheinlichkeit nach am 19. November in Gułtowy empfangen. Er machte die erste Bewegung nach 140 Tagen in Grodno am Abend des 8. April. So ist anzunehmen, daß er nach weiteren 140 Tagen das Licht der Welt erblickt, d.h. am 26. August, was neun Monate vollzählig machen würde.

12. April 1817

Ehre und Gewissen werden hier öffentlich versteigert. Die Bestechung ist sozusagen legal. Wer am meisten bietet, kauft. Je weiter man in das Zentrum der russischen Zivilisation vordringt, desto besser ist das System eingespielt. In Petersburg ist es perfekt. Es funktioniert etwa so: Man hinterlegt das Geld einem wenig verdächtigen Dritten, und der Vertreter des Gesetzes nimmt es erst in Besitz, wenn er es wirklich verdient hat. Auf diese Weise hintergeht der Richter nur die Justiz; das aber ist offensichtlich Nebensache.

Ein Beispiel, das besonders charakteristisch dafür ist, wie in Rußland die meisten Ernennungen erfolgen und wie Rußland verwaltet wird: Ein Funktionär namens Dankiewicz war an einer Zollstation, wo er im Laufe von zwei, drei Jahren genügend zu stehlen verstand, um ein Gut mit 80 Seelen zu kaufen, und dabei blieben ihm noch mehr als 18.000 Dukaten in bar übrig. Er wollte unbedingt einen Orden bekommen, fand es aber einfacher, eine neue Spitzbüberei zu begehen, als Schuldige anzuzeigen. Es wäre seine Aufgabe gewesen, Schmuggelware zu beschlagnahmen, aber hieraus hatte er eine so reizvolle Einnahmequelle gemacht, daß ihm die Gewohnheit längst zur zweiten Natur geworden war. Er kaufte Waren, ließ sie nachts die Grenze passieren, täuschte eine Verfolgung vor, machte viel Lärm, gab Gewehrschüsse ab, brachte die leeren Wagen im Triumph zurück und übergab sie höheren Dienststellen. Diese heroische Aktion trug ihm die gewünschte Auszeichnung ein. Man bekam aber Wind von dem Schwindel. Er ließ daraufhin irgendwelche Kosaken, die in die Angelegenheit verwickelt waren, einsperren, um sich so von seinen Anklägern zu befreien. Auch das wurde bekannt. Sein Besitz wird daraufhin beschlagnahmt, er selbst zur Knute und zur Verschickung nach Sibirien verurteilt; aber anstatt den Kopf zu verlieren, fährt er mit den 18.000 Dukaten nach Petersburg ... Von einer zweiten Reise nach Petersburg kommt er als dekorierter Rat zurück.

Wyszyny, 2. Juni 1817

Ich bin seit drei Wochen hier.[55] Wenn ich träume, so beglückwünsche ich mich entweder zu dem ruhigen Leben, das ich führe, oder es packen mich Anfälle von Ehrgeiz.

Die folgenden Wochen verbringen die beiden in Rogalin. A. R., der sich von einer tödlichen Krankheit bedroht fühlt, macht eine Reihe von Eintragungen, die als eine Art Testament betrachtet werden können. Sie sind in erster Linie für seine Frau bestimmt.

Rogalin, 9. Juni 1817

Um zwei Uhr morgens: Engel, der du vom Himmel herabgestiegen bist, um mich sieben Monate des Glücks erleben zu lassen, ich danke dir! Lebe für deine Mutter und für unser Kind. Wenn es eine Vorsehung gibt, wirst du das Glück noch kennenlernen, denn niemand verdient es mehr als du. Eduard gebe ich meinen Hengst, mein Reitpferd und meine Bilder. Achte darauf, daß Madame Alphonse ihre Pension und das Kind, das ich von ihr habe, eine Erziehung bekommt, die ihm sein Leben sichert. Gib niemandem diese Tagebücher, die ich geschrieben habe, behalte sie für dich. Eduard soll dir helfen, dein Vermögen zu verwalten, deine Angehörigen verstehen nichts davon. Ich sterbe mit einem sehr lebhaften Gefühl der Dankbarkeit gegenüber deiner ausgezeichneten Mutter. Adieu Annette! Ich liebe dich mit der glühendsten Liebe. Das Feuer, das mein Herz verzehrt, ändert nichts am Feuer meiner Liebe. Ich hinterlasse kein Testament; dasjenige im Archiv von Rogalin erkläre ich für nichtig; im übrigen ist es durch den Ehevertrag ungültig geworden. Athanas.

Ich habe Eduard gebeten, daß er mich nicht beerdigen läßt; trage mit dazu bei, daß man mit meinem Körper so verfährt, wie ich es in zwei Briefen an ihn festgelegt habe.[56] Es ist meine letzte Bitte, im Namen unserer Liebe und unseres Kindes.

12. Juni 1817

Um fünf Uhr morgens: Ich habe dir noch Ratschläge im Hinblick auf dein Vermögen zu geben. Du solltest nie die Verwaltung selbst übernehmen; auch deine ausgezeichnete Mutter könnte dich aus Mangel an Erfahrung nicht darin leiten. Fahre nicht weg, bevor du nicht die notwendigen Anordnungen getroffen hast, die das Vermögen unseres Kindes sichern. Mache Eduard zum Vormund deines Kindes.

Achte darauf, daß kein Papier wegkommt. Es könnte für dich von Nachteil sein. Gib aber meinem Bruder einen flachen Kasten, der im oberen Teil meines Geheimschrankes in Wyszyny liegt und der Familienpapiere enthält, die für dich von keinerlei Interese und Wert sind. Du mußt also, liebe Annette, im Interesse unseres Kindes und in deinem eigenen den Mut haben, nach meinem Tod nach Wyszyny zu fahren, und mußt Poniński dorthin kommen lassen, um dich mit ihm über alles, was ich gesagt habe, abzusprechen. Als Diener empfehle ich Czerwiński, alle anderen haben Fehler, die sie nicht sehr brauchbar und vertrauenswürdig erscheinen lassen, ausgenommen deine Frauen.

Gib Eduard auch meine russischen Pferde, es sei denn, du willst auf dem Lande leben, was ich dir allerdings nicht rate. Wohne mit deiner Mutter in Warschau. Du würdest mein Andenken nicht beleidigen, wenn du dich wiederverheiratest; sei aber immer eine ehrenhafte Frau, vermeide die Verführung, denn gut und zärtlich, wie du bist, würdest du ihr erliegen. Ich ehre und liebe deine Mutter, sage ihr das. Was dich, mein geliebter Engel betrifft, so zweifle nicht daran, daß ich meine Liebe zu dir, wäre mein Leben länger gewesen, bis zum letzten Atemzug bewahrt hätte.

Bestärke Eduard, daß ich nicht beerdigt werde, sondern daß man mit mir verfährt, als ob ich mich in einer Lethargie befände. Ich habe Eduard alles genauestens angegeben, und er hat mir in heiligster Weise versprochen, dafür zu sorgen. Er ist geschickt genug, die Priester und die Polizei zu umgehen: Es gibt tausend Möglichkeiten, ihnen die Wahrheit zu verheimlichen.

Gib meine Kleider und meine Lumpen den Leuten.

In einem der großen flachen Bücher ist die Aufstellung meiner Schulden, die nicht erheblich sind; man muß darauf achten, die Zinsen zu zahlen; wenn man das Kapital von dir verlangt, mußt du es zu Johanni zurückerstatten.

14. Juni 1817

Um sieben Uhr morgens: Arme Annette, sie schläft. Heute bin ich zwar noch mehr zu beklagen als sie, morgen oder übermorgen aber wird sie unendlich viel mehr zu beklagen sein als ich. – Dieser gemeine Arzt! Es wäre ein leichtes für ihn gewesen, mich deutlich wissen zu lassen, ob ich sterbe oder ob ich außer Gefahr bin. Stattdessen zog er es vor, geistreich zu sein und sich in Zweideutigkeiten zu ergehen, wie etwa »die Krise wird drei Tage dauern; in drei Tagen werden Sie nicht mehr krank sein« und ähnliches. Das sollte eine Art Scherz sein! Wer mit einem Kranken in meinem Zustand so scherzen kann, hat ein hartes Herz. Ich werde ihm eine Strafrede schreiben, um andere Kranke vor solcher Härte zu bewahren. – Was für einen ruhigen Schlaf hat dieser Engel! Mit welcher Sorge, mit welcher Hingabe hat sie mich die ganze Nacht gepflegt! Wieviel Dankbarkeit empfinde ich ihr gegenüber, wieviel Balsam hat sie auf mein vom Keim des Todes erfaßtes Herz gegossen. Die Besserung von gestern machte mich ein wenig zuversichtlich, und auch heute leide ich nicht, aber dank des Arztes kann ich mich nur der Gewißheit des Todes hingeben! Ich bin recht ruhig für jemanden in diesem Zustand. Könnte ich es doch nur bis zum Schluß bleiben! Ein hoffnungsloser Kampf muß schrecklich sein.

Um fünf Uhr abends: Der gestrige Abend sowie der heutige Tag sind ruhig verlaufen, keinen Augenblick haben die Nerven über den Verstand triumphiert. – Möge dieser Engel Kraft haben! Möge sie unser Kind retten! Oh Annette! Es ist der einzige Weg, etwas für die Erinnerung an mich zu tun. In diesem Kind werde ich weiterleben: Es ist *mein* Blut.

15. Juni 1817

Oft am Tage wiederhole ich mit Inbrunst dieses Gebet: »Gott, mache, daß ich Dich erkenne und Dich liebe. Ich habe das Licht des Himmels nie abgewiesen. Ich habe es mir immer gewünscht. Ich habe es geliebt, ohne es zu kennen. Ich liebe es noch, und ich wünsche es mir. Gott, mache, daß mein Herz Dich erkennt und Dich liebt.«

Um halb fünf Uhr: Ich verstehe nichts von meinem Zustand. Ich bin ruhig und friedlich, leide fast überhaupt nicht, kann aber nicht die leiseste Hoffnung fassen. Es wäre vernunftwidrig. Meine Zukunft – das sind noch wenige Stunden.

16. Juni 1817

Meine liebe Annette, meine Vielgeliebte! Versuche deinen Schmerz zu überwinden, damit unser Kind leben kann. Möge es dich an mich erinnern und dich trösten! Eduard hat mir sein Ehrenwort schriftlich gegeben: Er wird mich auf seine Insel bringen lassen und sagen, daß es ihm von mir anvertraute Papiere sind, die er dort einschließt. Ich schreibe dir das auf, damit du ihn durch dein Zeugnis vor Nachforschungen bewahren kannst, falls man eines Tages annehmen sollte, daß es wirklich Papiere waren, die er verschwinden lassen wollte. – Alle Silberbecher sollen Eduard übergeben werden, der sie für mein Kind aufbewahren soll, falls es ein Sohn wird. Im anderen Fall soll er sie behalten, damit sie in der Familie bleiben.

Zwei Wochen später ist alles überstanden. Am 6. Juli heißt es zur Geschichte dieser Krankheit: Ich hatte immer die Zwangsvorstellung, eine Herzerweiterung zu haben. Anfang Juni fühlte ich auf der linken Seite Schmerzen, begleitet von Seitenstechen und unangenehmen Hitzeanfällen. Ich entschloß mich nach Posen zu fahren. Der Arzt konnte noch so oft beteuern, daß es nicht der Fall sei; ich blieb bei meiner Vorstellung und aus Angst, in Posen zu sterben, entschloß ich mich, nach Rogalin zu fahren. Dort verlangte ich sofort medizinische Bücher einzusehen. Das erste, das mir in die Hand fiel, behandelte ausführlich Herzentzündungen; die als unheilbar angesehene Krankheit konnte demnach nicht länger als zwei Wochen dauern. Kein einziges der Symptome, die ich verspürte, war in diesem Buch übergangen: überdies traten sie bei mir genau in der beschriebenen Reihenfolge auf. Es war mir deshalb ganz unmöglich, daran zu zweifeln, daß ich sterben würde; es muß, dachte ich, ganz ähnlich sein, wenn man fühlt, daß der Körper von einer Kugel durchbohrt ist.

Nun ist ein Monat vergangen, ich fühle mich von Tag zu Tag besser, und alles läßt mich glauben, daß ich nichts anderes hatte als einen verdorbenen Magen, dessen Blähungen den Kreislauf behinderten und sich auf Brust, Herz und Seiten übertrugen.

Posen, 8. Juli 1817

Meine Lieblingsträume beziehen sich alle auf eine Vermehrung des Ansehens meines Namens. Ich denke stets über die Möglichkeiten nach, ein Majorat zu gründen, Titel hinzuzufügen und alles so zu organisieren, daß es lange bestehen kann. Wenn es mir gelingt, Ludomy zu erwerben, das der Mittelpunkt meiner Besitzungen werden würde, dann hätte ich denen, die nach mir kommen, einen Dienst erwiesen, der nicht nur demjenigen, der es besitzt, Ansehen und Vorteile sichert, sondern auch allen anderen Mitgliedern der Familie und ihnen hilft, ihren Weg in der Welt zu machen.

19. August 1817

Im Haus des Archidiakons Wolicki: Karl Eduard wurde heute nacht um viertel vor drei Uhr geboren. Gestern abend um elf Uhr, als Annette von der Prinzessin Louise zurückkam, fühlte sie noch nichts. Die Schmerzen weckten sie um ein Uhr. Sie hat kaum gelitten, im ganzen nur eine Stunde. Als ich von der Entbindung erfuhr, glaubte ich, mein Schluchzen würde mich ersticken. Ich wußte nicht, ob ich meinem Glück glauben durfte. Meine arme Annette ist schwach, aber es geht ihr gut.

31. August 1817

Eitelkeit ist, wenn man glänzen möchte. Ehrgeiz ist, wenn man etwas sein will. Eigenliebe ist, zu glauben, daß man etwas sei. Stolz ist, zu wissen, was man wert ist.

Berlin, 7. Oktober 1817

Am 5. um sechs Uhr morgens aus Wyszyny abgefahren, am 7. um zwei Uhr nachmittags hier angekommen. Der Zweck der

Reise ist, die Einwilligung des Königs zur Gründung eines Majorats zu erlangen. Ich fürchte, es wird nicht gelingen. Wenn man mich abweist, werde ich alle Anstrengungen unternehmen, woanders Erfolg zu haben. Von der Prinzessin Louise und Herrn von Zerboni[57] bin ich mit Briefen für die ganze Welt versehen. Ich beabsichtige, darum zu bitten, daß der König Szamocin kauft, damit ich Ludomy mit dem Rest meiner Besitzungen verbinden kann, was 10.000 Dukaten Renten an *einer* Stelle und etwa dreißig Dörfer ausmachen würde. Ich werde anbieten, die königliche Familie als Erben einzusetzen, falls meine Familie in männlicher Linie aussterben sollte.

14. Oktober 1817

Morgen fahre ich zurück. Ich habe keine Vorstellung, wie die Sache ausgeht. Auf jeden Fall wird es ein Majorat geben, und ich hoffe, daß ich mich mit der Regierung gut stellen kann. Das ist immerhin etwas. Es wäre ein Unglück, wenn ich nicht das erreichen könnte, was für mich gut ist: für mich und für die, die nach mir kommen.

Wyszyny, 30. Oktober 1817

Es ist ein friedliches Leben, das ich hier führe.

12. November 1817

Eine Antwort des Königs, die ich gerade erhalte, sagt nur, daß der Schatzminister beauftragt ist, wegen des Majorats einen Bericht zu erstellen.

20. November 1817

Man hat unrecht, den Adel vernichten zu wollen. In den Umwälzungen unserer Tage tritt die Aristokratie von Macht und Ämtern das Erbe der Aristokratie des Blutes an. Die Aristokratie der Macht regiert überall, wo man die Kultur noch nicht erreicht hat, wie in Rußland, oder wo sie bereits überschritten ist, wie in Frankreich unter Bonaparte.

Die Erfahrung lehrt, daß man ohne Aristokratie, wie immer sie auch geartet sein mag, nicht auskommen kann. Die der Geburt steht überall im Einklang mit der Kultur; daher darf man annehmen, daß sie die am wenigsten schlechte ist.

6. Dezember 1817

Aus einem Brief an Maleszewski in Paris: »In meinem letzten Brief nahm ich mir die Freiheit, Sie nach den Preisen der verschiedenen Uhren von Breguet zu fragen. Darf ich heute diese Bitte wiederholen, denn ich lebe weiß Gott weit weg von einer Stadt. Oft weiß ich nicht recht, ob es Tag oder Nacht ist, denn ich lebe in einem Haus, dessen Fenster so groß sind wie meine Hand. Rings um das Haus stehen Bäume, und seit Tagen fällt ständig etwas vom Himmel herab, bald ist es Regen, bald Schnee. – Bezeugen Sie bitte den Damen unserer Bekanntschaft, vor allem der Fürstin Jabłonowska und Madame Dolomieu, meinen Respekt.«

Ein Zug des Großfürsten Konstantin: Als er vor vierzehn Tagen an einer Wache vorbeikam, sah er einen jungen Unteroffizier, der seinen Posten verlassen hatte und in Eile zurückkam, um ihn wieder zu beziehen. Der Großfürst springt wütend aus seinem Wagen, mißhandelt den jungen Mann und läßt ihn unerbittlich schlagen. Er läßt ihn in sein Palais führen, wo er 400 Stockschläge erhält. Daraufhin wird er ins Hospital gebracht, wo er nach wenigen Tagen stirbt. Der junge Mann heißt Szalski; er ist aus guter Familie, mit den Walewski verwandt oder verschwägert und damit auch mit Madame Chodkiewicz, einer Jabłonowska und vielen anderen angesehen Menschen.

1818

Warschau, 7. Februar 1818

Im Gespräch bin ich oft trocken und scharf, in meinen Äußerungen hart und taktlos. –

Zwischen einer tugendhaften Frau und einer Frau, die die Tugenden ihres Geschlechts besitzt, sehe ich einen großen Unterschied. In Warschau gibt es in unserer Generation einige tugendhafte Frauen, aber keine einzige, die zur hohen Gesellschaft gehört und gleichzeitig die Tugenden ihres Geschlechts besitzt, keine einzige, der ihre Pflichten nicht als Last erscheinen. Aus Langeweile kommt es zu Verstößen gegen die Ehe: aus Langeweile, unter der die Frauen leiden, weil sie sich nicht beschäftigen können; sie scheinen allein zum Klatsch geboren, zum Glanz der Gesellschaft. Bleiben sie ab und zu einmal zu Hause, so nur um Besuch zu erwarten. Dazwischen kennt man nur Romanzen, Romane und Trödelei. Ehen, die man anzettelt oder auseinanderbringt, Prozesse, Duelle – all das ist Werk der Frauen!

»Ein recht lustiger Zwischenfall ereignete sich in Paris: Herr G…e, ein Edelmann ohne Titel, gab seinen Dienern dieselbe Livree, welche die des Herzogs von Villeroi tragen. Der Herzog beschwert sich. Herr G…e antwortet, es sei die Livree seines Hauses; einst hätten die Villerois sie getragen!« (Lady Morgan, »La France«, 1817).

20. Februar 1818

Mein Ehrgeiz beschränkt sich nicht auf die Gründung eines Majorats: Darüberhinaus will ich Gesandter an einem ausländischen Hof werden.

Wyszyny, 9. März 1818

Es wäre für mich recht lästig, könnte man mich davon überzeugen, liberale Ideen seien gut, denn dann wäre ich gezwungen, etwas zu schätzen, was ich nicht lieben kann!

»Ich erblickte auch Herrn de Chateaubriand, den ich bereits bei der Eröffnung des Instituts gesehen hatte. Sofort erkannte ich ihn an seinen gekreuzten Armen, an seinem geistesabwesenden Blick und an seinem Wesen, das an die arabische Wüste denken läßt. Abseits von der Menge nahm er in seiner einsamen Herrlichkeit die Huldigung einiger ultra vornehmer Witwen entgegen; er, der alle Flüsse, alle Bäume, alle Felsen zwischen Paris und Konstantinopel grüßte, schien in der Gesellschaft nur seine eigene Wichtigkeit begrüßen zu können« (Lady Morgan, »La France«).

3. Mai 1818

Gestern beendete ich mein 30. Lebensjahr. Ich bin auf dem Wege nach Berlin.

Berlin, 5. Mai 1818

Um acht Uhr morgens hier angekommen. Ich kam her, um den Fürsten von Hardenberg zu sehen und zu erfahren, welche Wendung die Angelegenheit meines Majorats nimmt. –

Menschen, die zerstören, um etwas zu schaffen, können nicht so viel Gutes tun wie solche, die erhalten und verbessern. Letztere fügen den Wohltaten der vergangenen Jahrhunderte neue hinzu; sie vereinen die Kraft der Jugend mit der Erfahrung des Alters.

Ihr wollt Mißstände abstellen; könnt ihr aber erwarten, daß eure neuen Einrichtungen davon frei sein werden? Bekämpft die Mißstände in den Institutionen, laßt diese aber bestehen! Tötet die Krankheit, nicht den Kranken!

8. Mai 1818

Ich kann nicht umhin, zu befürchten, daß Müßiggang, Oberflächlichkeit, mangelnde Konsequenz Annette eines Tages dahin führen werden, Fehler zu begehen. Ihr Eigensinn wird sie Ratschläge nicht beachten lassen. Demütigungen werden dann nicht lange auf sich warten lassen, und Illusion auf Illusion wird zerstört werden.

11. Mai 1818

Der Ruf »Verfassung!« – etwa so wie man »Feuer!« ruft –, der durch ganz Europa hallt, ist ein Mittel, sich darüber zu beschweren, daß andere über einem stehen. Verfassung! rufen Bürger, die sich dadurch beleidigt fühlen, daß die öffentliche

Meinung dem Adel immer noch – wenn auch nur eine geringe – Achtung erweist. Verfassung! rufen all die, die ihrer Meinung nach nicht schnell genug auf die ersten Plätze kommen. Verfassung! rufen diejenigen, die dumm sind und so aussehen möchten, als verstünden sie, was den Wert einer Verfassung ausmacht. Verfassung! schließlich rufen die, die sich daran gehindert sehen, ihre Anlagen, ihre Begeisterung oder ihr Ungestüm zu entfalten.

Dieser Ruf, der Ordnung, Frieden, Gesetz zu besagen scheint, kündigt genau das Gegenteil an. Wenn überhaupt etwas Beruhigendes im Wort Verfassung liegt, so nur, wenn es von den Regierenden ausgesprochen wird: In ihrem Mund bedeutet es weise und notwendige Zugeständnisse, im Munde der Masse Forderungen des Stolzes und der Habgier.

Der Liberalismus kennt einen geheiligten Satz: »Mit dem Jahrhundert gehen!« Ich allerdings sehe das Jahrhundert mit losen Zügeln davonrennen. Ideen überstürzen sich. Wollte man sie einfach anhalten, wäre ich allerdings erschreckt: Bei einer solchen Kraftprobe würden die Bremsen zerbrechen, die Völker in den Abgrund stürzen und unter den Trümmern der Gesetze, der Sitten, der Institutionen, des schönen Gebäudes der Kultur und Zivilisation, an dem so viele Jahrhunderte gearbeitet haben, begraben werden.

Das Wort Verfassung von seiten derer, die die Zügel der Regierung in der Hand halten, heißt, das Rennen verlangsamen, nur das zu gewähren, was man unmöglich ablehnen kann, und alles tun, damit der Irrtum zum Guten gewendet wird – wenn dies überhaupt möglich ist.*

Für die Polen ist es ein Bedürfnis, stets das Wort Patriotismus auf den Lippen zu führen. Nun ist es so weit gekommen, daß der Grundsatz aufgestellt wurde, es gäbe keinen anderen Weg mehr, patriotisch zu sein, als die angeblichen Bestrebungen Alexanders um die polnische Nation zu unterstützen, also mit den Russen zu fraternisieren. Seither vermischen sich die Rufe »Es lebe der Kaiser« und »Es lebe das Vaterland«. Ich glaube zu hören: »Es lebe der Patient und sein Henker«.

Der Kaiser lockt den Rest der Polen mit dem Phantom eines vorläufigen Polens. Mit seinen liberalen Ideen macht er sich bei allen europäischen Völkern beliebt. Er fürchtet sich nicht, das Feuer anzufachen, weil er überzeugt ist, daß dieses liberale Feuer nicht in sein barbarisches Rußland eindringen wird. Haben einmal die von Begierde trunkenen Völker ihren Kopf verloren und den Gebrauch ihrer Arme verlernt, haben das Versinken in jakobinisches Gedankengut und allgemeine Uneinigkeit ihre Kräfte gelähmt, haben die Herrscher nicht mehr genügend Stärke und Entschlossenheit: Dann wird Alexander mit schmeichelnder Gebärde kommen, um die restlichen polnischen Provinzen für sich zu fordern. Die Gazetten werden nicht verfehlen, zu verkünden, der Kaiser aller Russen handele im Sinne der göttlichen Gebote, der Ehre und der Menschenrechte.

21. Mai 1818

Die Gräfin Karl von Brühl, deren Mann Erzieher des Königs war, erzählte mir Dinge, die ich nicht geglaubt hätte, hätte sie mir jemand anderes erzählt.

Mit 16 Jahren hatte Friedrich Wilhelm III. ein Einkommen von nur 2000 Talern, nicht etwa für seine kleinen Vergnügen, sondern für seinen gesamten Unterhalt. Zu Lebzeiten Friedrichs II. hatte er einen Hofmeister, einen derben und sonderlichen Mann, mit dem es oft zu sehr lebhaften Auseinandersetzungen gekommen sein soll, ja zu Handgreiflichkeiten.

Zu allen Zeiten und auch jetzt noch findet der König Geschmack daran, koketten Umgang zu haben und jungen, noch nicht verheirateten Personen weiblichen Geschlechts kleine Aufmerksamkeiten zu erweisen, ohne jedoch ihrer Tugend nahe treten zu wollen. Er ist entzückt, wenn diese ihn ohne Zeremoniell behandeln. Vor einigen Wochen war ein Fräulein, das inzwischen den jungen Engelström geheiratet hat, auf einem Ball. Der König bat sie um einen Tanz, denn sie gehörte zu den jungen Damen, die er mit seinen Schäkereien beehrte. Sie hatte bemerkt, daß der König sich auch anderen jungen Personen zuwendet, und wies ihn mit den Worten zurück: »Sie sind mir der Richtige!« Der König war entzückt über die schlagfertige Antwort und hat gelacht.

24. Mai 1818

Die Beamten haben liberale Ideen vor Augen, die nicht dem System der Regierung entsprechen. Wenn sie die Gründung meines Majorats angreifen, so geschieht dies im Gegensatz zu den Prinzipien der Regierung. Es ist ganz offensichtlich, daß sie damit ihre Befugnisse überschreiten. Wird von ihnen ein finanzieller und wirtschaftlicher Bericht in der Angelegenheit angefordert, so bedeutet das nicht, daß man ihre politischen Meinungen hören möchte. Durch solche Berichte bemühen sie sich, den König von einer Maßnahme abzuhalten, die keinerlei finanzielle Nachteile mit sich bringt, sondern ganz im Gegenteil dazu beiträgt, die Grundsätze der Monarchie zu festigen.

Nützen wir die Zeit, solange man noch nicht wagt, offen die Regierungsform anzugreifen. Es gibt keinen Regierungspräsidenten, keinen Regierungsrat, keinen Landrat, der sich nicht bis zu einem gewissen Grade die Befugnisse des Königs anmaßt. Sie denken nicht daran, den Grundsätzen der Regierung zu folgen, d.h. denen des Königs und der bestehenden Gesetze, sondern sie arbeiten – soviel sie können – darauf hin, daß die Regierung die Ansichten und Prinzipien annimmt, die sie selbst beseelen. Ihre eigene Meinung halten sie für die der Mehrheit, und sie glauben sich aufgrund liberaler Grundsätze dazu berechtigt.

25. Mai 1818

Die Möglichkeit, in Preußen zu höchsten Würden zu gelangen, kann nicht geleugnet werden. Schuckmann, Klewitz, Kircheisen und andere nehmen Ministerposten ein – neben einem Wittgenstein und einem Hardenberg: Zweifellos wurden sie nicht zu Ministern gemacht, um sie adeln zu können, sondern man hat sie geadelt, weil sie Minister sind.

Adel ist ein Vorteil! Findet ihr, ein solcher Vorteil sei nicht berechtigt, so wendet euch an die öffentliche Meinung, an das allgemeine Empfinden. Das Ansehen des Adels zeugt davon, welchen Platz die Vorfahren einst in der Gesellschaft eingenommen haben. Ihr Verleumder des Adels aber, seid ihr nicht viel ungerechter, wenn ihr Juden und selbst getaufte Juden, ja sogar noch Söhne von getauften Juden aus allen Stellungen ausschließen wollt? Ihr wagt es als einen Makel anzusehen, daß der Vater eines Mannes sich zu einer anderen Religion bekannt hat als ihr, und gleichzeitig weigert ihr euch, es als einen Vorteil gelten zu lassen, wenn eine Familie aufgrund der mehr oder weniger großen Zahl ihrer Mitglieder - die tugendhaft, freigebig, tapfer, selbstlos, mächtig oder reich waren - geachtet, geschätzt und bekannt wurde!

Rogalin, 7. Juni 1818

Ich weiß nicht, warum man sich immer auf das Beispiel Englands stützt, wenn man die Wohltaten einer Verfassung beweisen will. Die Engländer haben sich während vieler Jahrhunderte gegenseitig vernichtet, um Ergebnisse zu erlangen, die vielleicht schön sind, aber mir nicht gerade als sehr solide erscheinen. Im übrigen sollte man nicht vergessen, daß in jedem Land, in das man kommen kann, ohne das Meer zu überqueren, andere Regeln gelten.

Morgen fahren wir auf Eduards Insel: Henry Zabiełło, Wilhelm und Ferdinand Radziwiłł, Annette und ich. Wir wollen zwei Tage dort bleiben.

Am 29. Juni brechen A. R. und Annette von Posen aus zu einer Badereise nach Franzensbad und Karlsbad auf, wo sie bis zum 31. August bleiben.

Adorf, 10. Juli 1818

Kaum hat man Polen verlassen, wird das Land schön; man ist geneigt zu sagen, daß die Grenzen unseres unglücklichen Landes zugleich die Grenzen der Armut und der Unsauberkeit sind.

Görlitz ist eine alte Stadt, die mir beachtenswert erschien. Der Grund ist meine sehr betonte Vorliebe für Zinnen, Türme, gotische Kirchen, für alles, was an die Ritterzeit erinnert, alles, was an Religion und Adel denken läßt.

Bautzen ist nicht so ansehnlich wie Görlitz, aber für jemanden, der sonst nur zwischen Rogoźno (Rogasen) und Ryczywół (Ritschenwalde) zu wählen hat, eine recht hübsche Stadt. Ich rate nicht, in Schmiedefeld Halt zu machen, denn der Gastwirt und seine Frau sind unwirsch und grob.

Ich habe das liebe Dresden mit Freude wiedergesehen, vor allem die Galerie, die ich so gut kenne. Dort habe ich meine ersten Bleistiftzeichnungen nach Bildern gemacht. Die Galerie enthält so viele Reichtümer, daß man fast das Museum Napoleons und die Galerien Italiens vergessen könnte ...

Ich sah auch das »grüne Gewölbe«, das in den letzten zehn Jahren aus Geldnot oder aus Angst, von Freunden und Bundesgenossen gestohlen zu werden, auf geheimnisvollen Reisen unterwegs war.

Ich hatte Gelegenheit, viele Bekanntschaften von Künstlern zu machen. Ich mußte fünf Radierer besuchen, die an dem Werk meines Bruders über seine Reise durch die Türkei und Griechenland arbeiten.[58] Alle fünf befassen sich mit der Landschaft, und es ist erstaunlich, daß eine so kleine Stadt wie Dresden so viele hervorragende Künstler desselben Faches beherbergt. Dagegen konnte ich in Berlin nur einen mittelmäßigen finden. Dieses Dresden ist den Künsten sehr zugeneigt. Es wird noch viel Zeit vergehen, bis Berlin aus der Enge herauskommt, die mir den preußischen Staat zu charakterisieren scheint.

Nur ungern verließ ich Dresden, um in die Bergwerke von Freiberg hinabzusteigen. Wir übernachteten in Freiberg und kamen am nächsten Tag nach Chemnitz. Chemnitz ist eine Fabrikstadt. Nach dem, was man mir sagte, gibt es 70 Baumwollfabriken, Spinnereien und Färbereien. Die von Becker und

Schöps gelten als die bedeutendsten, sie beschäftigen zwischen 800 und 1000 Menschen. Wir besuchten seine außerhalb der Stadt gelegene Spinnerei. Ein einziges vom Wasser angetriebenes Rad bewegt die Maschinen in den sechs Stockwerken des weitläufigen Gebäudes. Viele Frauen und Kinder bedienen die Maschinen. Der Mann, der uns die Fabrik zeigte, sah wie ein Spitzbube aus, trotz seiner Höflichkeit, seines im übrigen schlechten Französisch und seines großspurigen Auftretens. Er behauptete, die Konkurrenz der Engländer mache es unmöglich, mehr zu verdienen, als was für Reparaturen und Unterhaltung gebraucht werde.

Von Chemnitz nach Lichtenstein sind es nur zweieinhalb Meilen; der Weg ist ebenso schlecht, wie die Landschaft schön ist. Lichtenstein gehört den Schönburgs, einer alten und mächtigen Familie, die vor dreißig Jahren in den Fürstenstand erhoben wurde. Ich lernte die vier Brüder Schönburg kennen. Es scheinen mir Menschen zu sein, die zu sehr mit ihrer Rolle als große Herren beschäftigt sind, um an anderes denken zu können. Das Haupt der Familie übt eine Art Souveränität über die Stadt und die von ihr abhängigen Dörfer aus. Die Bewohner scheinen jedoch nicht unter dem zu leiden, was Madame de Stael nicht versäumte, Anmaßung der Würde des Menschen zu nennen! Diese zehn oder fünfzehntausend Seelen sind entzückt, keine Zölle und Steuern zahlen zu müssen.

Vor Reichenbach wird das Land immer malerischer. Das Schloß, das einem Herrn von Römer gehört, liegt auf einem großen Felsen, an dessen Fuß ein Wildbach fließt. Es ist eine der schönsten Landschaften, die ich je sah. Dieser Herr von Römer ist glücklich zu schätzen, daß er seine Blicke auf eine so schöne Natur richten kann. Ich würde ihm mit Vergnügen viermal die Fläche seines Gutes in Sand und Kiefern geben, würde er mir seinen Platz abtreten wollen.

Plauen ist eine trübe Stadt, wenn auch recht groß. Sie enthält, so sagt man, ebensoviel Fabriken wie Chemnitz. Adorf, der Ort, wo ich diese Eintragungen mache, ist ein armseliges Nest. Noch drei Meilen und wir werden in Eger sein.

Franzensbrunn, 31. Juli 1818

Vor drei Tagen besuchten wir die Ruinen des Schlosses von Eger. Es war der Schauplatz blutiger Ereignisse. Hier wurden

Die Brücke in Eger

die Parteigänger Wallensteins ermordet, er selbst in einem Haus, das heute vom Bürgermeister bewohnt wird; es steht an der Ecke des großen Platzes. Das Innere der Schloßkapelle ist in gotischem Stil. Das Leben Wallensteins und der Charakter dieser Kapelle passen zueinander: die Mißverständnisse in den architektonischen Formen und die in den Gedanken Wallensteins! Die Kapelle macht denselben düsteren und geheimnisvollen Eindruck wie er.

Soeben erhalte ich die Nachricht vom Tod meiner Großmutter. Sie starb am 15. gegen sieben Uhr abends in Folge eines Beinbruchs. Zur selben Stunde spürte Therese die ersten Wehen. Die Fürstin Lubomirska ging nicht zu ihrer Tochter, um nicht ihre Mutter zu verlassen. Therese Jabłonowska wurde am 16. von einem Sohn entbunden.

Die lächerlichste Unduldsamkeit ist die, zu glauben, die eigene sei berechtigt! – Die Natur verteidigen bedeutet oft, die Gesellschaft angreifen.

Wyszyny, 14. September 1818

Ich bin im Begriff recht reich zu werden. Der gegenwärtige Stand meines Vermögens bringt mir zu Johanni nächsten Jahres ein Einkommen von 280.000 Gulden. Der Fürst Wojewode[59] bittet um jeden Preis, daß wir Frieden schließen.

Dem werde ich nur zustimmen, wenn ich wenigstens 150.000 Gulden Einnahme erhalte. Auf diese Weise werde ich wohl bald über 400.000 Gulden Einkommen verfügen.

Warschau, 30. Oktober 1818

Warschau ist die Stadt des Skandals - ein Beweis mehr für die seit langem bestehende Auflösung der Sitten.

7. Dezember 1818

»Will man Vertraulichkeit vermeiden, so muß man stolz sein, ohne hochmütig, ehrfurchtsvoll, ohne unterwürfig zu werden« (aus dem Manuskript des »Decameron« von Jan Potocki).

Der Ganymed von Thorwaldsen steht im Begriff, vollendet zu werden. Ich werde ihn im Frühjahr bekommen.[60]

Berlin, 28. Dezember 1818

Am 26. in Wyszyny abgefahren, heute hier angekommen. Auf dem Weg begegneten wir der Kaiserin Mutter, die aus Berlin kam und nach St. Petersburg reiste.

31. Dezember 1818

»Etwas Wind und ich werde weit kommen« erkläre ich zu meinem Wahlspruch!

Ich will diesen Wahlspruch lieber geheimhalten: das Schiff könnte sich als untüchtig erweisen, wenn der Wind weht, und mich lächerlich machen, wenn es keinen Wind gibt.*

Anhang: Spätere Ergänzungen und Kommentare

(falls nicht anders vermerkt, wurden die Eintragungen von A. R. 1849 in Madrid gemacht)

zu Seite 23:

Zu den Hausgenossen und Erziehern in Rogalin gehört auch: Herr von Gady, Leutnant in einem der Schweizer Regimenter, die während der ersten französischen Revolution mißhandelt wurden. Er emigrierte und kam zu Fuß nach Rogalin, versehen mit einem Empfehlungsschreiben des Generals Forel, des Erziehers der Prinzen von Sachsen. Herr von Gady war Schweizer, Sohn eines Wegemeisters aus Fribourg. Er hatte gute Manieren. Er gab meinem Bruder und mir Geometrie- und Französischstunden. Mein Vater ließ ihn, ich weiß nicht warum, in einem der vier Häuser des dritten Hofes in Rogalin unterbringen. Sein Zimmer war so unvollkommen gegen die Kälte geschützt, daß im Winter das Wasser auf seinem Tisch einfror. Er fühlte sich so schlecht behandelt, daß er uns schließlich verließ. Ich habe ihn 1823 in Paris wiedergesehen. Er war damals Generalleutnant und hatte ein Kommando. Nach der Revolution von 1830 verließ er Paris und starb vor wenigen Jahren in Fribourg. *1810 hatte A. R. in das Tagebuch eingetragen:* Vor Menschen, die mir Widerwillen einflößten und die ich nicht liebte, bemühte ich mich, nicht zu zeigen, daß ich ein gutes Herz habe. Als Herr von Gady uns verließ, vergoß ich viele Tränen. Als ich von ihm Abschied nahm, war ich sehr betrübt, bemühte mich aber vor meinem Vater und dem Probst Pluciński ruhig und gleichgültig zu erscheinen. Es gelang mir so gut, daß mein Vater mir Vorwürfe machte.

zu Seite 26:

Seinen Vater charakterisiert A. R. in seinen »Geschichtlichen Forschungen«, *die er 1860/62 in deutscher Sprache veröffentlichte:* Mein Vater war, was der Engländer shy nennt, abgeschlossen, wenig gesellig, reizbar, zornig; aber rechtlich und rangiert. Er hatte nicht viele Freunde, aber hielt viel auf die, denen er anhing ... Seinen Gesinnungen, seinen Gewohnheiten nach war er ein französisch angetaner polnischer Aristokrat. Von französischen, enzyklopädistischen und revolutionären Ideen ist er immer frei geblieben. Er hielt auf Ordnung und Disziplin im eigenen Haus und hielt sich fern von politischen Wühlereien. Er war stolz und streng. Redselig war er nicht: eher zurückhaltend als mitteilend. Er war dem preußischen Regiment zugetan, ohne je Gnadenbezeugungen nachzujagen: dazu war er zu stolz ...

zu Seite 42:
Die Vorsicht war recht unnötig: es ist Madame Sidonie Potocka, eine der leichtfertigsten Frauen, die ich je kennenlernte. – Diese Madame Sidonie, von der noch öfters die Rede sein wird, war die Frau von Franz Potocki. Sie war die Tochter eines Fürsten von Ligne und einer Massalska, die in zweiter Ehe Vincent Potocki, den Vater von Franz heiratete. Auf diese Weise wurde der Sohn des Vaters Mann der Tochter der Mutter: Was für ein Wirrwarr! Sie war die Enkelin des Fürsten von Ligne, des österreichischen Feldmarschalls, der berühmt war durch seine Liebenswürdigkeit und seinen Witz und der während des Wiener Kongresses starb. Diese Sidonie war entsetzlich durch die Pocken gekennzeichnet ... Sie war außerordentlich sorglos, oder besser gesagt, sie verstand es nicht zu widerstehen. Im übrigen ein guter Mensch und sehr elegant. Ich habe sie nie besessen, obwohl sie es wohl gern gewollt hätte, denn im letzten fehlte mir mit ihr immer der Wille dazu. Einmal unter anderem, in Paris, schloß sie sich mit mir ein, ohne daß ich es merkte, und ich war in einer grausamen Verlegenheit. Zum Glück klopfte ihre Mutter an die Tür, man mußte öffnen, und während Mutter und Tochter sich zankten, entfloh ich.

zu Seite 51:
Die auf meine Person bezüglichen Erinnerungen an diesen Feldzug sind nicht von besonderem Interesse. Ich habe einen österreichischen Offizier auf der Brücke von Krakau gefangengenommen, einen Nachzügler, der sich nicht verteidigte. Es war der Tag, an dem wir in Krakau einzogen, an dem unsere

Kampagne zu Ende ging. Zu Beginn der Feindseligkeiten wäre ich bei Nadarzyn fast gefangengenommen worden: ich war so fest eingeschlafen, daß ich die Vorbereitungen zum Abzug verpaßte. Während des ganzen Feldzugs war ich nicht einmal in lebhaftem Feuer. Bei Trześnia kamen ein paar Kanonenkugeln in unsere Nähe, was mich aber nicht hinderte, zum Erstaunen aller Umstehenden auf meinem Pferd einzuschlafen. Am selben Tag erlebte ich etwas Merkwürdiges: Ich schwatzte mit Kicki, als wir eine Kugel gerade auf uns zukommen sahen. In einer instinktiven schnellen Bewegung riß Kicki sein Pferd nach rechts, ich meines nach links, und die Kugel flog in der Höhe unserer Hüften zwischen uns durch. – Wir vertrugen uns sehr gut: Kicki war der größte Spaßmacher von allen, ich kochte am besten. Ich erinnere mich, bei Sierock ein Huhn mit Reis gekocht zu haben, das die Bewunderung meiner Kameraden fand. Nur war es nicht genug für alle. Was machte Kicki? Er spuckte darauf, und wir waren gezwungen, ihm das ganze Gericht zu überlassen.

zu Seite 68:
Einen Wert hatte dies Gut, einen einzigen: die Trüffeln. Sie waren schmackhafter und besser als alle, die ich seither kennengelernt habe.

zu Seite 71:
Scheidung war damals in Polen die wenn nicht absolut sichere, so doch wenigstens wahrscheinliche Folge jeder Ehe.

zu Seite 72:
Es ist der Graf Alexander Walewski, der Protegé von Thiers, dem mehrere diplomatische Missionen übertragen wurden. Er heiratete eine Engländerin und hat einen großen Teil seines Vermögens vergeudet. Seine Frau ist gestorben. Er soll sehr elegant und außerdem ein Mann von Geist gewesen sein. Ich habe ihn nur als Kind gesehen.

zu Seite 77:
Sie hat nicht so lange gewartet.

zu Seite 83:
Das Kind, von dem die Rede ist, trägt den Namen Ponitowski. Es wurde von der Schwester des Fürsten, Madame Vincent Tyszkiewicz, erzogen. Ich sah es 1823 bei mir in Paris. Es ist, glaube ich, 1808 geboren.

zu Seite 88:
Ich konnte mich nicht entschließen, ihr den Hof zu machen: sie war zu häßlich.

zu Seite 96:
Am 30. März 1810 hatte A. R. in sein Tagebuch eingetragen: Die Fürstin Radziwiłł aus Nieborów, eine Frau von 60 Jahren, hat den Ruf, Männer zu lieben. Diese Neigung, die ja auch viele andere Frauen haben, ist bei dieser guten Alten aber viel lebhafter. Keines ihrer Kinder ist von ihrem Mann, ja sie findet es höchst erfreulich, daß jedes einen Vater anderer Nationalität hat. Der Mann seinerseits verehrt die Frau seines Schmiedes, der wiederum dem Beispiel des Fürsten folgt und sich nicht in die Zeugung der Kinder seiner Frau einmischt. Die gute Fürstin hatte vor zwei Jahren einen großen und robusten Gendarm in Łowicz installiert, den sie jeden Tag holen ließ, damit er ihre Einsamkeit versüße. Ich habe die Fürstin, eingehakt bei dem Gendarm, in Arkadien spazierengehen sehen. Der Gärtner hat mir Einzelheiten berichtet, die mir bestätigten, was ich in Warschau über diesen Gendarm gehört habe. *Die Fürstin ist Helene geb. Przezdziecka,* Frau des Fürsten Michael Radziwiłł.

zu Seite 104:
Madame Alexander Potocka brachte ihrem Mann ein beträchtliches Vermögen. Sie hat viel Geist, und ihr Haus in Warschau war von einer außerordentlichen Eleganz. Mit ihrem Mann lebte sie schlecht zusammen, und ihr Verhalten war nicht immer ordentlich, ohne daß es allerdings so skandalös gewesen wäre, wie viele gerne behaupten. Von ihrem ersten Mann hatte sie zwei Söhne; man glaubt, der zweite sei durch Schmuggel in die Familie gekommen, und wenn ich nicht irre, wird Arthur dieser Frevel zugeschrieben. – Diese Madame Alexander sah recht unglücklich aus. Sie war damals mehr als 30 Jahre alt und hatte sehr rote Backen; trotzdem war sie eher

hübsch als häßlich. Jetzt ist sie die Frau von Wąsowicz, und sie führen eine glückliche Ehe. Sie leben in Schloß Zator, einige Meilen von Krakau entfernt.

zu Seite 104:
Das ist mir, weiß Gott, über meine Hoffnung hinaus gelungen.

zu Seite 124:
Wie sehr war ich Anhänger Napoleons! Ich bereue es nicht. Ich träumte damals noch von einem starken und mächtigen Polen, so wie man es vom eisernen Arm Bonapartes hätte erwarten können, ohne daß es deshalb ein lärmender Haufen von Jakobinern geworden wäre. Die Zeiten haben sich geändert und ich mich mit ihnen.

zu Seite 134:
Seither habe ich meine Meinung gründlich geändert: Montesquieu hat viele Grundsätze aufgestellt, die geholfen haben, jene Revolutionen herbeizuführen, deren Zeugen und Opfer wir sind.

zu Seite 152:
Es kostet mich Überwindung, diese seichten Späße abschreiben zu lassen, aber ich muß mich dafür bestrafen, daß ich den Freigeist spielte. Im übrigen ist es bezeichnend für jene Zeit.

zu Seite 163:
Es ist der Gesandte Preußens in Madrid, der seit zwanzig Jahren in diesem Dienst steht, der vor dreißig Jahren darum bat, in ihn aufgenommen zu werden, der dem König von Preußen ergeben ist, der sich nicht mehr in polnische Angelegenheiten hereinmischen will ... er ist es, der dieses einst geschrieben hat, der es jetzt liest und der es abschreiben läßt.

zu Seite 165:
Warschau, 24. Januar 1815. Jemand, der während der Krönung Alexanders anwesend war, sagte: »Ich habe dieses großartige Gefolge gesehen. Alexander hatte die Mörder seines Großvaters an seiner Seite, vor ihm gingen die seines Vaters, und ihm folgten seine eigenen.«

zu Seite 168:
Noch mit 25 Jahren ließ ich mich von diesen Worten betören!

zu Seite 217:
Vielleicht war es im selben Augenblick, in dem ich dies notierte, daß Fanny mir ihren Kummer schrieb. Ich lese ihre Briefe niemals ohne Schmerz, aber sollte ich auf die Ehe verzichten?

zu Seite 230:
Was ich da schrieb, zeigt wie schwer es ist, der öffentlichen Meinung zu widerstehen und nicht bis zu einem gewissen Grad die allgemeinen Sorgen zu teilen. Ich war ein Einfallspinsel, als ich das schrieb. Wovon ich glaubte, es wäre ein Mittel, der Gefahr auszuweichen, hat das Gegenteil bewirkt. Laßt auch nur die kleinste Forderung des Liberalismus sich in die Gesetzgebung eines Landes einschleichen, und ihr werdet nicht lange warten müssen, es ganz vom Liberalismus überschwemmt zu sehen; der Liberalismus aber zieht Anarchie und Auflösung nach sich (Madrid, den 3. April 1850).

zu Seite 237:
Seither bin ich 30 Jahre lang dahingesegelt. Blicke ich zurück, bedauere ich nicht, so gesegelt zu sein – politisch gesprochen.

Kasimir Raczynski's Grafen-Patent
vom Jahre 1798.

Anmerkungen

1 1810–19 in Warschau, Spa, Paris, Breslau und Berlin in mehreren Etappen geschrieben; einige Zusätze 1849 in Madrid.

2 Das alte Kronland des mittelalterlichen Polens mit den Hauptstädten Posen und Gnesen trug den Namen Großpolen (Wielkopolska) im Gegensatz zu Kleinpolen (Krakau) und Masowien (Warschau).

3 Das Schloß wurde 1770 vom Kronmarschall Casimir Raczyński (1739–1824, Großvater von A. R.) erbaut, der aber bereits 1780 in sein neues Palais in Warschau übersiedelte und Schloß und Herrschaft Rogalin seinem Schwiegersohn und leiblichen Vetter Philipp Raczyński (1747–1804, Vater) gegen eine Leibrente übereignete. Dieser zog nach seiner Heirat mit Casimirs Tochter Michalina (1768–90, Mutter) 1784 nach Rogalin.

4 1763–1813, Neffe des letzten polnischen Königs, Reorganisator der polnischen Armee seit 1789, 1792–94 Oberbefehlshaber, Kriegsminister des Herzogtums Warschau, Marschall von Frankreich.

5 Nach der Niederwerfung des Kościuszko-Aufstandes kam es 1795 zur dritten polnischen Teilung, die die endgültige Aufhebung des polnischen Staates bedeutete. Nach dem napoleonischen Zwischenspiel eines »Herzogtums Warschau« (1807–14) wurde Polen im Wiener Frieden als »Königreich Polen« (Kongreßpolen) in Personalunion mit Rußland vereinigt. Die westlichen Gebiete (Westpreußen und das »Großherzogtum Posen«) blieben unter preußischer, Krakau und Galizien unter österreichischer Herrschaft. Als selbständiger Staat erstand Polen erst wieder 1918.

6 Pietro Bonaventura Metastasio, 1698–1782, italienischer Dichter; Camillo Guarini, 1624–83, ital. Mönch, Architekt und Schriftsteller.

7 J. H. Dąbrowski, 1755–1818, gründete 1797 im Rahmen der französischen Revolutionsarmee in Italien unter Napoleon die polnischen Legionen. J. Wybicki, 1747–1822, dichtete 1797 das Lied der polnischen Legionäre: *»Noch ist Polen nicht verloren,* solange wir leben«, dessen Refrain »Marsch, marsch Dąbrowski, aus Italien nach Polen« lautet. Die wirkungsvolle Melodie nach einem Nationaltanz tat das Ihrige, um das Lied bald zur polnischen Nationalhymne zu machen, was sie bis heute ist (»Dąbrowskis Mazurek«).

8 Die preußische Festung Breslau fiel am 7.1.1807.

9 Das Ergebnis der napoleonischen Versprechungen an die Polen war die im Tilsiter Frieden vom 7. Juli 1807 festgesetzte Bildung des »Herzogtums Warschau«. Westpreußen und Ermland blieben bei Preußen, Białystok bei Rußland, und Danzig wurde freie Stadt. Mit etwas über 100.000 km^2 und rund 2,6 Millionen Einwohnern umfaßte das Herzogtum einen großen Teil des altpolnischen Kernlandes mit Großpolen, Kujawien und Masowien, aber nur einen Bruchteil der alten »Republik« von vor 1772, deren Namen es nicht führen durfte. Herzog wurde Friedrich August von Sachsen, den bereits die Verfassung von 1791 als Monarchen vorgesehen hatte. Die Verfassung des neuen Staates ging nicht, wie die Polen gehofft hatten, aus Beratungen hervor, sondern wurde von Napoleon in Dresden binnen weniger Stunden diktiert. Sie war straff und zentralistisch und hatte wenig mit der polnischen Tradition gemein.

10 Therese Lubomirska, Cousine von A. R., Tochter der Schwester seiner Mutter. Therese war die große Liebe von A. R., und er wird noch oft auf sie zu sprechen kommen. Sie heiratete 1811 Maximilian Jabłonowski. Ihre Brüder waren Marcelin, 1809 gefallen, Eduard und Joseph.

11 Puławy, die Residenz der Fürsten Czartoryski, war in den Kämpfen vor der letzten Teilung Polens völlig zerstört worden. Die Fürstin Isabella, geb. Gräfin Flemming, 1746–1835, Frau des Adam Kasimir Czartoryski, 1734–1823, baute nach 1796 Schloß und Park mit großer Energie wieder auf, »so wie ein kleines Vaterland, das mir die Hoffnung auf das große und wirkliche wachhält«; eine prächtige Anlage im Geist der Romantik, die jedem Polen bekannt war. Nach dem Muster von Tivoli wurde im Park ein Erinnerungstempel errichtet, der sogenannte Tempel der Sibylle, der die Inschrift »Die Vergangenheit der Zukunft« trug. »Als Polen aufhörte zu bestehen, kam mir zum ersten Mal der Gedanke, polnische Andenken zu sammeln, die ich den Nachkommen anvertraue«, schrieb die Fürstin, und sammelte so alles, was sie aus der Vergangenheit an Erinnerungsstücken auftreiben konnte.

12 Schöne und mächtige Zauberin aus Tassos Befreitem Jerusalem.

13 Töchter des Joseph Clemens Czartoryski († 1810) und der Barbara Jabłonowska. Sie spielen weiterhin eine wichtige Rolle, besonders Josephine, die 1814 Alfred Potocki heiratete, und Clementine, die mit dem Fürsten Eustache Sanguszko verheiratet war.

14 Die Brüder Alfred (geb. 1785) und Arthur (geb. 1788) Potocki werden uns immer wieder im Tagebuch begegnen, meist nur mit ihrem Vornamen erwähnt: Söhne des bekannten Reisenden, Forschers und Schriftstellers (»Die Handschrift von Saragossa«) Jan P., 1761–1815, aus dessen erster Ehe mit Julia Lubomirska. In zweiter Ehe heiratete Jan P. Constantia Potocka, die uns als Gräfin Jan

P. in Paris und Warschau begegnet und die später den Bruder von A. R. heiratet. Madame Severin Potocka, geb. Anna Sapieha, ist die Frau von Jan Potockis Bruder Severin (vgl. nächste Seite, 3. Januar 1810).

15 A. R. bezieht sich hier, wie später noch mehrfach, auf die feindliche Einstellung gegenüber seinem Großvater Casimir R. wegen dessen einst prorussischer Haltung.

16 Der Bruder Eduard hatte eine Reise nach Lappland unternommen. Auf der Rückreise verstauchte er sich den rechten Arm, den er seither nicht mehr beugen konnte.

17 Madame Vincent Tyszkiewicz, geb. Maria Theresia Poniatowska, 1763–1834, Schwester des Fürsten Joseph P., Freundin von Talleyrand, in dessen Familiengruft in Valencay beigesetzt.

18 Pauline Bonaparte, 1780–1825.

19 Illuminaten, eine 1776 von Adam Weishaupt gegründete Geheimgesellschaft zur Verbreitung der Aufklärung.

20 Dziembowski; A. R. hatte ihm ein Duell auf Pistolen an der schlesischen Grenze angeboten.

21 Louis Alexandre Berthier, 1753–1815, Marschall, Generalstabschef und Vertrauter Napoleons.

22 Bei den wachsenden Spannungen zwischen Alexander I. und Napoleon spielte die Polenfrage eine wesentliche Rolle. Die Wiederherstellung eines autonomen Königreichs Polen wollte der Zar unter keinen Umständen dulden. Im Januar hatte Napoleon den Verbündeten mitgeteilt, sich für einen Feldzug gegen Rußland bereit zu halten, im Februar und März schloß er Militärbündnisse mit Preußen und Österreich, im April kam es zum offenen Konflikt mit dem Zaren. Der Ausbruch des Krieges gegen Rußland im Juni erweckte bei fast allen Polen helle Begeisterung und große Hoffnungen: Napoleon sprach vom »zweiten polnischen Krieg«. Vom Reichstag in Warschau, der sich in eine Generalkonföderation umwandelte, wurde die Wiederauferstehung Polens bereits in vollen Zügen gefeiert. Dafür hatte das Herzogtum Warschau seine militärischen Leistungen bis an die äußerste Grenze gesteigert: bei Kriegsbeginn standen 75.000 Mann unter Waffen.

23 Gestalt aus Rossinis Oper »Cenerentola«.

24 1765–1819, Finanzminister des Herzogtums Warschau.

25 1768-1854, geb. Maria Czartoryska.

26 A. R. zitiert in seinem Tagebuch des öfteren solche Beispiele, wohl vor allem im Hinblick auf die Vorwürfe gegen seinen Großvater.

27 Die Schlacht von Borodino oder Schlacht an der Moskwa.

28 Tatsächlich waren es 30.000 gegenüber 45.000 russischen Toten.

29 Vincent Raczyński, 1771–1857, Komtur des Malteserordens (Urgroßvater des Herausgebers).

30 Beim Übergang über die Beresina (26.–28. November) waren die Reste der Großen Armee vollständig aufgerieben worden. Am 5. Dezember hatte Napoleon seine Armee verlassen, am 18. traf er in Paris ein; der Weg führte über Dresden.
31 Gian Carlo de Serra, 1780–1813, Gesandter Napoleons in Polen und Dresden.
32 Der Kaiser Franz von Österreich.
33 Die Poniatowskis traten innerhalb des polnischen Adels erst spät hervor. Durch die Heirat von Stanislaus P., 1675–1742, Vater des Königs, mit einer Czartoryska erlangte die Familie bedeutende Stellungen und Einfluß auf die Geschicke Polens.
34 Eugène de Beauharnais.
35 Am 2. Mai besiegte Napoleon die vereinigten russisch-preußischen Truppen bei Großgörschen.
36 Hugues Bernard Maret, 1763–1839, 1811–13 Napoleons Außenminister.
37 Am 23. Oktober 1812 war ein Umsturzversuch von General Claude Francois Malet gescheitert.
38 Jean Baptiste de Champagny, 1756–1834, Herzog von Cadore, 1807–11 französischer Außenminister.
39 Savary, 1774–1833, 1810–14 Polizeiminister.
40 Nach der Niederlage bei Leipzig, 16.–19. Oktober.
41 A. R. kam im Dezember 1814 in den Besitz dieses Textes und übernahm ihn in sein Tagebuch.
42 Manant = Rüpel; permanent = fortdauernd.
43 Titel des Grafen von Artois, Bruder Ludwigs XVIII.
45 Poix = Erbse.
46 Das berüchtigte Wort stammt von Napoleon, 1809.
47 Spottname für die Revolutionäre, die im Unterschied zum Adel lange Hosen trugen.
48 Gemeint sind immer die Großeltern.
49 Hier lebte Madame de Vaubois: neun Kilometer von Fismes, drei von Braine entfernt (36 Kilometer westlich von Reims).
50 1767–1828, unehelicher Sohn des Michael Poniatowski, Bruder des Königs und Primas von Polen. Wirtschaftswissenschaftler, Historiker und Politiker.
51 Dominik Radziwiłł, 1787–1813, nahm als Oberst des Heeres des Herzogtums Warschau am Feldzug von 1812 teil und wurde dann als Oberstleutnant der polnischen Chevaulegers in die direkte Umgebung Napoleons berufen. Er starb an den Folgen einer Verwundung in den Kämpfen von 1813. Wegen seiner Teilnahme an den napoleonischen Feldzügen wurden seine riesigen Besitzungen von Rußland konfisziert.
52 Es handelt sich um das Vermögen von Annettes Vater, Dominik Radziwiłł, 1747–1803, das von dessen älterem Bruder Michael,

dem Wojewoden von Wilna, der Witwe und ihren beiden Töchtern vorenthalten wurde.

53 Im gleichen Brief gibt sie verschiedene Deckadressen an und bittet ihn, ihr alle vierzehn Tage zu schreiben.

54 Anton Heinrich Radziwiłł, 1775-1823, Sohn von Michael R. und Helene, geb. Przeździecka; Louise, 1770-1836, Tochter des Prinzen Ferdinand von Preußen.

55 Wyszyny, Gut im Kreise Chodzież (Kolmar), das Michael Raczyński 1727 erwarb. Hier, in dem großen, aus Holz erbauten Herrenhaus, residierten der Großvater von A. R., der General Leo und nach dessen Tod der Vater Philipp bis zu seiner Übersiedlung nach Rogalin.

56 A. R. und sein Bruder waren von der Furcht erfüllt, als »scheintot« lebendig begraben zu werden. Von einigen solchen Fällen war in Posen berichtet worden. Eduard errichtete später am Posener Friedhof eine spezielle Stiftung, um Scheintote vor einer vorzeitigen Beerdigung zu bewahren.

57 Joseph von Zerboni di Sposetti, Oberpräsident von Posen.

58 Das Werk erschien in Großfolio und mit vielen Stichen 1821 in polnischer und 1824 in deutscher Ausgabe: »Malerische Reise in einige Provinzen des Osmanischen Reiches«. Es wurde von Goethe 1826 sehr lobend besprochen. Zutiefst enttäuscht über die politische Entwicklung und den Zusammenbruch aller Hoffnungen auf eine Wiederherstellung Polens war Eduard im Juli 1814 zu dieser viermonatigen Reise aufgebrochen.

59 Annettes Onkel Michael Radziwiłł.

60 A. R. hatte bei Thorwaldsen in Rom eine Replik der 1804 für die Gräfin Woronzoff in Petersburg geschaffenen Statue bestellt.

Nachweis der Abbildungen

Muzeum Narodowe, Posen 8, 9, 11, 14, 20, 41, 55; Archiv für Kunst und Geschichte, Berlin 92, 130; Stiftung Preußischer Kulturbesitz 146; Sammlung Günter Böhmer, München 111; Edward Graf Raczyński, London 178, 236; Privatbesitz 216; Dr. Joseph Graf Raczyński, München 28, 36. Alle anderen Abbildungen wurden den Tagebüchern entnommen.

Ein kurzes, eher persönliches Nachwort des Herausgebers

Seit meiner frühesten Kindheit, war Athanasius Raczyński für mich ein fester und lebendiger Begriff. Die verschiedenen Porträts im Haus meiner Eltern in Augustusburg mögen dazu beigetragen haben, vor allem das schöne ovale Bild im Salon, das Bacciarelli 1809 in Warschau von dem 21jährigen malte. Darüber hinaus war Athanas im Städtchen Obrzycko, auf den Gütern und Vorwerken des 1825 von ihm gegründeten Majorats durch Bauten, Gartenanlagen, Wirtschaftsgebäude gegenwärtig. Hinzu kam dann meine intensive Beschäftigung mit der von ihm gesammelten Bildergalerie, die mein Vater 1903 dem Museum in Posen als Leihgabe zur Verfügung gestellt hatte.

Das von Athanas angelegte, recht umfangreiche Familienarchiv in meinem Elternhaus (seit 1945 verschollen) fesselte mich von früh auf. Hier stieß ich auf die Spur der Tagebücher, die Athanas seinem ehemaligen Kollegen und Freund, dem Gesandten Sardiniens am Hof von Madrid, Alphonse Graf d'Antioche, testamentarisch vermacht hatte. Nachforschungen bei der polnischen Botschaft in Paris über den Verbleib dieser Dokumente blieben ergebnislos. 1932 erfuhr ich von dem damaligen französischen Gesandten in Bayern, Marquis d'Ormesson, daß der Ehemann der verstorbenen Enkelin des Grafen d'Antioche auf dem Schloß Nernier in Savoyen lebe. Der Baron Chaulin war tatsächlich noch im Besitz der Tagebücher und bereit, sie mir für das Familienarchiv zu übergeben. Kurz bevor ich den schriftlichen Nachlaß hätte abholen sollen, teilte mir Baron Chaulin im Mai 1933 jedoch mit, daß er alle Papiere an den Grafen Edward Raczyński übergeben habe, der seit 1932 die Republik Polen beim Völkerbund vertrat.

Eine andere Spur führte mich in das königlich preußische Hausarchiv in Charlottenburg, wo *»im Oktober 1874 ... ein ver-*

schlossener Kasten mit gebundenen Manuscripten und Autographen übergeben« worden war. Die Signatur lautete: *»H. A. Dep. 231. Verschlossener Kasten, Schlüssel in versiegeltem Umschlag, Inhalt: Souvenirs et Bétises von 1806 bis 1859, 17 Bände«.* Im Sommer 1936 besuchte ich das Hausarchiv und ließ mir den verschlossenen Mahagonikasten öffnen, da die Sperrfrist von 50 Jahren abgelaufen war und ich die Zugehörigkeit zur Familie – beides Bedingungen für die Einsichtnahme – nachweisen konnte. Da der Schlüssel nicht auffindbar war, mußte ich das Schloß aufbrechen lassen. Leider hatte ich nur einen Vormittag Zeit und konnte so die schönen, in rotes Maroquin gebundenen Bände lediglich durchblättern. Meine Promotion in Berlin und die anschließende Arbeit in Wien und Rom zwangen mich, das genaue Studium dieser Bände auf einen späteren Zeitpunkt zu verschieben. 1939 brach der Krieg aus, dessen Folgen mich aus der Heimat vertrieben und schließlich 1948 nach Chile führten. Alle späteren Nachforschungen über den Verbleib des Mahagonikastens blieben ergebnislos, so daß ich befürchten muß, daß die 17 Bände »Souvenirs et Bétises« verlorengegangen sind.

1965 wurde ich von Chile nach Paris versetzt. Im Januar 1966 rief mich plötzlich Edward Raczyński an: »Hier Ihr Vetter Edward. Nachdem wir beide alles verloren haben, könnten wir doch eigentlich die Beziehungen zwischen beiden Linien unserer Familie wieder aufnehmen.« Er bezog sich damit auf uralte Streitigkeiten zwischen den Nachkommen der Brüder Franz († 1689) und Michael Raczyński († 1737) wegen Vermögensfragen: Prozesse, die sich über mehr als hundert Jahre hinzogen und schließlich im Sande verliefen. Während die Vorfahren von Edward in der alten Heimat geblieben waren und die polnische Tradition der Familie bewahrten, kamen meine Vorfahren, die Nachkommen von Franz Raczyński Ende des 18. Jahrhunderts, nach der Teilung Polens, von Warschau über Malta und Petersburg nach Mitau und wuchsen dort in die deutsch-kurländische Ritterschaft hinein. 1899 kam mein Vater in das heimatliche Großpolen zurück, um das von Athanas gestiftete Majorat Obrzycko nach dem Tod von dessen kinderlosem Sohn Carl Eduard zu übernehmen.

Edward und ich trafen uns im Januar 1966 in einem Café an der Alma in Paris. Seither verbindet mich eine aufrichtige

Hochachtung und herzliche Freundschaft mit dem 23 Jahre älteren »Vetter« - sieben Generationen trennen uns von dem gemeinsamen 1662 verstorbenen Vorfahren. Von ihm erfuhr ich, daß sich die Tagebücher des Athanas in seinem Besitz befinden: Welches Glück, daß Baron Chaulin sie ihm 1933 - damals sehr zu meinem Kummer - in Genf übergeben hatte! So sind sie in London erhalten geblieben, wo Edward Raczyński seit 1934 als polnischer Botschafter akkreditiert war, im Krieg Außenminister der Exilregierung wurde und seit 1979 polnischer Staatspräsident im Exil ist. Auf meine Bitte ließ er mir einen Mikrofilm der Tagebücher und sonstigen Dokumente von Athanas herstellen und gab mir die Erlaubnis, diese Manuskripte auszuwerten und zu veröffentlichen. Erst nachdem ich Ende 1979 aus dem aktiven Dienst ausgeschieden war, konnte ich damit beginnen, die Tagebücher konsequent und im Zusammenhang zu lesen.

Im November 1808 beginnt der 21jährige, dem Rat der Großmutter folgend, ein geheimes Tagebuch zu führen, daß er recht regelmäßig bis fast ans Ende seines 86jährigen Lebens fortführt. Es enthält nicht nur viele interessante Einzelheiten über die politische und diplomatische Tätigkeit des Verfassers, sondern erlaubt uns auch den Menschen, seine Entwicklung und seinen Charakter kennenzulernen. Zugleich breitet sich ein lebendiges, recht farben- und nuancenreiches Bild des 19. Jahrhunderts vor uns aus. So reifte der Plan, das Tagebuch herauszugeben.

Das Exemplar, das Athanas nach seinem Tode dem Grafen d'Antioche testamentarisch vermachte und das heute in London aufbewahrt wird, ist nicht das Original. Den Text dieser Bände diktierte Athanas ab 1849 in Madrid mehreren Schreibern; lediglich Korrekturen orthographischer und stilistischer Art, Texte in polnischer Sprache und einige Anmerkungen und Kommentare sind eigenhändig geschrieben. Die vielen Zeichnungen und Aquarelle hat A.R. selbst kopiert; für jedes neue Jahr zeichnete und malte er in Aquarellfarben anmutige Titelblätter. Inwieweit das dem Diktat zugrundeliegende Original (aller Wahrscheinlichkeit nach die einst im preußischen Hausarchiv hinterlegten Bände) mit dem Londoner Exemplar übereinstimmt, läßt sich heute nicht mehr überprüfen. Ich habe den Eindruck, daß die ursprünglichen Eintragungen mit großer Genauigkeit diktiert wurden. Eine Reihe von Anmerkungen zeigt, daß der Autor sich dabei nicht schonte und nichts zu seinen Gunsten änderte.

Die vorliegende Ausgabe umfaßt die Jahre 1788–1818 und stellt damit nur einen kleinen Teil des vollständigen Manuskriptes dar. – Das weitere Leben führte den Verfasser als preußischen Gesandten nach Kopenhagen (1830–34), Lissabon (1842–48) und Madrid (1848–52). In den 1820er Jahren widmete er sich vor allem der Konsolidierung seiner umfangreichen Landbesitzungen und dem Aufbau seiner Gemäldesammlung, die ihn bis an sein Lebensende beschäftigte; bereits mit 18 Jahren hatte er in Dresden vier Bilder alter Meister und 1810 weitere Gemälde aus dem Nachlaß des Königs Stanislaus II. August Poniatowski erworben. Auch veröffentlichte er in den Jahren zwischen 1830 und 1850 eine Reihe von nicht unbedeutenden kunstgeschichtlichen Arbeiten. Nach 1852 lebte er im wesentlichen in Berlin, wo er 1842–44 sein Palais auf einem ihm vom preußischen König überlassenen Grundstück am Königsplatz erbaut hatte. Er starb am 21. August 1874 in diesem Haus, das 1883 abgerissen wurde, um dem Reichstag Platz zu machen.

Der hier vorgelegte Text der Tagebücher wurde um etwa ein Drittel gekürzt. Weggelassen wurden Abschriften aus Zeitungen, offizielle Texte, Briefe von und an Athanasius Raczyński, rein familiäre Angelegenheiten u.ä. Auch wurde der Text, um Wiederholungen zu vermeiden, hier und da gestrafft. Das Tagebuch ist zum größten Teil in französischer Sprache geschrieben, einige kürzere Abschnitte in Polnisch und Deutsch.

München, März 1984 *Joseph Raczyński*

CIP-Kurztitelaufnahme der Deutschen Bibliothek
Raczyński, Athanasius:
Noch ist Polen nicht verloren: aus d. Tagebüchern
d. Athanasius Raczyński 1788–1818
hrsg. u. übers. v. Joseph A. Graf Raczyński.
Berlin: Siedler, 1984.
ISBN 3-88680-090-3
NE: Raczyński, Joseph A. [Hrsg.]

Reproduktionen: Decker & Wahl, Berlin
Satz: Bongé & Partner, Berlin
Druck und Buchbinder: May & Co., Darmstadt
Printed in Germany 1984
ISBN 3-88680-090-3